高等学校土木工程专业系列教材
河南省本科高校新工科新形态教材

土木工程施工组织

王新征　李玉涛　郭青伟　主编

中国建筑工业出版社

图书在版编目（CIP）数据

土木工程施工组织 / 王新征，李玉涛，郭青伟主编.
北京：中国建筑工业出版社，2025.8. -- （高等学校土
木工程专业系列教材）（河南省本科高校新工科新形态教
材）. -- ISBN 978-7-112-31402-7

Ⅰ. TU721

中国国家版本馆 CIP 数据核字第 2025AD2584 号

本书是编者团队整合相关文献、国家标准规范、课程教学经验的成果，共包括 6 章。内容主要介绍了土木工程施工组织概论、施工准备工作、流水施工原理、网络计划技术、单位工程施工组织设计、基于 BIM 技术的施工组织设计等，兼顾土木工程施工组织设计内容构成及编制方法、土木工程施工组织与管理、BIM 新技术对施工组织设计编制及落实过程中的应用等，为读者学习和掌握土木工程施工组织编制和应用奠定了基础。

本书以土木工程施工组织及管理为中心组织内容，采用了文字、图表等表达方式，既满足工程建设需求，又符合人才培养规律，可作为高等院校土木类专业教材，也可作为工程技术人员的培训教材。

* * *

责任编辑：刘颖超　李静伟
责任校对：赵　菲

高等学校土木工程专业系列教材
河南省本科高校新工科新形态教材
土木工程施工组织
王新征　李玉涛　郭青伟　主编
*
中国建筑工业出版社出版、发行（北京海淀三里河路9号）
各地新华书店、建筑书店经销
霸州市顺浩图文科技发展有限公司制版
建工社（河北）印刷有限公司印刷
*
开本：787 毫米×1092 毫米　1/16　印张：13　插页：2　字数：328 千字
2025 年 8 月第一版　　2025 年 8 月第一次印刷
定价：**55.00** 元
ISBN 978-7-112-31402-7
（45389）

前　　言

施工组织设计是指导工程项目各项施工活动的技术、经济、组织、协调和控制的综合性文件，是提高人工、材料、机械、施工方法和作业环境等施工资源利用率，确保施工活动顺利进行的基础。随着工程规模和复杂程度的日益增加，传统施工组织设计编制方法的弊端也逐渐显现出来，导致施工过程中进度延误、成本超支、质量隐患等问题频发。科学运用土木工程行业发展新成果，创新施工组织与管理，打造优质土木工程产品，已经成为"一带一路"倡议和"双碳"目标等国家战略背景下土木工程人的历史使命。

"土木工程施工组织"是高等院校土建类专业的必修课程，也是新工科建设背景下培养学生"懂技术、会管理、能创新"能力的关键支撑课程。通过本课程的学习，学生应掌握施工组织与管理的基本理论，具备编制并落实施工组织设计能力，能够运用 BIM 等新技术进行深度设计、编制并优化施工组织设计、实现工程项目全寿命周期管理的能力。

综合高等院校人才培养要求、施工现场组织与管理需求、土木工程行业发展新成果等因素，本教材以"夯实理论知识基础，注重实践操作技能，强化教书育人"为原则，将理论知识元素、实践技能元素、国家标准元素、思政教育元素融进教学内容，形成以下内容框架：

第 1 章重点介绍了施工组织设计的基本知识及其工程应用；第 2 章重点介绍了施工准备工作的内容及要求；第 3 章重点介绍了流水施工原理、流水施工组织及其工程应用；第 4 章重点介绍了网络计划技术原理、网络计划的绘制及时间参数计算、网络计划优化；第 5 章重点介绍了单位工程施工组织设计的内容构成及编制方法；第 6 章重点介绍了 BIM 技术在建筑工程领域的应用现状、运用 BIM 技术编制和优化施工组织设计的方法和技巧。

本书由南阳师范学院王新征教授负责统筹，李玉涛、郭青伟进行内容策划和统稿。

教材编写得到了河南省本科高校新工科新形态教材项目（土木工程施工组织）、河南省高等学校重点科研项目（23A440008）、南阳师范学院校本教材（土木工程施工组织）、南阳师范学院校级博士专项项目（2022ZX025）等项目的支持，在此表示诚挚的谢意。

编写过程中查阅了大量的文献和国家标准规范，谨此向这些成果的作者表示感谢；同时由于编者经验和水平有限，书中难免存在不妥之处，恳请读者和专家谅解并提出宝贵意见。

目　　录

第1章

土木工程施工组织概论

教学目标：

◇ **知识目标**

掌握土木工程项目施工组织与管理的基本理论、土木工程施工组织的研究对象、土木工程项目的组成及其建设程序。熟悉土木工程施工组织在我国的发展历程。

◇ **能力目标**

掌握土木工程项目施工组织设计的种类、编制方法、审批和备案程序，掌握土木工程项目施工组织对施工活动的指导作用。

◇ **素质目标**

具备遵守相关国家标准规范的行业意识和科学管理施工过程的工程意识，精益求精、追求卓越的工匠精神。

1.1　土木工程施工组织的基本知识

施工组织设计是以工程项目为对象编制的，用于指导施工的技术、经济和管理的综合性文件。随着土木工程项目的日趋智能化、大型化，施工组织设计的要求也越来越高，涉及工程项目施工准备、施工过程组织与施工现场管理等阶段，对于合理组织和管理施工资源（人力、材料、机械等）、科学选择施工方案、落实工程进度计划、强化施工组织协调和管理、提高工程项目综合效益具有非常重要的作用。

1.1.1　本课程研究对象及任务

1. 本课程的研究对象

土木工程施工组织是以土木工程项目施工活动为基础，研究项目生产过程中诸多生产要素统筹安排与系统管理客观规律的课程，包括土木工程施工组织与施工管理两部分。施工组织是指施工前对生产各要素的计划安排，包括施工条件的调查研究、施工方案的制订与优选等；施工管理是指工程具体实施过程中进行的控制、协调、指挥等活动，也包括施工过程中对各项工作的检查、监督、调节等工作。两者相互影响、相互制约，是实现工程项目建设目标的关键。

施工组织与管理贯穿土木工程项目施工管理全过程，具有计划、指挥、协调、监督和控制等各项职能，主要研究建筑物或建筑群在施工过程中取得优质、高效、低成本、安全文明施工的全面效益，使人工、材料、机械设备等各种因素处于最佳状态的组织管理方法和技巧。

2. 本课程的任务

土木工程施工组织的任务是在施工过程中，根据工程项目特点和施工生产规律的要求，结合施工对象和施工现场的具体情况，制定切实可行的施工组织设计，并据此做好施工准备；严格实施施工组织设计，遵守施工程序和施工工艺，确保施工活动按计划进行；有效协调施工现场内、外各方面的生产关系，科学解决施工过程中出现的各类问题；充分发挥施工人员、施工机械、工程材料等资源，使其在时间、空间上达到最好的组合；挖掘施工潜力，调动积极因素，精心组织施工生产活动；动态平衡质量、进度、成本、安全、环境保护等领域的目标要求，促进施工组织和管理的科学化、智能化发展；正确运用施工生产能力，确保全面、高效地建成土木工程设施，服务人民群众生产生活。

1.1.2　本课程特点

土木工程施工组织是一门内容广泛、实践性和综合性强的课程，对强化学生工程伦理意识、培养创新能力、拓宽国际视野有重要作用。本课程涉及建筑技术、经济管理与计算机技术等多方面的内容，是房屋建筑、结构、力学、建筑材料、建筑机械、施工技术、工程定额与预算、建筑经济与管理、运筹学、系统科学及计算机科学的综合应用。任何一项工程的施工，必须从建筑产品生产的技术经济特点、工程特点和施工条件出发，才能编制出符合工程施工需求的施工组织设计，并通过实施中的协调控制使其得以顺利执行。

因此，学习本课程一定要强化理论联系实践，将理论知识、实践技能和工程能力培养相结合，通过施工组织设计编制和生产实习，加深对本课程的理解和认识，掌握并运用所学的方法和技能，增强解决工程问题的能力（重要提示见二维码1-1）。

1.1.3 土木工程项目管理

土木工程项目管理是针对土木工程项目建设全过程所进行的组织、计划、实施、监督和控制的管理活动，包含可行性研究、勘察、设计、施工、运营管理等众多建设阶段，其中施工阶段管理是整个工程项目管理的关键，其管理的好坏，对工程项目的质量、安全、成本的控制将产生重要影响。因此，施工企业在此阶段所进行的项目管理就成了整个项目管理的重中之重。

二维码 1-1

土木工程施工是一项非常复杂的生产活动。它参与单位多、涉及范围广、影响因素复杂、危险隐患繁多、社会影响大，需要耗费大量的人力、物资、设备。为了保证施工活动在规定时间内完成，必须对土木工程施工活动进行有效科学的管理，确保其顺利进行。施工单位是工程项目施工活动管理的主体，需对施工活动进行全过程、全方位的规划、组织和管理。

土木工程项目管理制度是伴随施工单位管理体制改革和工程招标投标制度推行而走进我国的先进施工管理方法和管理手段，其核心在于有效组织工程资源、协调各工程参与方利益、控制项目风险，并通过持续监控和评估来优化并实现建设目标（重要提示见二维码1-2）。

二维码 1-2

1.2 土木工程基本建设程序

1.2.1 土木工程项目及其组成

基本建设项目，简称建设项目，一般指按一个总体规划或设计进行建设，建成后具有完整的系统，可以独立地形成生产能力或使用价值的建设工程。在工业建设中，如一座电站、一个棉纺厂、一个电子厂等；在民用建设中，如一所学校、一所医院、一个游乐场等；在道路工程中，如一条高速公路、一条城市道路等；在轨道工程中，如一条高铁线路、一条地铁线路等。

建设项目的管理主体是建设单位，但往往需要勘察设计单位、施工单位、监理单位等其他参与单位的配合，并接受负有监督管理职责的相关政府部门的指导和管理。

1. 建设项目的分类

建设项目可按照不同标准进行分类。例如，按建设项目的规模可分为大型、中型、小型建设项目（二维码1-3）；按建设项目的性质可分为新建、扩建、改建、迁建、重建等扩大生产能力的项目（二维码1-4）；按建设项目的不同专业可分为工业与民用建筑工程项目、交通工程建设项目、水利工程建设项目等；按建设项目的用途可分为生产性建设项目和非生产性建设项目（二维码1-5）；根据工程建设的经济效益、社会效益和市场需求等基本特性，可分为竞争性项目、基础性项目和公益性项目（二维码1-6）。

二维码 1-3　　　　　　二维码 1-4　　　　　　二维码 1-5　　　　　　二维码 1-6

2. 建设项目的组成

根据《工程造价术语标准》GB/T 50875—2013、《建筑工程施工质量验收统一标准》GB 50300—2013 等标准的规定，可将建设项目分解为单项工程、单位工程、分部工程、分项工程和检验批，如图 1.2-1 所示（重要提示见二维码 1-7）。

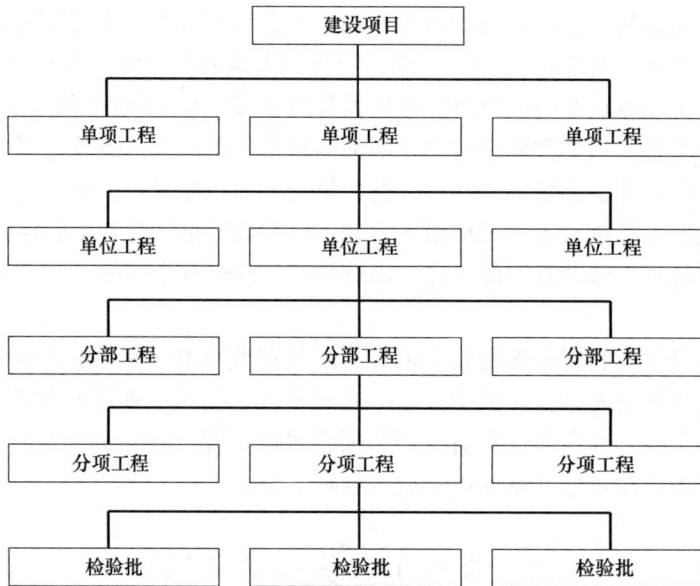

图 1.2-1　建设项目示意图

1) 单项工程

单项工程是具有独立的设计文件，可以独立组织施工，建成后能够独立发挥生产能力或使用功能的工程。一个建设项目，可由一个单项工程组成，也可由若干个单项工程组成。民用建设项目中如医院的门诊楼、住院楼，学校的教学楼、宿舍楼等，这些都可以称为一个单项工程，其内容包括建筑工程、设备安装工程等单位工程。单项工程体现了建设项目的主要建设内容，其施工条件往往具有相对独立性。

2) 单位工程

单位工程是具有单独的设计文件，可以独立组织施工，但建成后不能独立发挥生产能力或使用功能的工程。一个单项工程可以由若干个单位工程所组成。例如，一个生产车间，一般由土建工程、工业管道工程、设备安装工程、给水排水工程和电气照明工程等单位工程组成。

一般情况下，单位工程是一个单体的建筑物或构筑物。规模较大的单位工程，可将其中能够形成独立使用功能的部分作为一个子单位工程。如某工程项目的室外设施单位工程可划分为道路、边坡等子单位工程。

3) 分部工程

分部工程是单位工程的组成部分，一般是按结构部位、路段长度及施工特点或施工任务将单位工程划分为若干个项目单元。例如，教学楼按其结构或工程部位，可以划分为地基与基础、主体结构、建筑装饰装修等分部工程，而地基与基础分部工程又可划分为地基、基础、地下水控制、边坡等子分部工程。

4) 分项工程

分项工程是分部工程的组成部分，指按不同施工方法、材料、工序及路段长度等将分部工程划分为若干个项目单元。例如，砖混结构的条形基础，可以分为基础挖土、混凝土垫层处理、砖基础砌筑、土体回填等分项工程；主体混凝土结构可以分为混凝土模板支撑体系安装、钢筋绑扎、浇筑混凝土等分项工程。

分项工程是工程项目施工活动的基础，也是计量工程用工用料和机械台班消耗的基本单元。分项工程既有作业活动的独立性，又有相互联系、相互制约的整体性。

5）检验批

检验批是指按相同的生产条件或按规定的方式汇总起来供抽样检验用的，由一定数量样本组成的检验体，也是工程质量验收的基本单元。检验批是检测项目相同、质量要求和生产工艺等基本相同，由一定数量构件等构成的检测对象。分项工程由一个或若干个检验批组成，检验批可根据施工及质量控制、行业验收需求按楼层、施工段、变形缝等进行划分。如钢筋分项工程包括原材料、焊接工艺评定、焊接接头、防腐工艺等检验批，混凝土分项工程包括原材料等检验批（重要提示见二维码1-7）。

1.2.2 基本建设程序

基本建设程序，简称建设程序，是指建设项目从决策、设计、施工、竣工验收到投产或交付使用的全过程中，各项工作必须遵循的先后顺序，该先后顺序由基本建设进程决定，是拟建建设项目在整个建设过程中必须遵循的客观规律。建设程序是大量工程实践成果的总结，反映了项目建设各环节之间的内在联系，是科学决策和施工活动顺利进行的重要保证，建设单位、施工单位等相关单位都必须遵守。

我国的基本建设程序可划分为项目建议、可行性研究、项目评估及决策、工程勘察、工程设计及其审批、建设准备（包括招标投标、签订合同等）、施工许可、施工与安装、生产准备、竣工验收、竣工决算和后评价等环节。这些环节可概括为三大阶段，即项目决策阶段、项目准备阶段和项目实施阶段，如图1.2-2所示。

1. 项目决策阶段

项目决策阶段，又称建设前期工作阶段，包括项目建议和可行性研究等内容。项目建议是对拟建项目的一个总体轮廓设想，是根据国家国民经济和社会发展长期规划、行业规划和地区规划，以及国家产业政策，经过调查研究、市场预测及技术分析，着重从宏观上对项目建设的必要性做出分析，并初步分析项目建设的可行性。

项目建议经批准后，即可进行可行性研究工作。可行性研究是建设项目在投资决策前，对与拟建项目有关的社会、经济、技术等各方面进行深入细致的调查研究，对各种可能拟定的技术方案和建设方案进行认真的技术经济分析和比较论证，对项目建成后的经济效益进行科学的预测和评价。在此基础上，对拟建项目的技术先进性和适用性、经济合理性和有效性，以及建设必要性和可行性进行全面分析、系统论证、多方案比较和综合评价，由此得出该项目是否应该投资和如何投资等结论性意见，为项目投资决策提供可靠的科学依据。可行性研究报告批准后，建设项目才能正式立项。

2. 项目准备阶段

项目准备阶段主要包括设计文件的准备和施工准备等内容。这个阶段主要是根据批准的可行性研究报告，进行初步设计和施工图设计，编制设计概算，安排年度建设计划及投资计划，进行工程招标投标，签订施工合同，准备设备、材料、施工现场等工作。设计文件是安排建设项目和进行建筑施工的主要依据。设计文件一般由项目法人通过招标或委托

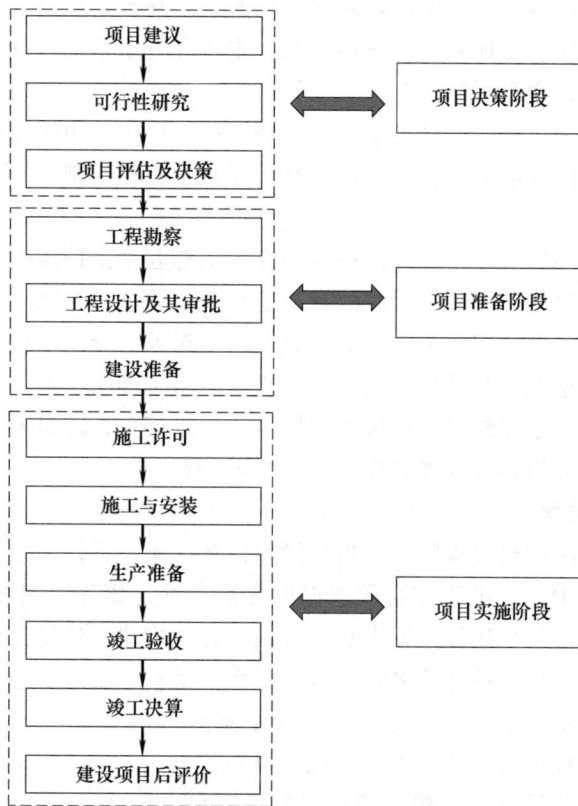

图 1.2-2　建设项目建设程序示意图

有相应资质的设计单位进行设计。编制设计文件时，应根据已批准的可行性研究报告，将建设项目的要求具体转化成指导施工的工程图纸及说明书。施工准备工作在可行性研究报告批准后就可进行。在建设项目实施之前，须做好以下准备工作：征地拆迁、"三通一平"（通水、通电、通路和场地平整）；工程地质勘察；收集设计基础资料，组织设计文件的编审；组织设备，材料订货；准备必要的施工图纸；组织施工招标投标，择优选定施工单位，签订施工合同，办理开工报建手续等。

3. 项目实施阶段

项目实施阶段是基本建设程序中时间最长、工作量最大、资源消耗最多的阶段。这个阶段的工作中心是根据设计图纸进行建筑工程施工，完成合同规定的全部施工任务，使其达到验收、交工的条件，并进行竣工验收工作（重要提示见二维码 1-8）。

二维码 1-8

1.3　土木工程产品及其生产的特点

1.3.1　土木工程产品的特点

土木工程产品是施工活动的最终成果，在竣工验收、交付使用后形成新的固定资产，也是土木工程行业服务人民、造福一方的实体。土木工程产品种类繁多，分布在经济社会生活的不同领域，其特点也不尽相同。和其他工业产品相比，土木工程产品具有以下特点：

1）土木工程产品体积庞大

土木工程产品为了满足其使用功能的要求，需要使用大量的物质资源，占据广阔的平面与空间，与一般工业产品相比，其体形远比工业产品庞大。

2）土木工程产品固定性

土木工程产品是固定在使用地点的，它与深埋在地下的地基基础相连。因此，只能在建设地点生产使用，不能随意转移，不能像一般工业产品一样流动。

3）土木工程产品多样性

不同的土木工程产品在建设规模、结构类型、建筑设计、基础设计和使用要求等方面，都各不相同。即使是同一类型的土木工程产品，也会因所在地点、地形、地质及环境条件、材料种类等的不同而彼此有所区别。

4）土木工程产品的综合性

土木工程产品不仅涉及土建工程的建筑功能、结构构造、装饰做法等多方面、多专业的技术问题，也综合了工艺设备、供暖通风、供水供电、通信网络等各类设施，因此土木工程产品是一个错综复杂的有机整体。

1.3.2　土木工程施工的特点

1）土木工程施工的工期长

土木工程产品的体积庞大决定了土木工程施工的工期长。土木工程产品的工程量巨大，生产中要消耗大量的人力、物力和财力，需要多工种、多班组相互配合、共同劳动，经过长时间生产才能完成。

2）土木工程施工的流动性

土木工程产品的固定性决定了土木工程产品生产的流动性。一般工业产品的生产地点、生产者和生产设备是固定的，产品是在生产线上流动的。而建筑施工则相反，土木工程产品是固定的，参与施工的生产者、材料和生产设备等不仅要随着土木工程产品的建造地点变更而流动，而且还要随着土木工程产品施工部位的不同而不断地在空间流动。

3）土木工程施工的单件性

土木工程产品地点的固定性和类型的多样性，决定了土木工程产品生产的单件性。每一个土木工程产品都是按照建设单位的要求和规划，根据其使用功能、建设地点的不同，进行单独的设计施工工艺和施工方法，制定出可行的施工方案，从而使建筑施工具有单件性。

4）土木工程施工的复杂性

土木工程产品的综合性决定了建筑施工的复杂性。土木工程产品的施工是一个时间长、工作量大、资源消耗多、涉及专业广的过程。它涉及力学、材料、建筑、结构、施工、水电和设备等不同专业，加之高空作业多、露天作业多、分部工程交叉作业多，从而使建筑施工生产的组织协作综合复杂。

5）土木工程施工周期长

土木工程产品体形庞大，复杂多样决定了施工过程需要的人员和工种众多，物资和机械设备种类繁多，各项准备工作内容多时间长，施工活动必须遵循建设程序，伴随着组织间歇时间和技术间歇时间，导致施工周期长，要求施工单位采取有效措施以保证施工质量和施工安全。

6）土木工程施工受外部环境影响较大

土木工程产品体形庞大，不具备室内生产的条件，一般要求露天作业，施工活动受到风、霜、雨、雪、温度变化、地质条件等外部环境因素的影响。这些因素对工程进度、质量、建设成本等影响很大，需要施工单位选择合理的施工方法，科学组织施工。

1.4　施工组织设计

随着经济社会的快速发展，土木工程产品的规模和复杂程度越来越高，人们对土木工程产品的期望和要求也日益提升。土木工程产品的施工生产已成为一项综合而复杂的系统工程，施工过程中经常遇到许多复杂和困难的技术问题，施工单位（总承包单位和分包单位等）、监理单位、宏观监督管理单位等众多参与单位相互交叉，施工人员、施工机械和土木工程材料等施工资源的科学供给和调配，都加速了施工组织与管理理论的进步和发展。大量工程实践表明，施工过程顺利进行离不开科学、合理的施工组织设计。

1.4.1　施工组织设计的概念

土木工程施工组织就是针对土木工程项目施工活动的复杂性，研究工程建设资源的统筹安排与系统管理的客观规律，进行特有的资源配置的生产组织，以施工组织设计的形式表现出来。

施工组织设计是以工程项目为对象编制的，用以指导施工的技术、经济和管理的综合性文件。施工组织设计往往分阶段进行编写，如投标阶段可作为投标文件的重要组成部分，施工阶段则是工程资源调配和施工活动组织和管理的依据。因此做好施工组织设计，对整体优化设计方案、合理组织工程施工、保证工程质量、缩短建设周期、降低工程造价，都有十分重要的作用。

1.4.2　施工组织设计的内容

《建筑施工组织设计规范》GB/T 50502—2009中规定了施工组织设计编制的基本内容如下：

1）施工组织设计应包括编制依据、工程概况、施工部署、施工进度计划、施工准备与资源配置计划、主要施工方法、施工现场平面布置及主要施工管理计划等基本内容。

2）施工管理计划应包括进度管理计划、质量管理计划、安全管理计划、环境管理计划、成本管理计划以及其他管理计划等内容。

3）其他管理计划宜包括绿色施工管理计划、防火保安管理计划、合同管理计划、组织协调管理计划、创优质工程管理计划、质量保修管理计划以及对施工现场人力资源、施工机具、材料设备等生产要素的管理计划等。其他管理计划可根据项目的特点和复杂程度加以取舍，但各项管理计划的内容应有目标、组织结构、资源配置、管理制度和技术、组织措施等。

1.4.3　施工组织设计对工程建设的意义

施工组织设计在我国已有几十年的历史，虽产生于计划经济管理体制下，但对规范建筑工程施工管理确实起到了相当重要的作用。施工组织设计统筹考虑整个施工过程，对人力、材料、机械、资金、施工方法、施工现场（空间）等施工资源，根据其所处的环境、自然条件、施工工期等，进行合理的组织安排，使之有条不紊，以实现有计划、有组织、均衡施工，进而达到工期尽可能短、质量上尽可能好、成本尽可能低的建设目的。

现阶段建筑施工组织设计已经成为建筑工程施工投标和组织施工必不可少的文件，是沟通工程设计和施工之间的桥梁。它既要体现拟建工程的设计和使用要求，又要符合建筑施工的客观规律，对施工的全过程起到战略部署或战术安排的作用。工程实践中，建筑施工组织设计包括投标阶段施工组织设计和实施阶段施工组织设计。前者强调的是符合招标文件要求，以中标为目的；后者强调的是可操作性，同时鼓励企业技术创新。其作用具体表现在以下几个方面：

1）建筑施工组织设计是施工准备工作的重要组成部分，同时又是做好施工准备工作的依据和保证。确定开工前必须完成的各项准备工作，例如组织管理机构的确定、审核设计文件、补充调查资料、先遣人员进场等。

2）建筑施工组织设计是根据建设项目各种具体条件拟定的施工方案、施工顺序、劳动组织和技术组织措施等，是指导开展紧凑、有序施工活动的依据。如计算工程数量（防止漏算、重算），确定劳动力、机械台班、各种材料、构件等的需求量和供应方案等。

3）建筑施工组织设计所提出的各项资源需求量计划，直接为组织材料、机具、设备、劳动力等资源供应和使用提供数据。如落实大型机械设备、主要材料的采购供应商、劳务队伍等。

4）建筑施工组织设计为合理安排和使用各项临时设施、施工现场部署提供指导，有利于文明工地创建和绿色施工。

5）建筑施工组织设计可将建设项目的设计与施工、技术与经济、各分部工程进行有机结合，统一协调。

6）建筑施工组织设计可分析施工活动中存在的风险和矛盾，及时研究解决问题的对策和措施，从而减少施工活动的盲目性，提高施工效率。

7）建筑施工组织设计是统筹安排施工企业生产投入与产出过程的关键和依据，是编制施工预算和施工计划的重要依据，是施工单位合理组织施工和加强项目管理的重要措施，也是施工企业确保建设项目施工进度、工程质量和施工成本的关键。

8）建筑施工组织设计可以指导投标与签订工程承包合同，并作为投标文件和合同文件的组成部分。

1.4.4 施工组织设计的发展史

中华人民共和国成立初期，在引进苏联建设经验基础上，创建了施工组织设计专业，自此施工组织设计这一术语沿用至今。

1）古代的施工组织

历史上施工组织设计的理念由来已久，只是没有"施工组织设计"这个术语。回顾我国古代建筑史，有很多成功的大型工程建设项目，如都江堰水利枢纽工程、万里长城等。在古文献和成语典故中也可找到施工组织设计的相关资料：

【案例 1】《营造法式》第 16～28 卷中，规定了工、料定额和质量控制标准，相当于现代施工组织中的成本控制和质量管理。

【案例2】《汉书·沟洫志》记载："汉建始四年（公元前29年），河决馆陶及东郡金堤，河堤使者王延世使塞，以竹落长四丈，大九围，盛以小石，两船夹载而下之。三十六日，河堤成。"即用竹笼填石，截流堵口。这个记录有施工方法、工程进度、施工设备和截流材料，类似于截流项目的施工方案。

【案例3】北宋大中祥符年间（公元1015年），皇宫发生了一场罕见的大火，导致许多宫殿被毁，亟需重建。丁谓通过挖沟取土、引水运料、垃圾回填等措施巧妙地解决了宫殿重建过程中的取土、建筑材料运输和建筑垃圾处理问题，缩短了工期，节约了大量的人力、物力和财力。留下了"丁谓建宫，一举三得"的典故。

2）中华人民共和国成立后，施工组织的发展

施工组织的发展伴随着现代大型土木工程项目的施工实践和管理科学的发展。1928年，苏联施工人员在第聂伯水电站施工过程中编制第一个较为完整的施工组织设计，并提出施工组织管理理论。1958年，美国在北极星导弹计划中，提出了计划评审法（PERT），逐步形成了项目管理理论。随着我国市场经济的不断完善，施工组织设计也被赋予了双重作用，既是承揽施工任务的投标文件，又是指导施工活动的技术、经济和管理文件。

工程实践中，施工组织设计的重要性已经得到了土木工程行业的广泛认可。《建筑工程施工许可管理办法》（2021年修正）明确指出，建设单位申请领取施工许可证，必须有保证工程质量和安全的具体措施，施工企业编制的施工组织设计中有根据建筑工程特点制定的相应质量、安全技术措施。《建设工程施工合同（示范文本）》GF-2017-0201，《建筑施工组织设计规范》GB/T 50502—2009等对施工组织设计内容进行规定。住房和城乡建设部、国家能源局、国家发展和改革委员会等单位颁布了不同土木工程分支的施工组织设计相关规范，有力保证了施工组织设计的编制和应用。

随着新一轮科技革命和产业变革，以人工智能、大数据、物联网、5G和区块链等为代表的新一代信息技术快速向各行业融合渗透。工程建设领域，我国在建筑工程、轨道工程等方面取得了丰硕成果。一大批超级工程应运而生，国家体育馆、上海金茂大厦等彰显了我国在土木工程领域的新成就，也极大促进了施工组织设计文件编制、施工组织与管理理论的发展。

1.4.5　施工组织设计的分类

根据编制对象范围不同，施工组织设计一般分三类：施工组织总设计、单位工程施工组织设计、施工方案。

施工组织总设计、单位工程施工组织设计以及施工方案的关系是一个由大到小、由粗到细、由战略部署到战术安排的关系，它们解决问题的范围和侧重点要求有所不同，两者之间既相互关联又互不相同。

1）施工组织设计和施工方案之间的联系

施工组织总设计是针对整个建设项目的全局性战略部署，其内容和范围比较广泛；单位工程施工组织设计是在施工组织总设计的控制下，以施工组织总设计和企业施工计划为依据编制的，针对具体的单位工程，把施工组织总设计的内容具体化；施工方案则是以施工组织总设计、单位工程施工组织设计和企业施工计划为依据编制的，针对具体的分部分

项工程，把单位工程施工组织设计进一步具体化。

2）施工组织设计和施工方案的区别

（1）编制目的不同

施工组织设计是对施工过程所需要的人力、物力等资源选用方案，时间与空间布置等各方面进行周密安排，根据各方面的要求明确施工方案；施工方案是编制某一部分的具体施工工艺和方法，以保证质量要求和安全文明施工等要求。

（2）编制内容不同

施工组织设计编制的对象是工程整体。它涉及工程施工各个方面的内容，包括项目管理机构的建立、施工方案的选择、施工顺序、优化配置和节约所使用的各生产要素等；施工方案编制的对象通常是分部、分项工程。编制内容包括工程概况、施工难点重点、施工机械设备的选择和具体的施工方法等。

（3）侧重点不同

施工组织设计侧重计划，施工方案侧重实施。

（4）出发点不同

施工组织设计是从项目决策管理层的角度出发，施工方案是从项目操作层的角度出发。

（5）编制人所处的管理层次不同

施工组织设计应由项目负责人主持编制。具体来讲，施工组织总设计是由总包项目管理部项目经理组织进行编制的文件，单位工程施工组织设计是由专业项目经理部项目经理组织进行编制的文件，专项施工方案则是由专业项目经理部或专业分包单位的总工程师或专业工程师进行编制的文件。施工组织总设计应由总承包单位技术负责人审批；单位工程施工组织设计应由施工单位技术负责人或技术负责人授权的技术人员审批，施工方案应由项目技术负责人审批；重点、难点分部（分项）工程和专项工程施工方案应由施工单位技术部门组织相关专家评审，施工单位技术负责人批准；由专业承包单位施工的分部（分项）工程或专项工程的施工方案，应由专业承包单位技术负责人或技术负责人授权的技术人员审批；有总承包单位时，应由总承包单位项目技术负责人核准备案。

3）施工组织总设计

施工组织总设计是以若干单位工程组成的群体工程或特大型项目（二维码1-9）为主要编制对象，用以指导整个编制对象施工全过程各项施工活动的技术、经济和组织的综合性文件，对整个项目的施工过程起到统筹规划、重点控制的作用。施工组织总设计的主要内容包括工程概况、施工部署和施工方案、施工准备工作计划、各项资源需求量计划、施工总进度计划、施工总平面图、技术经济指标分析。

二维码1-9

4）单位工程施工组织设计

单位工程施工组织设计是以单位（子单位）工程为主要编制对象，用于直接指导其施工全过程各项施工活动的技术经济文件，是指导施工的具体文件，也是施工组织总设计的具体化。单位工程施工组织设计一般在设计工作完成之后，开始施工前在项目技术负责人的领导下编制。主要包括工程概况、施工方案、施工进度计划、施工准备工作计划、各项资源需求量计划、施工平面布置图、技术经济指标、安全文明施工措施。

5）施工方案

施工方案又称分部分项工程施工组织设计或作业计划，主要针对某些重点难点、危险性较大、技术复杂的特殊过程和关键过程（二维码 1-10）、季节性工程、易发生安全事故的项目或采用新工艺、新技术、新材料、新设备施工的分部分项工程，用来具体指导这些分部分项工程施工的技术、经济和组织的综合性文件。施工方案内容具体详细，可操作性强，主要包括施工方案、进度计划、技术组织措施等内容。

二维码 1-10

《建设工程安全生产管理条例》（国务院第 393 号令）规定，对达到一定规模的危险性较大的分部分项工程（简称危大工程，二维码 1-11）编制专项施工方案，并附具安全验算结果，经施工单位技术负责人、总监理工程师签字后实施。超过一定规模的危大工程（二维码 1-12）施工方案还应有专家组进行审查论证。专家组成员应当由 5 名及以上符合相关专业要求的专家组成。

二维码 1-11   二维码 1-12

1.5　施工组织设计的编制

1.5.1　施工组织设计编制原则
施工组织设计的编制必须遵循工程建设程序，并应符合下列原则：

1）符合施工合同或招标文件中有关工程进度、质量、安全、环境保护、造价等方面的要求；

2）积极开发、使用新技术和新工艺，推广应用新材料和新设备；

3）坚持科学的施工程序和合理的施工顺序，采用流水施工和网络计划等方法，科学配置资源，合理布置现场，采取季节性施工措施，实现均衡施工，达到合理的经济技术指标；

4）采取技术和管理措施，推广建筑节能和绿色施工；

5）与质量、环境和职业健康安全三个管理体系有效结合。

1.5.2　施工组织设计编制依据
施工组织设计应以下列内容作为编制依据：

1）与工程建设有关的法律、法规和文件；

2）国家现行有关标准和技术经济指标；

3）工程所在地区行政主管部门的批准文件，建设单位对施工的要求；

4）工程施工合同或招标投标文件；

5）工程设计文件；

6）工程施工范围内的现场条件，工程地质及水文地质、气象等自然条件；

7）与工程有关的资源供应情况；

8）施工企业的生产能力、机具设备状况、技术水平等。

1.5.3　施工组织设计编制程序
当拟建工程中标后，施工单位必须编制建设工程施工组织设计。若工程实行总承包或总分包模式，由总承包单位负责编制施工组织设计或分阶段施工组织设计。分包单位在总承包单位的部署下，负责编制分包工程的施工组织设计。施工组织设计应根据合同等相关规定进行编制，并广泛征求各协作单位的意见。对于结构复杂、施工难度大以及采用新工艺、新技术的工程项目，要进行专业性研究，必要时组织专门会议，邀请专家组（专家组的人员构成要求详见二维码 1-13）对施工组织设计进行审查论证。

二维码 1-13

　　施工组织设计的编制应遵循一定程序，做到有序安排，充分掌握相关工程资料，方可快速、高质量地完成编制任务，施工组织总设计和单位工程施工组织设计的编制程序如图 1.5-1、图 1.5-2 所示。施工组织设计的编制过程由粗到细、反复调整，最终达到优化施工组织设计的目的。

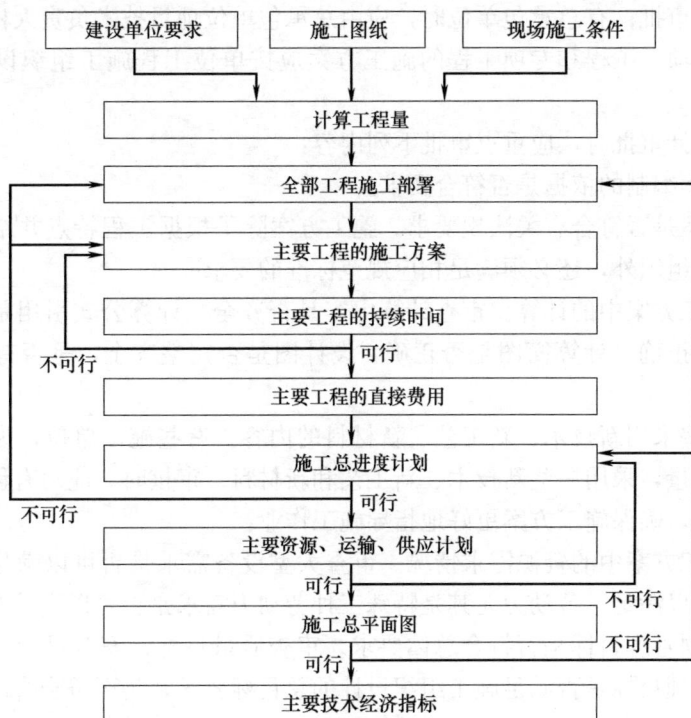

图 1.5-1　施工组织总设计编制程序图

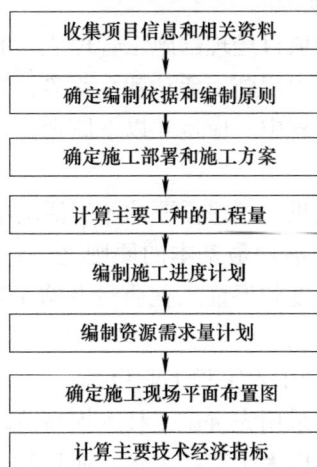

图 1.5-2　单位工程施工组织设计编制程序图

1.5.4　施工组织设计的审批与落实

1. 施工组织设计的审批

《建筑施工组织设计规范》GB/T 50502—2009 规定，施工组织设计应由项目负责人主持编制，可根据需要分阶段编制和审批。施工组织总设计应由总承包单位技术负责人审批；单位工程施工组织设计应由施工单位技术负责人或技术负责人授权的技术人员审批，施工方案应由项目技术负责人审批；重点、难点分部（分项）工程和专项工程施工方案应由施工单位技术部门组织相关专家评审，施工单位技术负责人批准；由专业承包单位施工的分部（分项）工程或专项工程的施工方案，应由专业承包单位技术负责人或技术负责人授权的技术人员审批；有总承包单位时，应由总承包单位项目技术负责人核准备案；规模较大的分部（分项）工程和专项工程的施工方案应按单位工程施工组织设计进行编制和审批。

施工组织设计审批时，应重点审批下列内容：

1）施工方案编制的依据是否符合要求。

2）施工方案是否符合有关法规要求。施工方案除了根据工程特点并结合本企业的施工工艺标准进行组织外，还必须满足相应规范标准的要求。

3）审查施工方案中的计算。审查计算内容是否齐全，计算公式引用是否正确，计算参数的取值是否正确，计算简图是否正确，设计图是否完整齐全，是否有细部节点处理等等。

4）审查一些采用新技术、新工艺、新材料的内容。有些施工单位，为了加快施工进度和提高工程质量，采用一些新技术、新工艺和新材料。审核时，应对有创新性的施工方案进行科学审查，确保施工方案更好地指导施工作业。

5）审查施工方案中的资源需求情况。审查大型设备需求是否可以满足，大宗件物资材料需求是否可以满足，劳动力尤其是特殊工种劳动力需求是否可以满足等等。

6）审查各项管理目标是否符合总体要求。审查质量目标、安全目标、工期目标及文明施工环境等管理目标是否满足施工组织设计的总目标要求，是否符合合同、工程所在地相关规定等。

2. 施工组织设计的贯彻实施

施工组织设计是施工单位和项目经理部施工管理活动的重要技术经济文件，也是完成工程项目建设任务的重要依据。组织施工活动就是落实、控制和协调施工组织设计的实践过程。在组织项目施工活动的过程中，应遵守以下原则：

1）集中力量加快施工速度

集中有限的施工资源，优先投入到最需要的施工活动中，加快其施工速度，使其尽快完工，投入生产，这是组织施工活动最基本的原则之一，也是提高经济效益最有效的措施。需要指出的是，加快施工速度和保证工程质量及施工安全、降低施工成本密切联系，是相辅相成的。

2）采用先进施工技术，推动土木工程工业化

落实施工组织设计过程中应采用先进施工技术提高劳动生产率，提高工程质量。土木工程工业化不仅要求施工技术适应大生产的需求，而且要求施工全过程的各项管理工作采用现代化的方法和手段。

3）运用科学合理的方法组织施工

施工组织设计的科学性、合理性和严格落实是施工活动顺利进行的关键。运用现代化的分析手段、计算方法，使施工活动在时间和空间布局、生产能力和劳动资源方面得到最优的统筹安排，从而保证施工活动的连续性和均衡性。如流水施工技术、网络计划技术等为各施工过程、各专业班组之间的平行流水和立体交叉作业提供了理论基础，有助于劳动力、施工机械不间断、有节奏施工，进而实现施工全过程的科学性。

4）确保工程质量和施工安全

土木工程产品质量好坏直接影响其使用安全和人民生命财产安全，施工人员应严格按照施工组织设计和相关规范、标准的要求组织施工。施工过程持续时间长、潜在风险多、安全隐患复杂，一旦发生质量或安全事故，将不仅影响工期，而且造成巨大浪费。

1.5.5 施工组织设计的管理

施工组织设计应实行动态管理，并符合下列规定：

1. 项目施工过程中，发生以下情况之一时，施工组织设计应及时进行修改或补充：

1）工程设计有重大修改；

2）有关法律、法规、规范和标准实施、修订和废止时；

3）主要施工方法有重大调整；

4）主要施工资源配置有重大调整；

5）施工环境有重大改变。

2. 经修改或补充的施工组织设计应重新审批后实施。

3. 项目施工前，应进行施工组织设计逐级交底；项目施工过程中，应对施工组织设计的执行情况进行检查、分析并适时调整。

4. 施工组织设计应在工程竣工验收后归档。

1.6 本章思政教育元素

1.6.1 从优秀土木工程施工组织与管理案例中汲取思政能量

施工组织设计在我国土木工程行业发展进程中发挥了推动和保障作用，催生了"丁谓建宫"、国家体育馆、港珠澳大桥等典型工程案例，读者应从这些土木工程施工组织与管理的优秀案例中汲取思政教育能量。

1.6.2 从典型土木工程人和事迹中汲取思政能量

中国五矿、中建八局等企业在雄安新区建设、天津国家合成生物项目等建设过程中积极探索，丰富完善了施工组织和管理理论，积累了成功案例，也为类似项目管理提供了借鉴，涌现出邹忠明（中冶长天）等一大批典型人物和事迹，读者应从典型人物和事迹中汲取思政能量。

本 章 小 结

本章介绍了土木工程施工组织课程的基本理论知识，包括本课程的研究对象、任务、特点，工程建设项目的概念、分类和组成，建筑施工程序，土木工程产品及其生产的特点，建筑施工组织设计的作用、分类，建筑施工组织设计的原则和内容，建筑施工组织设计的编制及落实。通过本章的学习，读者应全面掌握本课程研究内容及学习要求，为后续施工组织设计的编写和应用等奠定基础。

习题及答案

一、单选题

1. 具有独立的设计文件，在竣工投产后可以发挥效益或生产能力的车间生产线或独立工程称为（　　）。

A. 建设项目　　　　　　　　　　B. 单项工程

C. 单位工程　　　　　　　　　　D. 分部工程

2. 可行性研究报告经批准后，是（　　）的依据。

A. 施工图设计　　　　　　　　　B. 初步设计

C. 项目建议书　　　　　　　　　D. 技术设计

3. 基本建设程序正确的是（　　）。

A. 投资决策→设计→施工招标投标→施工→竣工决算

B. 投资决策→施工招标投标→设计→施工→竣工决算

C. 设计→投资决策→施工招标投标→施工→竣工决算

D. 设计→施工招标投标→投资决策→施工→竣工决算

4. 在下列工程中，可作为单位工程是（　　）。

A. 结构主体工程　　　　　　　　B. 某住宅小区

C. 某幢住宅楼　　　　　　　　　D. 一份施工合同的目的物

5. （　　）获批标志着建设项目正式立项。

A. 项目建议书　　　　　　　　　B. 可行性研究报告

C. 施工组织设计　　　　　　　　D. 建筑施工图

二、多选题

1. 施工组织设计根据编制对象范围不同可分为（　　）。

A. 施工组织总设计　　　　　　　B. 单位工程施工组织设计

C. 分部分项工程施工组织设计　　D. 标前设计

E. 标后设计

2. 建筑产品的体积庞大，造成建筑施工生产周期长、综合性强、露天作业多，因此（　　）。

A. 使用材料数量大品种规格多　　B. 受自然条件影响大

C. 材料垂直运输量大　　　　　　D. 容易产生质量问题

E. 容易发生安全事故

3. 需要编制施工方案的工程包括（　　）。

A. 基坑支护工程　　　　　　　　B. 起重吊装工程

C. 高大模板工程　　　　　　　　D. 拆除、爆破工程

E. 装饰工程

三、填空题

1. 拟建建设项目在建设过程中，各项工作必须遵循的先后顺序称为_____。

2. 可行性研究报告属于项目基本建设程序中的_____阶段。

3. 施工组织设计按编制对象范围可分为_____、_____和_____三种。

四、简答题

1. 试述建筑产品及其施工的特点。

2. 试述基本建设程序的主要内容。

3. 一个建设项目由哪些工程内容组成。

4. 简述施工准备工作的种类和主要内容。

5. 施工组织设计的任务和作用分别是什么？

参考答案：

一、单选题

1. B；2. B；3. A；4. C；5. B

二、多选题

1. ABC；2. ABCDE；3. ABCD

三、填空题

1. 基本建设程序

2. 项目决策

3. 施工组织总设计、单位工程施工组织设计和分部分项工程施工组织设计

四、简答题

略

参 考 文 献

[1] 陈蓓，陆永涛，李玲. 基于 BIM 技术的施工组织设计［M］. 武汉：武汉理工大学出版社，2021.

[2] 李思康，李宁，冯亚娟. BIM 施工组织设计［M］. 北京：化学工业出版社，2018.

[3] 王利文. 土木工程施工组织与管理［M］. 北京：中国建筑工业出版社，2021.

[4] 项林. 建筑工程施工组织［M］. 南京：东南大学出版社，2019.

[5] 张玉威. 建筑工程施工组织［M］. 北京：中国建筑工业出版社，2021.

[6] 吴瑞，于文静，曲恒绪. BIM 施工组织设计［M］. 北京：中国水利水电出版社，2019.

[7] 张华明，纪繁荣，杨正凯. 建筑施工组织［M］. 3 版. 北京：中国电力出版社，2018.

[8] 华建民，姚刚. 土木工程施工技术与组织［M］. 3 版. 重庆：重庆大学出版社，2023.

[9] 蔡红新，曹红梅. 建筑施工组织设计实务［M］. 2 版. 北京：北京理工大学出版社，2022.

[10] 梁培新，王利文. 土木工程施工组织［M］. 北京：中国建筑工业出版社，2022.

[11] 刘立新，贺志刚，余景良. 建筑施工组织与管理［M］. 哈尔滨：哈尔滨工程大学出版社，2021.

[12] 危道军. 建筑施工组织［M］. 3 版. 北京：中国建筑工业出版社，2022.

[13] 赵乃志，陈兰英，王孙骏. 建筑工程施工组织［M］. 北京：化学工业出版社，2024.

[14] 安沁丽，王磊，朱桂春. 建筑工程施工准备［M］. 南京：南京大学出版社，2023.

[15] 张昊，凌颂益. 施工组织设计［M］. 北京：中国水利水电出版社，2022.

[16] 吴琛，熊燕，王小广. 建筑工程施工组织［M］. 南京：南京大学出版社，2022.

[17] 刘波，刘洋洋，王俊. 水利工程施工组织和管理研究 [M]. 延吉：延边大学出版社，2023.

[18] 吴伟民，胡慨，颜志敏. 建筑工程施工组织与管理 [M]. 郑州：黄河水利出版社，2023.

[19] 住房和城乡建设部. 建筑施工组织设计规范：GB/T 50502—2009 [S]. 北京：中国建筑工业出版社，2009.

[20] 住房和城乡建设部. 建设工程监理规范：GB/T 50319—2013 [S]. 北京：中国建筑工业出版社，2013.

[21] 住房和城乡建设部. 建筑工程施工质量验收统一标准：GB 50300—2013 [S]. 北京：中国建筑工业出版社，2013.

[22] 住房和城乡建设部. 工程造价术语标准：GB/T 50875—2013 [S]. 北京：中国计划出版社，2013.

本章知识在求职和工作中的应用

问题1：施工组织设计在开工前编写即可。这种说法是否正确，为什么？

答案：不正确。根据编写时间的不同，施工组织设计可分为标前施工组织设计（投标之前）和标后施工组织设计（中标之后），标前施工组织设计将作为投标文件的组成部分，而标后施工组织设计将作为施工单位指导施工的技术文件。

问题2：施工组织设计在施工过程中必须严格执行，不能随意修改。这种说法是否正确，为什么？

答案：正确。施工组织设计的编制和审批都应严格遵守我国相关标准和规定的要求。施工过程中，施工组织设计应实行动态管理，并符合下列规定：

1. 项目施工过程中，发生以下情况之一时，施工组织设计应及时进行修改或补充：1）工程设计有重大修改；2）有关法律、法规、规范和标准实施、修订和废止；3）主要施工方法有重大调整；4）主要施工资源配置有重大调整；5）施工环境有重大改变。

2. 经修改或补充的施工组织设计应重新审批后实施。

3. 项目施工前，应进行施工组织设计逐级交底；项目施工过程中，应对施工组织设计的执行情况进行检查、分析并适时调整。

问题3："四新"（新材料、新设备、新工艺、新技术）相关活动，是否需要编制施工组织设计，为什么？

答案：需要编制。施工过程中应编写分部分项工程施工组织设计（或施工计划）并据此进行"四新"相关试验和施工活动，确保新材料、新设备、新工艺、新技术的应用取得成功。该文件一般在单位工程施工组织设计确定施工方案后，由项目部技术负责人编制。

第 2 章

施工准备工作

教学目标：

◇知识目标

掌握施工准备工作的主要内容及基本要求，熟悉施工准备工作的分类。

◇能力目标

具备编制施工准备工作计划，组织完成施工准备工作，组织协调施工准备过程中各相关单位关系的能力。

◇素质目标

正确认识施工准备工作重要性，正确处理施工准备工作和施工活动之间的联系，具备完成施工准备工作所需要的基本素质。

2.1　施工准备工作概述

施工准备工作是指为保证项目顺利开工和施工活动正常进行而事先做好组织、技术、经济、劳动力、物资等方面的各项准备工作。它从签订施工合同开始，直至工程竣工验收合格结束，不仅存在于项目开工之前，而且贯穿整个施工过程，以施工单位为主导，涉及建设单位等多个项目参与单位。做好施工准备工作，在充分发挥各方面积极因素、合理利用资源、加快施工进度、提高工程质量、确保施工安全、降低工程成本及提升施工效率等方面有重要作用。

2.1.1　施工准备工作的意义

做好施工准备工作有利于保证工程正常开工和连续、均衡施工。施工准备工作的基本任务是为拟建工程的施工提供必要的技术和物资条件，统筹安排施工力量和施工现场。施工准备工作也是施工企业搞好目标管理，使土建施工和设备安装顺利进行的根本保障。

1. 施工准备是工程建设的重要阶段。

施工准备是保证施工活动顺利进行的基础，只有充分做好各项施工准备工作，统筹安排，遵循施工客观规律和国家相关法律法规，才能使建设项目达到预期经济效果。

2. 做好施工准备工作是降低风险的有效措施。

施工过程时间跨度大，技术难度高，受气候条件和自然环境等因素影响大，风险也比较多。只有做好各项施工准备工作，认真梳理相关技术经济资料，分析类似工程的经验教训，有效采取防范措施，才能降低施工风险。

3. 做好施工准备工作是提高施工单位经济效益的有效途径。

做好施工准备工作有利于合理分配资源和劳动力，协调各方面的关系，做好各分部分项工程的进度计划，保证工期，提高工程质量，提高施工单位的经济效益。

综上所述，认真做好施工准备工作，对于发挥施工单位优势、合理供应资源、加快施工速度、提高工程质量、降低工程成本、增加经济效益、赢得社会信誉、实现工程项目管理现代化等目标具有重要意义。

2.1.2　施工准备工作的分类

1. 按准备工作范围分类

按准备工作范围，施工准备工作可分为全场性施工准备、单位工程施工条件准备、分部分项工程作业条件准备。

1) 全场性施工准备：以整个建设项目或建筑群为对象所进行的施工准备工作。它不仅为全场性施工活动创造有利条件，而且要兼顾单位工程施工条件的准备。

2) 单位工程施工条件准备：是以一个单位工程为对象而进行的施工准备，其目的和内容都是为该单位工程服务的，既要为单位工程做好开工前的一切准备，又要为其分部分项工程施工进行作业条件的准备。

3) 分部分项工程作业条件准备：以一个分部分项工程为对象而进行的作业条件准备。对某些施工难度大、技术复杂、危险性较大的分部分项工程，需要单独编制施工方案，并对其所采用的施工工艺、材料、机具、设备及安全防护设施等分别进行准备。

2. 按施工阶段不同进行分类

1) 开工前的施工准备工作：在拟建工程正式开工之前所进行的一切施工准备工作，是为工程正式开工创造必要施工条件，具有全局性和总体性。它既可能是全场性施工准备，也有可能是单位工程施工条件准备。

2) 开工后的施工准备工作（具体施工活动开始前的施工准备）：在拟建工程开工之后，具体施工活动开始之前所进行的施工准备工作。如混合结构住宅的施工，通常分为地下基础工程、主体结构工程和屋面工程、装饰工程等施工阶段，每个阶段的施工活动不同，其所需的物资技术条件、组织要求和现场布置等方面也不同。必须做好每个施工阶段开始前的相应施工准备工作，为施工活动创造有利条件。

综上，施工准备工作既要有阶段性，又要有连续性，必须有计划、有步骤、分期和分阶段进行，贯穿整个施工过程。

2.1.3 施工准备工作的要求

1. 编制施工准备工作计划

为了保证施工准备工作顺利进行，应编制施工准备工作计划，明确施工准备工作内容及要求。由于各项施工准备工作之间存在相互依存关系，还可编制施工准备工作网络计划，细化逻辑关系，找出关键工作，在网络图中进行优化，尽量缩短时间。施工准备工作计划应纳入施工单位的施工组织设计和年度、季度及月度施工计划，认真贯彻落实。施工准备工作计划见表 2.1-1。

施工准备工作计划（示例）　　　　　　　　　　　表 2.1-1

编号	施工准备工作名称	主要工作内容	牵头单位	配合单位	完成人	检查人	开始时间	结束时间	备注
—	—	—	—	—	—	—	—	—	—
—	—	—	—	—	—	—	—	—	—

2. 建立施工准备工作责任制

施工准备工作项目多，范围广，涉及多个单位，因此应建立严格的责任制。按施工准备工作计划将各项准备工作落实到相关单位和个人，明确各级技术负责人的责任，确保施工准备工作按计划推进。施工准备工作应由项目经理部组织实施并全权负责。

3. 建立施工准备工作检查制度

施工准备工作实施过程中，应对计划落实情况定期（如周、半月、月度）进行检查，及时发现问题，分析问题并制定对策，协调施工准备工作进度或调整工作计划。检查可采用实际与计划对比法；或采用相应单位、人员分割制，检查施工准备工作落实情况，分析产生问题的原因，找到解决问题的方法。后者见效快，解决问题及时，现场采用较多。

4. 按基本建设程序办事，执行开工报告制度

具备开工条件后，项目经理部应申请开工报告（二维码 2-1），报施工单位审批后方可开工。实行建设监理的工程，施工单位还应将开工报告送监理工程师审批，由监理工程师签发开工通知书，在限定时间内开工，不得拖延。

二维码 2-1

5. 确保施工准备工作贯穿施工全过程

工程开工后，要随时做好作业条件的施工准备工作。施工顺利与否，关键在于施工准备工作是否及时和完善。因此，企业各职能部门要面向施工现场，像重视施工活动一样重视施工准备工作，及时解决施工准备工作中的技术、机械设备、材料、人力、资金、管理等各种问题，以提供工程施工的保障条件。项目经理应十分重视施工准备工作，加强施工准备工作的计划性，及时做好协调、平衡工作。

6. 取得相关协作单位的友好支持和配合

施工准备工作涉及面广，除了施工单位本身的努力外，还应取得建设单位、监理单位、供应单位、银行及其他协作单位的大力支持，分工负责，统一步调，共同做好施工准备工作，以缩短施工准备工作的时间，争取早日开工；施工中密切配合，保证整个施工过程顺利进行。

7. 施工准备工作应做好几个"结合"

1）施工与设计的结合

施工合同签订后，施工单位应尽快与设计单位联系，在总体规划、平面布局、结构选型、构件选择、新材料、新技术的采用以及出图顺序及要求等方面取得一致意见，便于日后施工。

2）室内和室外准备工作的结合

室内准备工作主要是指各种技术经济资料的编制和汇集（如熟悉图纸、编制施工组织设计等）；室外准备工作主要是指施工现场准备和物资准备。室内准备工作对室外准备工作起指导作用，室外准备工作是室内准备工作的具体要求。

3）土建工程与专业工程的结合

工程总承包单位在明确施工任务，拟定施工准备工作的初步计划后，应及时通知各相关协作专业单位，使各专业单位及时完成施工准备工作，做好与土建施工单位的协作配合。

4）前期准备与后期准备的结合

施工准备工作不仅开工前要做，工程开工后也要做，因此要统筹安排前、后期的施工准备工作，既立足于前期准备，又着眼于后期准备，把握时机，及时完成施工准备工作。

2.2 施工准备工作的内容

项目施工准备工作的内容，与该工程本身特点及现场施工条件密切相关，有的比较简单，有的却十分复杂。如只有一个单项工程的单体项目和包含多个单项工程的群体项目，一般小型项目和规模庞大的大中型项目，新建项目和改扩建项目，在未开发地区兴建的项目和在已开发具备所需各种条件的地区兴建的项目等，都因工程的特殊需要和特殊条件而对施工准备工作提出各不相同的具体要求。只有按照项目的规划来确定施工准备工作的内容，并拟定具体的、分阶段的施工准备工作实施计划，才能为施工活动开展创造一切必要的条件。通常情况下，施工准备工作按其性质及内容，可分为调查研究并收集资料、技术资料准备、施工资源准备、施工现场准备、施工现场外准备和季节性施工准备6个方面，如图2.2-1所示。

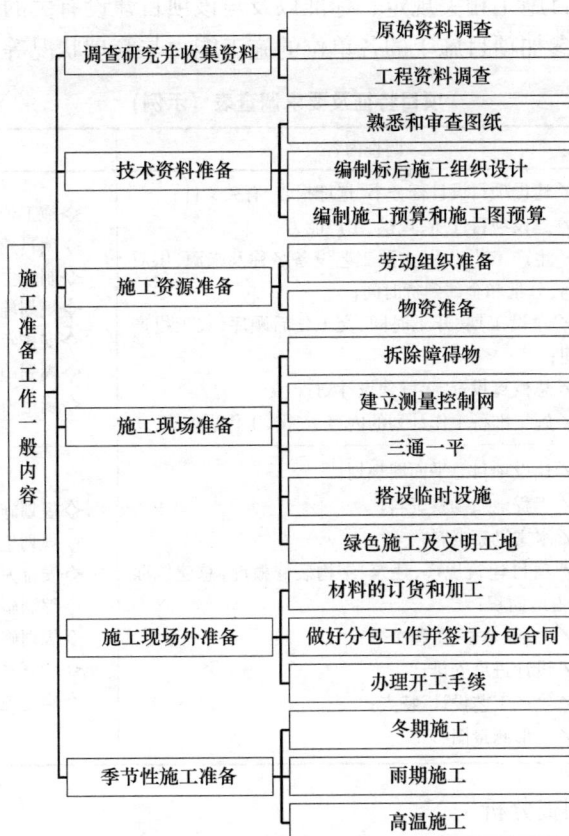

图 2.2-1　施工准备工作一般内容

2.2.1　调查研究并收集资料

1. 原始资料调查

由于施工活动涉及单位多、内容广、情况多变、问题复杂，其地区特征、技术经济条件各异，原始资料中的微小错误往往会导致严重的工程后果。此外，只有使用正确的原始资料，才能做好施工方案，合理确定施工进度、各项工程资源计划和施工现场安排。为了制定符合工程实际并切实可行的施工组织设计，施工准备阶段必须进行建设场地的勘察和技术经济条件的调查。这些基础资料称为原始资料，加上对这些资料的分析研究，统称为原始资料的调查研究。

原始资料的调查研究是施工准备工作的一项重要内容，也是编制施工组织设计的重要依据。原始资料的调查主要是对工程条件、工程环境特点和施工条件等施工技术与组织的基础资料进行调查。原始资料的调查应有计划、有目的地进行，事先应拟定详细的调查提纲、调查范围、调查内容等，应根据拟建工程规模、性质、复杂程度、工期及对当地了解程度确定。对调查收集的资料应注意整理归纳、分析研究，对其中特别重要的资料，必须复查数据的真实性和可靠性。

1）项目特征与要求的调查

施工单位应按所拟定的调查提纲，首先向建设单位、勘察设计单位收集有关项目的计划任务书、工程选址报告、初步设计、施工图以及工程概预算等资料；向当地有关行政管理部门收集现行的项目施工相关规定、标准以及与该项目建设有关的文件等资料；向建设单位与主管部门了解参加项目施工的各单位的施工能力与管理状况等，如表2.2-1所示。

项目特征及要求调查表（示例）   表2.2-1

序号	调查单位	调查内容	调查目的
1	建设单位	✓建设项目设计任务书、选址报告、有关文件； ✓建设项目性质、规模、生产能力； ✓生产工艺流程、主要工艺设备名称及来源、供应时间、分批和全部到货时间； ✓建设工期、开工时间、交工先后顺序、竣工投产时间； ✓总概算投资、年度建设计划； ✓施工准备工作计划的内容、安排、工作进度表	◇施工依据； ◇项目建设部署； ◇制定主要工程施工方案； ◇规划施工总进度计划； ◇安排年度施工进度计划； ◇规划施工总平面； ◇确定占地范围
2	设计单位	✓建设项目总平面图规划； ✓工程地质勘察资料； ✓水文勘察资料； ✓项目建筑规模、建筑、结构装修概况，总建筑面积、占地面积； ✓单项（单位）工程个数； ✓设计进度安排； ✓生产工艺设计、特点； ✓地形测量图	◇规划施工总平面图； ◇规划生产施工区、生活区； ◇安排大型临建工程； ◇编制施工概算； ◇规划施工总进度； ◇计算平整场地土石方工程量； ◇确定地基基础施工方案

2）自然条件的调查分析

建设地区自然条件调查分析的主要内容包括建设地区水准点和绝对标高等情况；地质构造、土的性质和类别、地基土的承载力、地震级别和烈度等情况；河流流量和水质、最高洪水和枯水期的水位等情况；地下水位的高低变化情况，含水层的厚度、流向、流量和水质情况；气温、雨、雪、风和雷电等情况；土的冻结深度和冬（雨）期的期限等情况的调查。为编制施工现场的"三通一平"计划提供依据，如地上建筑物的拆除、高压输电线路的搬迁、地下构筑物的拆除和各种管线的搬迁等工作；为减少施工危害，打桩工程作业前，对居民的危房和居民中的心脏病患者采取保护性措施等，如表2.2-2所示。

建设地区自然条件调查表（示例）   表2.2-2

序号	调查项目	调查内容	调查目的
气象			
1	气温	✓年平均、最高、最低、最冷、最热月份月平均温度； ✓冬期、夏季室外计算温度； ✓≤−3℃,0℃,5℃的天数,起止时间	◇确定防暑降温措施； ◇确定冬期施工措施； ◇预测混凝土、砂浆的强度
2	雨(雪)	✓雨期起止时间； ✓月平均降水量、最大降水量、一昼夜最大降水量； ✓全年雷暴日数	◇确定雨期施工措施； ◇确定工地排洪、防洪方案； ◇确定防雷设施
3	风	✓主导风向及频率； ✓≥8级风的全年天数、时间	◇确定临时设施布置方案； ◇确定高空作业及吊装技术安全措施

序号	调查项目	调查内容	调查目的
工程地形、地质			
1	地形、地貌	✓区域地形图; ✓工程位置地形图; ✓该地区城市规划图; ✓经纬坐标桩、水准基桩位置	◇选择施工用地; ◇布置施工总平面图; ◇场地平整及土方量计算; ◇了解障碍物及数量
2	工程地质	✓钻孔布置图; ✓地质剖面图:土层类别、厚度; ✓物理力学指标:天然含水率、孔隙比、塑性指数、渗透系数、压缩试验及地基土强度; ✓地层稳定性:断层滑块、流砂; ✓最大冻结深度; ✓枯井、古墓、防空洞及地下构筑物等情况	◇选择土方施工方法; ◇确定地基土处理方法; ◇选择基础施工方法; ◇复核地基基础设计; ◇拟定障碍物拆除计划
3	地震	✓地震等级、烈度大小	◇对基础的影响、注意事项
工程水文地质			
1	地下水	✓最高、最低水位及时间; ✓水的流向、流速及流量; ✓水质分析:地下水的化学成分; ✓抽水试验	◇选择基础施工方案; ◇确定降低地下水方法; ◇制定防止侵蚀性介质的措施
2	地表水	✓邻近江、河、湖、泊等水源地到工地的距离; ✓洪水、平水、枯水期的水位、流量及航道深度; ✓水质分析; ✓最大、最小冻结深度及冻结时间	◇拟定临时给水方案; ◇确定运输方式; ◇选择水工工程施工方案; ◇确定防洪方案

2. 工程资料调查

工程资料调查的目的是查明建设地区工业基础设施(给水排水、供电、供热资料等)、工程资源(机械设备和建筑材料等)、交通运输、劳动力和社会条件等地区经济因素。获取建设地区工程资料,可在施工组织中尽可能利用地方资源为工程建设服务,同时可作为选择施工方法和确定工程费用的依据。

1) 给水排水、供电、供热资料的调查

给水排水、供电等能源资料可向当地城建、电力、电信和建设单位等进行调查,主要为选择施工临时供水、供电、供气、供热方式提供技术经济比较分析的依据,如表 2.2-3 所示。

水、电、气供应条件调查表(示例)　　　　表 2.2-3

序号	调查项目	调查内容	调查目的
1	给水排水	✓工地用水与当地现有水源连接的可能性,可供水量、管线敷设地点、管径、材料、埋深、水压、水质及水费;水源至工地距离,沿途地形地物状况; ✓自选临时江河水源的水质、水量、取水方式水源至工地距离,沿途地形地物状况;自选临时水井的位置、深度、管径、出水量和水质; ✓利用永久性排水设施的可能性,施工排水的去向、距离和坡度;有无洪水影响,防洪设施状况	◇确定生活、生产供水方案; ◇确定工地排水方案和防洪设施; ◇拟定供排水设施的施工进度计划

续表

序号	调查项目	调查内容	调查目的
2	供电	✓当地电源位置,引入的可能性,可供电的容量、电压、导线截面和电费;引入方向,接线地点及其至工地距离,沿途地形地物状况; ✓建设单位和施工单位自有发电、变电设备的型号、台数和容量; ✓利用邻近电讯设施的可能性,电话、电报局等至工地的距离,可能增设电讯设备、线路的情况	◇确定供电方案; ◇确定通信方案; ◇拟定供电、通信设施的施工进度计划
3	蒸汽等	✓蒸汽来源,可供蒸汽量,接管地点、管径、埋深,至工地距离,沿途地形地物状况,蒸汽价格; ✓建设、施工单位自有锅炉的型号、台数和能力,所需燃料及水质标准; ✓当地或建设单位可能提供的压缩空气、氧气的能力,至工地距离	◇确定生产、生活用气的方案; ◇确定压缩空气、氧气的供应计划
4	供热	✓建设单位自有供热能力; ✓利用邻近供热设备的可能性,至工地距离,可能增设管道、线路的情况	◇确定供热计划

2) 工程资源的调查

工程资源的调查主要包括机械设备和建筑材料的调查。机械设备指项目施工的主要生产设备;建筑材料指水泥、钢材、木材、砂、石、砖、预制构件、半成品及成品等。该项主要调查建设地区附近有无建筑机械化基地、机械租赁站及修配站;有无金属结构及配件加工厂;有无商品混凝土搅拌站和预制构件等。这些资料可以向当地的计划、经济、物资管理等部门调查,用于确定材料和设备采购(租赁)供应计划、加工方式、运输计划和规划临时设施,如表 2.2-4 所示。

机械设备与建筑材料条件调查表(示例) 表 2.2-4

序号	调查项目	调查内容	调查目的
1	主要材料	✓本省或本地区钢材生产情况、质量、规格、钢号、供应能力等; ✓本省或本地区木材供应情况、规格、等级、数量等; ✓本省或本地区水泥厂数量,质量、品种、强度等级、供应能力等; ✓本省或本地区商品混凝土生产厂商数量,品种、质量、供应能力等	◇确定临时设施和堆放专场; ◇确定木材加工计划; ◇确定水泥储存方式; ◇确定商品混凝土供给及运输方式
2	特殊材料	✓需要的品种、规格、数量; ✓试制、加工和供应情况	◇制定供应计划; ◇确定储存方式
3	主要设备	✓主要工艺设备名称、规格、数量和供货单位; ✓供应时间:分批和全部到货时间	◇确定临时设施和堆放场地; ◇拟定防雨措施
4	地区材料	✓本省或本地区砂子供应情况、规格、等级、数量等; ✓本省或本地区石子供应情况、规格、等级、数量等; ✓本省或本地区砌筑材料供应情况、规格、等级、数量等	◇制定供应计划; ◇确定堆放场地

3）交通运输资料调查

交通运输方式常见的有铁路、水路、公路、航空等。交通运输资料可向当地铁路、公路运输和航运、航空管理部门调查，收集交通运输资料是调查主要材料及构（配）件运输通道的情况，包括道路、街巷，途经桥涵的宽度、高度，允许载重量和转弯半径限制等资料。有超长、超高、超宽或超重的大型构（配）件，大型起重机械和生产工艺设备需整体运输时还要调查沿途架空电线、天桥的高度，并与有关部门商议避免大件运输对正常交通产生干扰的路线、时间及解决措施。所收集资料主要用作组织施工运输业务、选择运输方式、提供经济分析比较的依据。目前土木工程施工多采用公路运输，交通运输资料调查如表 2.2-5 所示。

交通运输条件调查表（示例）　　　　　　　　　　　表 2.2-5

序号	调查项目	调查内容	调查目的
1	铁路	✓邻近铁路专用线、车站到工地的距离及沿途运输条件； ✓站场卸货线长度、起重能力和储存能力； ✓装载单个货物的最大尺寸、重量的限制	
2	公路	✓主要材料产地到工地的公路线路、路面构造、路宽及完成情况,允许最大载重量、途经桥涵等级、允许最大尺寸、最大载重量； ✓当地专业运输机构及附近村镇提供的装卸、运输能力,汽车、畜力、人力车数量及运输效率、运费、装卸费； ✓当地有无汽车修配厂,修配能力及至工地的距离	
3	航运	✓货源、工地到邻近河流、码头、渡口的距离,道路情况； ✓洪水、平水、枯水期通航的最大船只及吨位,取得船只的可能性； ✓码头装卸能力、最大起重重量,增设码头的可能性； ✓渡口的渡船能力,同时可载汽车、马车数,每日次数,为施工提供的运载能力； ✓运费、渡口费、装卸费	◇选择运输方式； ◇制定运输计划
4	水路	✓所需建筑材料、机械设备从供货地至工地的距离、合理路线、通行能力； ✓当地有无船只维护机构,维护能力及至工地的距离	

4）劳动力与生活条件的调查

这些资料可以向当地劳动、商业、卫生、教育、邮电、交通等主管部门调查，作为拟定劳动力调配计划、建立施工生活基地、确定临时设施面积的依据，如表 2.2-6 所示。

劳动力与生活条件调查表（示例）　　　　　表 2.2-6

序号	调查项目	调查内容	调查目的
1	社会劳动力	✓ 少数民族地区风俗习惯； ✓ 当地能提供的、不同工种劳动力人数、技术水平及来源； ✓ 上述人员的生活安排	◇ 拟定劳动力计划； ◇ 安排临时设施
2	房屋设施	✓ 必须在工地居住的单身人数和户数； ✓ 能作为施工用的现有房屋数量、面积、结构、位置及水、暖、电、卫设备情况； ✓ 上述建筑物适宜用途	◇ 确定原有房屋为施工服务的可能性； ◇ 安排临时设施
3	生活服务	✓ 文化教育、消防治安等机构能为施工提供的支援； ✓ 邻近医疗单位到工地距离，可能影响就医情况； ✓ 周围是否有有害气体、污染情况，有无地方病	◇ 安排职工生活基地，解除后顾之忧

施工组织设计编制过程中，为弥补原始资料的不足，有时还需借助一些相关的参考资料，如冬期、雨期参考资料，机械台班产量参考指标，施工工期参考指标等。这些参考资料可利用现有的施工定额、施工手册、施工组织设计实例或通过施工单位工程经验获得。

2.2.2　技术资料准备

技术资料准备又称内业准备，是现场准备工作的基础，也是施工准备工作的核心，对于保证建筑产品质量、实现安全生产、加快工程进度、提高工程经济效益具有十分重要的意义。任何技术差错或隐患都可能引起人身安全和质量事故，造成生命、财产和经济的巨大损失，因此必须认真做好技术资料准备工作。技术资料准备工作包括以下内容：熟悉和审查图纸，编制标后施工组织设计，编制施工预算和施工图预算。

1. 熟悉和审查图纸

设计图纸是工程项目的施工依据，在熟悉设计图纸的基础上，由建设、施工、监理、设计单位等共同对设计图纸组织会审。一般先由设计人员对设计图纸的技术要求和有关问题做介绍和交底，再根据施工等单位提出的错误或不明确的地方做出必要的修改或补充说明。

1）熟悉和审查图纸的依据

（1）建设单位和设计单位提供的初步设计或扩大初步设计（技术设计）、施工图设计、建筑总平面图、土方竖向设计和城市规划等资料文件。

（2）调查、收集的原始资料。

（3）设计、施工验收规范和有关技术规定。

2）熟悉和审查图纸的目的

（1）充分了解和掌握设计意图、结构构造特点、技术要求和质量标准，以免施工中发生指导性错误。

（2）按照设计图纸要求组织施工，生产出符合设计要求的建筑产品。

（3）通过审查发现设计图纸存在的问题和错误，开工前进行改正，提高施工效率。

（4）提出合理化建议和协调有关配合施工等事宜，确保工程质量和安全，降低工程成本、缩短工期。

3）熟悉和审查图纸的内容

（1）审查拟建工程的地点、建筑总平面图等资料同国家、城市或地区规划是否一致，拟建工程的设计功能和使用要求是否符合卫生、防火及美化城市等方面的要求。

（2）审查设计图纸是否完整、齐全，以及设计图纸和资料是否符合国家有关工程建设的设计、施工方面的方针和政策。

（3）审查设计图纸与说明书在内容上是否一致，以及设计图纸各组成部分之间有无矛盾和错误。

（4）审查建筑总平面图与其他结构图在几何尺寸、坐标、标高、说明等方面是否一致，技术要求是否正确。

（5）审查工业项目的生产工艺流程和技术要求，掌握配套设施投产的先后次序和相互关系，设备安装图纸和配套的土建类施工图纸在坐标、标高等方面是否一致，掌握土建类施工质量是否满足设备安装的要求。

（6）审查地基处理与基础设计同拟建工程所在地的水文、地质等条件是否一致，以及拟建工程与邻近建筑、地下管线之间的关系。

（7）明确拟建工程的结构形式和特点，复核主要承重结构的强度、刚度和稳定性是否满足要求，审查设计图纸中工程复杂、施工难度大和技术要求高的分部分项工程或新结构、新材料、新工艺的技术资料，检查现有施工技术水平和管理水平能否满足工期和质量要求，采取可行的技术措施加以保障。

（8）明确建设期限、分期分批投产或交付使用的顺序和时间，以及工程所用的主要材料、设备数量、规格、来源和供货日期。

（9）明确建设、设计和施工等单位之间的协作、配合关系，以及建设单位可以提供的施工条件。

4）熟悉和审查图纸的程序

熟悉和审查图纸主要是为编制标后施工组织设计提供各项依据，通常按图纸自审、会审和现场签证三个阶段进行。

（1）图纸自审

图纸自审由施工单位主持，收到拟建工程的设计图纸和有关技术文件后，项目经理部应尽快组织有关工程技术人员认真熟悉和审查图纸，掌握图纸细节、设计总图与建设单位要求、施工应达到的技术标准。在此基础上，由总承包单位的土建与水、电、暖等专业共同核对图纸，消除差错，协调施工配合事项，然后总包单位和分包单位在各自审查图纸的基础上，共同核对图纸，消除差错，协调施工配合事项，并写出图纸自审记录。自审图纸的记录应包括对设计图纸的疑问和对设计图纸的有关建议。

（2）图纸会审

图纸会审往往由建设单位组织并主持会议，设计和施工单位共同参加。重点工程、规模较大、结构或装修较复杂的工程，如有必要可邀请主管部门、消防、防疫等单位参加。图纸会审时，首先，由设计单位向与会者说明拟建工程的设计依据、意图和功能要求，并对特殊结构、新材料、新工艺和新技术提出设计要求；其次，施工单位根据图纸自审记录以及对设计意图的理解，提出对设计图纸的疑问和建议；最后，在统一认识的基础上，对所探讨的问题逐一做好记录，形成"图纸会审纪要"。由建设单位正式行文，参加单位共同会签、盖章，作为与设计文件同时使用的技术文件。图纸会审应注意以下问题：

① 设计是否符合国家有关方针、政策和规定。

② 设计规模、内容是否符合国家有关的技术规范要求，尤其是强制性标准的要求，是否符合环境保护和消防安全的要求。

③ 建筑平面布置是否符合经核准的详图；是否提供符合要求的永久水准点或临时水准点位置。

④ 图纸及说明是否齐全、清楚、明确。

⑤ 结构、建筑、设备等图纸本身及相互间是否有错误和矛盾，图纸与说明之间有无矛盾。

⑥ 有无特殊材料（包括新材料）要求，其品种、规格、数量能否满足需要。

⑦ 设计是否符合施工技术装备条件，如需采取特殊技术措施时，技术上有无困难，能否保证安全施工。

⑧ 地基处理方式及基础设计有无问题，建筑物与地下构筑物、管线之间有无矛盾。

⑨ 建筑物或构筑物及设备的各部位尺寸、轴线位置、标高、预留孔洞及预埋件、大样图和做法说明有无错误和矛盾。

（3）图纸现场签证

图纸现场签证是在工程施工中，遵循技术核定和设计变更签证制度，对所发现的问题进行现场签证，作为指导施工、竣工验收和结算的依据。施工过程中，若发现施工条件与图纸规定条件不符，或者发现图纸中仍然有错误，或者因为材料的规格、质量不能满足设计要求，或者因为施工单位提出了合理化建议，需要对设计图纸进行及时修订时，应遵循技术核定和设计变更的签证制度，进行图纸的施工现场签证。如果设计变更的内容对拟建工程的规模、投资影响较大时，要报请项目的原批准单位批准。在施工现场的图纸修改、技术核定和设计变更资料，都要有正式的文字记录，归入拟建工程施工档案。

2. 编制标后施工组织设计

标后施工组织设计是施工准备工作的重要组成部分，对施工全过程起指导作用，既要体现基本建设计划和设计的要求，又要符合施工活动的客观规律，对建设项目、单项及单位工程的施工全过程起到部署和安排的双重作用。

施工生产活动是非常复杂的物质财富再创造，为了正确处理人与物、主体与辅助、工艺与设备、专业与协作、供应与消耗、生产与储存、使用与维修以及它们在空间布置、时间排列上的关系，必须根据拟建工程的规模、结构特点和建设单位的要求，在对原始资料进行调查分析的基础上，编制出切实指导该工程全部施工活动的施工组织设计。

3. 编制施工预算和施工图预算

在设计交底和图纸会审的基础上，施工组织设计一经批准，施工单位预算部门即可进行施工预算和施工图预算编制，以确定人工、材料和机械费用的支出，并确定人工数量、材料消耗及机械台班使用量。施工预算和施工图预算的差额，反映施工单位个别劳动量和社会平均劳动量之间的差别，体现降低工程成本、提高施工效率的要求。

1）编制施工预算

施工预算是根据施工图纸、施工组织设计或施工方案、施工定额等文件进行编制，用以确定建筑安装工程人工、材料、机械台班消耗量的技术文件，采用实物法编制。它是施工单位内部控制各项成本支出、考核用工、"两算"对比、签发施工任务单、限额领料、基层进行经济核算的依据。

2) 编制施工图预算

施工图预算是技术资料准备工作的主要组成部分之一，是按照图纸确定的工程量、施工组织设计确定的施工方案、建筑工程预算定额及其费用标准等有关规定，逐项计算工程量、套用相应定额、工料分析、计算直接费、间接费、计划利润、税金等费用，确定单位工程造价的技术经济文件。它是施工单位签订工程承包合同、工程结算、建设银行拨付工程价款、进行成本核算、加强经营管理等方面工作的重要依据。其作用如下：

（1）确定工程造价的依据。施工图预算既可作为建设单位招标的"标底"，也可作为建筑施工企业投标"报价"的参考。

（2）实行建筑工程预算包干的依据和签订施工合同的主要内容。通过建设单位与施工单位协商，征得银行认可，可在施工图预算基础上，考虑设计或施工变更后可能发生的费用变化增加一定系数作为工程造价一次包死。同样，施工单位与建设单位签订施工合同，也必须以施工图预算为依据。否则，施工合同就失去约束力。

（3）银行办理拨款结算的依据。根据现行规定，经银行审查认定的工程预算，是监督建设单位和施工单位根据工程进度办理拨款和结算的依据。

（4）施工单位安排调配施工力量，组织材料供应的依据。施工单位各职能部门可依此编制劳动力计划和材料供应计划，做好施工准备。

（5）施工单位实行经济核算和进行成本管理的依据。正确编制施工图预算和确定工程造价，有利于巩固与加强施工单位的经济核算，有利于发挥价值规律的作用。

（6）进行"两算"对比的依据。通过"两算"对比，可以发现差异，及时找出原因，防止多算或漏算；可以在施工准备工作中，对人工、材料和机械台班消耗数量等做到心中有数，防止人工、材料和机械费等超支，避免引起计划成本亏损；还可以使企业决策者和管理人员对收支情况心中有底，及时采取有效措施，确保施工作业顺利进行，达到提高企业经济效益的目的。

2.2.3 施工资源准备

1. 劳动组织准备

劳动组织准备可以是整个施工单位的劳动组织准备，也可以是拟建项目的劳动组织准备。劳动组织准备按照内容可分为施工管理层和作业层两大部分，这些人员的合理选择和配备直接影响工程质量与安全，施工进度及工程成本。

1）建立拟建工程项目的组织管理机构

实行项目管理的工程，建立项目组织管理机构就是建立项目经理部，建立有施工经验、有开拓精神和工作效率高的项目组织管理机构。项目经理部的组建，应根据工程规模、结构特点、复杂程度和有关规定进行，如图 2.2-2 所示。

（1）组织管理机构建立应遵循的原则

① 用户满意原则。施工单位应根据建设单位的要求和合同约定组建项目组织管理机构，让建设单位满意、放心。

② 全能配套原则。项目经理应会管理、善经营、懂技术，具有较强的适应能力、应变能力和开拓进取精神；项目组织管理机构的岗位设置应满足项目组织管理的需要，既合

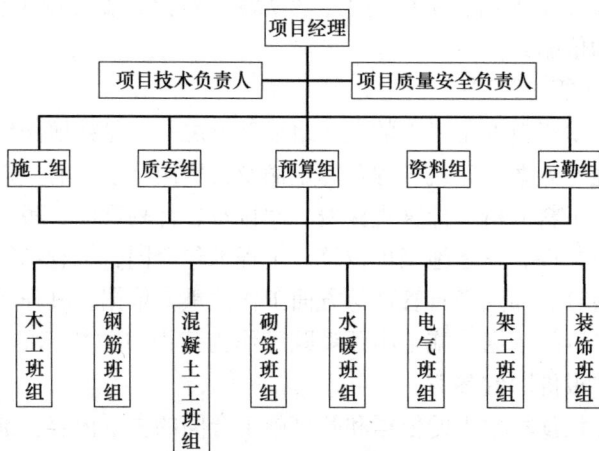

图 2.2-2 项目组织管理机构示意图

理分工又密切合作；人员配置应满足专业要求、职称要求。

③ 精干高效原则。项目组织管理机构应尽量压缩管理层次，因事设职，因职选人，做到管理人员精干、一职多能、人尽其才、恪尽职守，以适应施工管理和企业发展的要求。

④ 管理跨度合理原则。管理跨度过大，会造成鞭长莫及和心有余而力不足；管理跨度过小，人员增多，则会造成资源浪费。项目组织管理机构的管理层次设置是否合理，要看管理跨度是否科学，即每一个管理层次都保持适当的工作幅度，管理人员在职责范围内实施有效的控制。

⑤ 系统化管理原则。建设项目是由许多子系统组成的有机整体，系统内部存在大量的结合部，项目组织管理机构各层次管理职能的设计应形成一个相互制约、相互联系的完整体系。

（2）项目组织管理机构建立的步骤

① 根据施工单位批准的施工项目管理计划大纲，确定项目组织管理机构的管理任务和组织形式。

② 确定项目组织管理机构的管理层次，设立职能部门与工作岗位。

③ 确定项目组织管理机构的人员，拟定工作职责、权限。

④ 由项目经理根据项目管理目标责任书进行目标分解。

⑤ 组织有关人员制定规章制度和目标责任考核、奖惩制度。

2）建立精干的施工队组

施工队组的建立要认真考虑专业、工种的合理配合，技工、普工的比例要满足合理的劳动组织要求，要符合流水施工组织方式的要求。建立施工队组（专业施工队组，或混合施工队组），要坚持合理、精干的原则；同时，制定该工程的劳动力需求量计划。

3）集结施工力量，组织劳动力进场

项目组织管理机构和施工队组确定之后，按照开工日期和劳动力需求量计划组织劳动力进场。同时，要进行安全、防火和文明施工等方面的教育，安排好职工的生产和生活。

4）向施工队组、工人进行施工组织设计、施工计划和技术交底施工人员进场时，应做好入场教育工作，按照管理层次和管理跨度进行施工组织设计、施工计划和技术交底。施工组织设计、施工计划和技术交底的目的是把拟建工程的设计内容、施工计划和施工技术等要求，详尽地向施工队组和工人讲解交代，是落实施工计划和技术责任制的基本要求。施工组织设计、施工计划和技术交底应在单位工程或分部分项工程开工前完成，以保证工程严格按照设计图纸及施工组织设计、安全操作规程和施工验收规范等要求进行施工。

施工组织设计、施工计划和技术交底内容包括工程的施工进度计划、月（旬）作业计划；施工组织设计，尤其是施工方案；质量标准、安全技术措施、降低成本措施和施工验收规范的要求；新结构、新材料、新技术和新工艺的实施方案和保证措施；图纸会审中所确定的有关部位的设计变更和技术核定等事项。交底工作应该按照管理系统逐级进行，由上而下直到工人队组。交底的方式有书面形式、口头形式和现场示范形式等。

施工队组接受施工组织设计、施工计划和技术交底后，要组织其成员进行认真的分析研究，弄清关键部位、质量标准、安全措施和操作要领。必要时应该进行示范，并明确任务及做好分工协作，同时建立健全岗位责任制和保障措施。

5）建立健全各项管理制度

施工现场各项管理制度是否建立、健全，直接影响各项施工活动的顺利进行。有章不循后果是严重的，而无章可循更是危险的。管理制度通常包括项目管理人员岗位责任制度；工程质量检查与验收制度；工程技术档案管理制度；建筑材料（构件、配件、制品）的检查验收制度；技术责任制度；施工图纸学习与会审制度；技术交底制度；职工考勤、考核制度；工地及班组经济核算制度；材料出入库制度；安全操作制度；机具使用保养制度等。

项目组织管理机构制定的规章制度与施工单位现行的有关规定不一致时，应报送施工单位或其授权的职能部门批准。

2. 物资准备

施工物资准备是指施工过程必需的材料、构（配）件、制品、机具和设备等物资的准备工作，是保证施工顺利进行的物质基础。工程施工所需的材料、构（配）件、制品、机具和设备品种多且数量大，能否保证按计划供应，对整个施工过程的工期、质量、成本控制有举足轻重的作用。各种施工物资必须按时、保质保量运到现场并有必要的储备。

施工单位应尽早计算出各施工阶段材料、施工机械、设备、工具等物资的需求量，并说明供应单位、交货地点、运输方式等，特别是预制构件，必须尽早从施工图中摘录出规格、质量、品种和数量，制表造册，向预制加工厂订货并确定分批交货清单、交货地点及时间，对大型施工机械、辅助机械及设备要精确计算工作日，并确定进场时间，做到进场立即使用，用毕立即退场，提高机械利用率，节省机械台班费及停留费。

1）物资准备工作的内容

物资准备工作主要包括建筑材料的准备、构（配）件和制品的加工准备、建筑安装机具的准备和生产工艺设备的准备。

（1）建筑材料的准备

① 根据施工方案、施工进度计划和施工图预算中的工料分析，编制材料需求量计划，为组织备料、确定仓库及堆放场地所需面积、组织运输等提供依据。

② 根据材料需求量计划，做好材料的申请、订货和采购工作。

③ 组织材料按计划进场，按施工平面图相应位置堆放，并做好合理储备、保管工作。

④ 严格进场验收制度，加强检查、核对材料的数量和规格，做好材料试验和检验工作，保证施工质量。

（2）构（配）件和制品的加工准备

① 根据施工进度计划及施工预算所提供的各种构（配）件、制品的名称、规格、质量和消耗量，做好加工翻样工作，并编制出其需求量计划。

② 根据各种构（配）件及设备的需求量计划，向有关厂家提出加工订货计划要求，并签订订货合同。

③ 确定加工方案及进场后的储存地点和方式，为组织运输、确定堆场面积等提供依据。

（3）建筑安装机具的准备

① 各种土方机械、砂浆搅拌设备、垂直及水平运输机械、钢筋加工设备、木工设备、焊接设备、打夯机、排水设备等应根据施工方案，明确施工机具的配合要求、数量以及施工进度安排，编制建筑安装机具的需求量计划，为组织运输、确定堆场面积等提供依据。

② 拟由施工单位负责的施工机具，应根据需求量计划组织落实，确保按期供应进场。

③ 对施工单位缺少且又必需的施工机具，应与有关单位签订订购或租赁合同，以满足施工需要。

④ 对于大型施工机械（如塔式起重机、挖土机、桩基设备等）的需求量和时间应加强与相关单位（如专业分包单位）的联系，以便及时提出要求，落实后签订有关分包合同，并为大型机械按期进场做好现场有关准备工作。

⑤ 安装、调试施工机具。按照施工机具需求量计划，组织施工机具进场，根据施工总平面图将施工机具安置在规定的地方或仓库。施工机具要进行就位、搭棚、接电源、保养、调试等工作，且所有施工机具都必须在使用前进行检查和试运转。

（4）生产工艺设备的准备

按照拟建工程的生产工艺流程及工艺设备布置图，提出工艺设备的名称、型号、生产能力和需求量，确定分期分批进场时间和保管方式，编制工艺设备需求量计划，为组织运输、确定堆场面积提供依据。订购生产工艺设备，交货时间与土建工程进度密切配合。尤其是大型设备的安装往往要与土建施工穿插进行，如果土建工程全部完成或封顶后，再进行设备安装将面临极大困难，甚至会直接影响建设工期。

2）物资准备工作的程序

物资准备工作应遵循科学的程序，如图 2.2-3 所示。

（1）根据施工预算、分部（项）工程施工方法和施工进度的安排，拟定国拨材料、统配材料、地方材料、构（配）件及制品、施工机具和工艺设备等物资的需求量计划。

（2）根据各种物资需求量计划，组织货源，确定加工、供应地点和供应方式，签订物资供应合同。

（3）根据各种物资的需求量计划和合同，拟定运输计划和运输方案。

（4）按照施工总平面图的要求，组织物资按计划时间进场，在指定地点，按规定方式进行储存或堆放。

施工预算   施工方法   施工进度计划

资源需求量计划

加工、订货，签订供应合同

确定运输方式和计划

组织进场，按施工平面布置图堆放

储存保管

按配料单进行分配

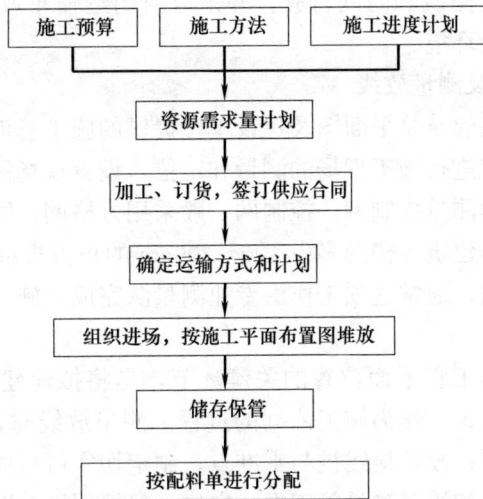

图 2.2-3 物资准备工作程序示意图

2.2.4 施工现场准备

施工现场准备工作，又称外业准备，主要是为拟建工程的施工活动创造有利的施工条件和物资保证，是确保工程按计划开工和顺利进行的重要环节，应按合同约定与施工组织设计的要求严格落实。

1. 施工现场准备工作的范围

施工现场准备工作主要包括两个方面：一是建设单位应完成的施工现场准备工作；二是施工单位应完成的施工现场准备工作。建设单位和施工单位准备工作均就绪时，施工现场就具备了施工条件。

建设单位应按合同条款中约定的内容和时间完成相应的现场准备工作，也可以委托施工单位完成，但双方应在合同专用条款内进行约定，其费用由建设单位承担。施工单位应按合同条款中约定的内容和施工组织设计的要求完成施工现场准备工作。

2. 施工现场准备工作的内容

1) 拆除障碍物

施工场地内的一切障碍物，都应在开工前拆除。这一工作通常由建设单位完成，有时也可委托施工单位完成。拆除工作应事先编制计划，制定行动预案，尤其是老城区内，由于原有建筑物和构筑物情况复杂，且原始资料往往有所缺失，应采取相应措施防止事故发生。

(1) 拆除房屋建筑时，一般应先切断电源、水源。若采用爆破拆除，必须经有关部门批准，由专业爆破单位与有资格的专业人员承担。

(2) 拆除架空电线和地下电缆时，应先与电力、通信等部门联系并办理有关手续后方可进行。

(3) 拆除自来水、污水、燃气、热力等管线时，应先与有关部门取得联系，办好手续后由专业公司完成。

(4) 场地内若有需要保护的树木，报园林及保护部门批准后方可移除。

(5) 拆除障碍物留下的渣土等杂物应清除出场。运输时应遵守交通、环保部门的有关规定，运土车辆应按指定路线和时间行驶，并采取封闭运输车或在渣土上直接洒水等措施，以免渣土飞扬而污染环境。

2）建立测量控制网及测量放线

按照设计单位提供的建筑总平面图及建设单位提供的施工场地范围、规划红线桩、工程控制坐标桩和水准基桩进行施工现场的测量和定位，设置现场区域永久性坐标、水准基桩，建立施工区域的工程测量控制网。控制网一般采用方格网，网点位置应视施工场地范围大小和控制精度而定。建筑方格网多由100～200cm的正方形或矩形组成，如果土方工程需要，还应测绘地形图。通常这项工作由专业测量队完成，施工单位需做一些加密网点等补充工作。

定位放线是确定拟建工程平面位置的关键环节，是将拟建建筑物测设到地面或实物上，并用各种标志进行标识，作为施工依据的过程。测量放线时，应校验和矫正经纬仪、水准仪、钢尺等测量仪器；校核接线桩与水准点，制定切实可行的测量方案，包括平面控制、标高控制、沉降观测和竣工测量等工作。定位一般根据施工图纸确定建筑物四周的轮廓位置，自检合格后提交有关部门和建设单位或监理人员验线，保证定位的正确性。

3）做好"三通一平"工作

"三通一平"工作是指在施工现场范围内的施工用水、用电、道路接通和施工场地平整。工程实践中施工现场往往还需要接通蒸汽供应，架设热力管道（热通）等，但基本要求还是"三通"。

（1）水通。水通是施工现场生产和生活不可缺少的条件，包括给水和排水两方面。工程开工前，必须按照施工总平面图的要求，接通施工用水和生活用水，使其尽可能与永久性给水系统结合起来。同时，做好地面降排水系统，为施工创造良好的环境。临时管线的铺设，既要满足施工用水的需要，又要施工方便，并且尽量缩短管线的长度，以降低铺设成本。

（2）电通。施工现场用电包括生产用电和生活用电，应根据各种施工机械用电量及照明用电量选择配电变压器，并与供电部门或建设单位联系，按施工组织设计的要求布设连接电力干线的工地内外临时供电线路及通信线路。施工用电面积大、启动电流大、负荷变化多和手持式用电机具多，施工现场临时用电要考虑安全和节能要求，可从国家供电系统获得或从建设单位已有的电源上获得。前者要征求当地供电局同意，如果电压较低，则应设置合适的变压设备；后者应与建设单位协商并签证。如果供电系统电量不能满足施工需要，则应配备自行发电系统。

（3）路通。施工现场运输道路是组织人工及物资进场的主要通道，为保证各种建筑材料、施工机械、生产设备和构件按计划进场，必须按施工总平面布置图的要求修通道路，形成完整畅通的运输网络，使各种物资和设备直接运到施工地点，减少二次转运。为了节省工程费用，应尽可能利用已有道路或结合正式工程的永久性道路。为防止施工活动损坏路面，可先做路基，拟建工程施工完毕后再做路面。实践证明，交通运输道路对施工活动至关重要。有些大型工程由于没有提前把道路修通修好，一到雨期，交通阻塞工程中断，从而造成严重的停工待料和机械损耗。因此，工程开工前应提前做好交通路网规划，并在施工过程中加强道路的维护管理。

（4）场地平整。场地平整就是将天然地面改造成工程所要求的设计平面。按照建筑施工总平面图的要求，首先拆除地上妨碍施工的建筑物或构筑物，然后通过测量，进行挖（填）土方的工程量计算，设计土方调配方案，确定平整场地的施工方案，组织人力和机械进行平整场地的工作。应尽量做到挖填方量趋于平衡，总运输量最小，便于机械施工和充分利用建筑物挖方填土，并防止利用地表土、软弱土层、草皮、建筑垃圾等做填方。有时还需对施工现场做补充勘探，进一步寻找枯井、防空洞、古墓、地下管道、暗沟和枯树根等隐蔽物，以便及时拟定处理隐蔽物的方案并实施，为基础工程施工创造有利条件。

4）搭设临时设施

施工现场临时设施包括生活、生产临时设施，应按照施工平面布置图的要求进行，为开工准备好生产、办公、生活、居住和储存等临时用房。临时设施的建筑平面图及主要房屋结构图都应报城市规划、市政、消防、交通、环境保护等有关部门审查批准。

（1）为了保证行人安全和文明施工，应用围墙或围挡将施工用地围护起来，围墙或围挡的形式、材料和高度应符合有关规定和要求，并在主要出入口设置标牌挂图，标明工程项目名称、施工单位、项目负责人等内容。

（2）所用生产和生活临时设施，包括各种仓库、堆场、搅拌站、加工作业棚、宿舍、办公用房、食堂、文化生活设施等，均应按审核通过的施工组织设计所规定的位置、数量、标准、面积等搭设，并尽量利用施工现场或附近原有设施，尽可能减少临时设施的数量，以节约用地、节省开支。

5）绿色施工及文明工地

计算机技术的飞速发展极大助力了绿色施工和文明工地创建，也对施工准备工作提出了新要求。综合建设单位要求、设计文件等工程资料，严格遵守《建筑与市政工程绿色施工评价标准》GB/T 50640—2023、《建筑与市政施工现场安全卫生与职业健康通用规范》GB 55034—2022、《建设工程施工现场环境与卫生标准》JGJ 146—2013 等国家标准，科学运用 BIM 信息模型、数字孪生技术和视频增强技术等，打造智慧施工监管平台，对施工活动进行预演，提升施工现场管理和施工过程的数字化水平和智能化程度，促进行业的健康可持续发展。

2.2.5 施工现场外准备

施工现场外准备工作主要包括以下几个方面：

1. 物资的加工和订货

建筑材料、构（配）件等物资大部分需要外购，工艺设备更是如此。提前与加工生产单位联系，签订供货合同，搞好及时供应，对于施工活动非常重要。

2. 做好分包工作和签订分包合同

为了更好完成施工任务，有些专业工程的施工、安装和运输等均需要委托其他分包单位。根据工程量、完成日期、工程质量和工程造价等内容，选择外包施工单位，签订分包合同，保证施工活动按时开展。

3. 办理开工手续

物资加工和订货，分包工作和签订分包合同等准备工作完成后，施工单位应及时办理开工报告，并上报上级批准。

4. "四新"试验、试制技术准备

在工程开工前应根据施工图纸和施工组织设计的要求进行新技术、新设备、新材料、新工艺等项目试验和试制工作，保证新技术、新设备、新材料、新工艺的应用取得成功。

2.2.6　季节性施工准备

施工活动易受气候等因素影响，且部分施工活动是露天作业，安全隐患多。在冬期、雨期及高温等复杂条件下施工时，必须综合考虑实际情况，选择正确施工方法，合理安排施工项目，采取必要的防护措施，做好季节性施工准备工作，以保证按期、保质、安全地完成施工任务，取得较好的技术经济效果。

1. 冬期施工准备工作

《建筑工程冬期施工规程》JGJ/T 104—2011 规定：根据当地多年气象资料统计，当室外日平均气温连续 5d 稳定低于 5℃即进入冬期施工，当室外日平均气温连续 5d 高于 5℃，即解除冬期施工。冬期施工应贯彻执行国家的技术经济政策，做到技术先进、安全适用、经济合理、确保质量、节能环保。

1) 科学选择冬期施工项目并编制施工专项方案。冬期施工条件差、技术要求高、费用增加、对劳动力组织及材料抗冻性能等要求严格。尽可能将既能保证施工质量，而费用又增加较少的项目安排在冬期施工，如吊装、打桩、室内抹灰、室内管道、电线铺设等工程。

冬期施工的项目需在开工前编制冬期施工方案，编制原则是确保工程质量和安全施工；经济合理，增加的费用最少；热源和材料有可靠、充足的来源，并尽量减少能源消耗；有利于缩短工期。

冬期施工方案应包括施工程序，施工方法，现场布置，设备、材料等供应计划，安全防火措施，测温及控温制度，质量控制措施等。

2) 合理安排施工进度计划。明确冬期施工项目的进度控制目标，做到冬期不停工，同时项目措施费用增加最少。尤其是基础等地下工程的冬期施工，需要科学编制施工进度计划并严格落实。

3) 组织人员培训。对掺外加剂人员、测温保温人员、锅炉工等应专门组织技术业务培训，明确工作范围的相关知识及岗位职责，考试合格方能上岗。

4) 制定有效措施，确保工程质量。冬期施工昼夜温差大，为避免材料被冻伤影响质量和材料凝结硬化速度慢影响工程进度，应做好室外温度、暖棚内温度、砂浆温度、混凝土温度等测量工作；对半成品、临时设施等应做好保温防冻工作，如供热系统安装、给水排水管道系统、现场道路等。

5) 加强安全教育，严防火灾事故。编制防火安全技术措施，并检查落实，保证供热系统安全可靠；做好职工安全教育培训，提高安全意识和保护能力。

2. 雨期施工准备工作

1) 合理安排雨期施工项目。为避免雨期窝工造成的工期损失，一般情况下，在雨期到来之前，应多安排完成基础、地下工程、土方工程、室外及屋面工程等不宜在雨期施工的项目；多安排室内工作在雨期施工。

2) 加强施工管理，做好雨期施工安全教育。编制并落实雨期施工技术措施，加强对员工的安全教育，防止各种事故发生。施工现场应有防雷装置，特别是高层建筑和脚手架等，确保施工现场用电设备的安全运行。雨期来临前，材料和物资应多储存，减少雨期运输量，以减少项目措施费。同时要准备必要的防雨器材，以防物资淋雨变质，仓库要做好地面防潮和屋面防漏。

3）防洪排涝，做好现场排水工作。工程地点若在河流附近，上游有大面积山地和丘陵，应有防洪排涝准备。施工现场在雨期来临之前，应做好排水沟渠的开挖，准备好抽水设备，防止场地积水和地沟、基槽、地下室等泡水而造成损失。

4）做好道路维护，保证运输畅通。雨期前检查道路边坡排水是否畅通，适当提高路面，防止路面凹陷，从而保证运输畅通。

3. 高温施工准备工作

1）编制夏季施工项目的施工方案

夏季施工条件差、气温高、干燥、施工人员易出现中暑等现象，夏季施工的项目应编制夏季施工方案。如大体积混凝土夏季施工时，必须合理选择浇筑时间，做好测温和养护工作，以保证施工质量。

2）现场防雷装置的准备

夏季经常有雷雨，工地现场应设有防雷装置，特别是高层建筑和脚手架等要按规定设临时避雷装置，并确保工地现场用电设备的安全运行。

3）施工人员做好防暑降温工作的准备

夏季施工，必须做好施工人员的防暑降温工作，调整作息时间，高温工作场所及通风不良的地方应加强通风和降温措施，做到安全施工。

综上所述，各项施工准备工作不是孤立的，而是互为补充、相互配合的。为了提高施工准备工作的质量，加快施工准备工作的速度，必须加强建设单位、设计单位和施工单位等项目参与方之间的协调工作，建立健全施工准备工作的责任制度和检查制度，使施工准备工作有领导、有组织、有计划和分期分批地进行，贯穿施工全过程。

2.3　本章思政教育元素

2.3.1　形成良好的工程意识，科学谋划，严于落实

施工准备工作意义重大，影响因素多，实践要求高。读者应从工程实践需求的角度出发，科学谋划施工准备工作，制定管理办法，强化责任，严于落实，形成良好的工程意识。

2.3.2　培养创新意识，增强责任感

施工准备工作中会遇到各种复杂问题和挑战，需要不断创新和改进，读者可通过港珠澳大桥等优秀施工组织案例感受到土木工程行业的伟大，增强责任感。

本　章　小　结

本章介绍了施工准备工作的重要作用和主要内容，强调施工准备工作应从调查研究并收集资料、技术资料准备、施工资源准备、施工现场准备、施工现场外准备、季节性施工准备这 6 个方面进行。这 6 个方面相辅相成，不可分割，需要建设单位、设计单位、施工单位和监理单位等相互配合，共同完成。施工准备工作应贯穿施工全过程，最终目的是确保施工活动顺利开展。

习题及答案

一、填空题

1. "三通一平"指在拟建工程施工范围内的____、____、____和____。

2. 季节性施工是在复杂气候条件下的施工，一般包括____、____和____。

3. 施工准备工作中的"两算"包括____和____。

二、选择题

1. 施工现场准备工作不包括（　　）。

A. 建立测量控制网及测量放线　　　　　B. 拆除障碍物

C. 搭建临时设施　　　　　　　　　　　D. 生产工艺设备的准备

2. 施工图纸的会审一般由（　　）组织并主持会议。

A. 建设单位　　　　　　　　　　　　　B. 施工单位

C. 设计单位　　　　　　　　　　　　　D. 监理单位

3. 现场临时设施应按照（　　）的要求进行搭设。

A. 建筑施工图　　　　　　　　　　　　B. 结构施工图

C. 施工总平面图　　　　　　　　　　　D. 施工平面布置图

4. 施工组织设计编制应在（　　）阶段完成。

A. 施工招标　　　　　　　　　　　　　B. 施工准备

C. 施工实施　　　　　　　　　　　　　D. 竣工验收

5. 下列不属于施工准备工作内容的是（　　）。

A. 编制施工组织设计　　　　　　　　　B. 施工测量放线

C. 施工机械设备安装　　　　　　　　　D. 竣工验收资料整理

6. 施工测量放线工作属于（　　）。

A. 技术准备　　　　　　　　　　　　　B. 现场准备

C. 物资准备　　　　　　　　　　　　　D. 组织准备

7. 施工准备工作的最终目的是（　　）。

A. 提高施工质量　　　　　　　　　　　B. 确保工程顺利开工

C. 降低工程成本　　　　　　　　　　　D. 缩短工期

8. 施工准备工作的核心是（　　）。

A. 技术准备　　　　　　　　　　　　　B. 物资准备

C. 组织准备　　　　　　　　　　　　　D. 施工现场准备

三、简答题

1. 冬期施工方案的编制原则是什么？

2. 施工准备工作的主要内容是什么？

参考答案：

一、填空题

1. 水通、电通、路通和场地平整。

2. 冬期、雨期和高温施工

3. 施工预算、施工图预算

二、选择题

1. D；2. A；3. D；4. B；5. D；6. B；7. B；8. A

三、简答题

1. 详见教材相关章节。

2. 详见教材相关章节。

参 考 文 献

[1] 陈蓓，陆永涛，李玲. 基于 BIM 技术的施工组织设计［M］. 武汉：武汉理工大学出版社，2021.

[2] 王利文. 土木工程施工组织与管理［M］. 北京：中国建筑工业出版社，2021.

[3] 华建民，姚刚. 土木工程施工技术与组织［M］. 3 版. 重庆：重庆大学出版社，2023.

[4] 梁培新，王利文. 土木工程施工组织［M］. 北京：中国建筑工业出版社，2022.

[5] 张玉威. 建筑工程施工组织［M］. 北京：中国建筑工业出版社，2021.

[6] 吴瑞，于文静，曲恒绪. BIM 施工组织设计［M］. 北京：中国水利水电出版社，2019.

[7] 张华明，纪繁荣，杨正凯. 建筑施工组织［M］. 3 版. 北京：中国电力出版社，2018.

[8] 安沁丽，王磊，朱桂春. 建筑工程施工准备［M］. 南京：南京大学出版社，2023.

[9] 蔡红新，曹红梅. 建筑施工组织设计实务［M］. 2 版. 北京：北京理工大学出版社，2022.

[10] 危道军. 建筑施工组织［M］. 3 版. 北京：中国建筑工业出版社，2022.

[11] 刘立新，贺志刚，余景良. 建筑施工组织与管理［M］. 哈尔滨：哈尔滨工程大学出版社，2021.

[12] 住房和城乡建设部. 建筑施工组织设计规范：GB/T 50502—2009［S］. 北京：中国建筑工业出版社，2009.

[13] 住房和城乡建设部. 市政工程施工组织设计规范：GB/T 50903—2013［S］. 北京：中国计划出版社，2013.

[14] 住房和城乡建设部. 建筑工程冬期施工规程：JGJ/T 104—2011［S］. 北京：中国建筑工业出版社，2011.

[15] 住房和城乡建设部. 建筑与市政工程绿色施工评价标准：GB/T 50640—2023［S］. 北京：中国计划出版社，2023.

[16] 住房和城乡建设部. 建筑与市政施工现场安全卫生与职业健康通用规范：GB 55034—2022［S］. 北京：中国建筑工业出版社，2022.

[17] 住房和城乡建设部. 建筑与市政工程施工现场临时用电安全技术标准：JGJ/T 46—2024［S］. 北京：中国建筑工业出版社，2024.

[18] 住房和城乡建设部. 建设工程监理规范：GB/T 50319—2013［S］. 北京：中国建筑工业出版社，2013.

[19] 申金山. 智能建造概论［M］. 北京：化学工业出版社，2024.

[20] 住房和城乡建设部. 建设工程施工现场环境与卫生标准：JGJ 146—2013［S］. 北京：中国建筑工业出版社，2013.

[21] 刘剑，李福勇，谢诚. 绿色建筑施工技术与管理研究［M］. 长春：吉林科学技术出版社，2023.

[22] 住房和城乡建设部. 建筑施工安全检查标准：JGJ 59—2011［S］. 北京：中国建筑工业出版社，2011.

[23] 住房和城乡建设部. 建筑工程施工质量验收统一标准：GB 50300—2013［S］. 北京：中国建筑工业出版社，2013.

[24]　住房和城乡建设部. 建筑施工安全技术统一规范：GB 50870—2013 [S]. 北京：中国计划出版社，2013.

本章知识在求职和工作中的应用

问题 1：施工准备阶段怎样提高施工图纸的科学性？

答案：认真落实建设单位的设计招标文件等资料，加强施工图纸审核，及早发现问题并有效沟通，施工前解决问题。

问题 2：施工准备阶段怎样确保施工现场安全？

答案：严格遵守《建设工程安全生产管理条例》等国家法律法规；制定并落实施工现场安全制度；加强对施工人员的安全教育；合理配备安全保障物资。

第3章

流水施工原理

教学目标：

◇**知识目标**

掌握流水施工组织形式及特点；掌握流水施工参数的定义及其对施工组织和施工进度的影响；掌握等节奏流水、等步距异节奏流水、异步距异节奏流水、无节奏流水施工等的组织步骤和方法；掌握水平横道图的绘制及识读方法；掌握流水施工的工期计算及施工进度计划表绘制方法。

◇**能力目标**

具备合理选择施工组织形式；确定流水施工参数，绘制流水施工进度横道图；运用流水施工原理分析工程进度及施工资源分配；运用流水施工参数调节工程进度实现工期目标等能力。

◇**素质目标**

正确认识流水施工组织形式和流水施工参数的工程意义，形成工程项目全局意识和工期意识。

3.1 流水施工概述

3.1.1 施工组织方式

工程实践中，施工活动往往在工艺上划分成若干个施工过程，空间上划分成若干个施工段，组织若干个施工班组，遵循科学规律完成施工任务。根据工程特点、平面及空间布置、工艺流程等要求，项目可以采用依次施工、平行施工和流水施工等施工组织方式。

1. 依次施工（顺序施工）

1）依次施工的表现形式

(1) 按施工段依次施工。将施工任务划分成若干施工段，一个施工段上各施工过程完成后，再依次完成其他施工段上的各个施工过程。

(2) 按施工过程依次施工。将施工任务划分成若干施工过程，一个施工过程各施工段完成后，再依次完成其他施工过程的各个施工段。

这两种形式完成同样施工任务所需要的时间相同，但相同时间点的资源需求量是不相同的。

2）依次施工的特点

(1) 单位时间内投入的劳动力、机械设备等资源较少，有利于资源的供应和组织。

(2) 工作面没有充分利用，施工工期比较长。

(3) 若采用专业施工班组作业，则施工班组不能连续均衡施工，存在时间间歇，劳动力及物资消耗不连续。

(4) 若采用综合施工班组作业，则不能实现专业化施工，不利于提高劳动生产率和工程质量。

(5) 施工现场的组织、管理比较简单。

依次施工组织方式一般适用于施工场地狭小、资源供应不足、工作面有限、工期充裕、规模较小的工程项目，尤其适合安排综合施工班组，如住宅小区的非功能性零星工程。

2. 平行施工（同时施工）

平行施工是组织多个施工班组，同一个施工过程在同一时间，不同施工段上同时开工、同时竣工的施工组织方式。

1）平行施工的特点

(1) 由于相同施工过程在各个施工段上同时施工，单位时间内投入的劳动力、机械设备等资源消耗量成倍增加，资源供应难度较大。

(2) 充分利用了工作面，工期最短。

(3) 若采用专业施工班组，则各专业施工班组不能连续作业，劳动力及施工机具等资源无法均衡使用。

(4) 若采用综合施工班组完成全部施工过程，则不能实现专业化施工，不利于提高劳动生产率和工程质量。

(5) 施工现场组织、管理复杂。

平行施工组织方式一般适用于施工场地充裕、资源供应充足、工作面允许且工期要求比较紧的工程项目，如抢险救灾、以工代赈项目。

3. 流水施工

流水施工首先将施工任务在工艺上划分成若干个施工过程，同时在平面上划分成若干个劳动量大致相等的施工段，在高度上划分成若干个施工层；其次组织若干个专业施工班组；最后将施工班组按照一定施工顺序、时间间隔，依次投入施工，各施工过程陆续开工，陆续竣工，同一施工过程的施工班组保持连续、均衡施工，不同的施工过程尽可能平行搭接施工，直至完成全部施工任务。

工程实践表明，流水施工组织方式在工期控制、工作面利用、资源供应及工程质量提升等方面明显优于依次施工和平行施工，在工程实践中运用非常广泛。它是施工组织设计中编制施工进度计划、调配劳动力、提高施工组织与管理水平的理论基础。

1）流水施工的特点

（1）资源供应比较均衡。单位时间内材料、施工机具等资源投入比较均衡，化解了依次施工资源投入过于松散和平行施工资源投入过于集中的现象，有利于资源的采购、组织、存储、供应等工作。

（2）工作面利用率高。专业施工班组连续、均衡施工，充分利用了工作面，没有窝工现象，机械闲置时间少，增加了有效劳动时间，从而使施工机械和劳动力的生产效率得以充分发挥。

（3）施工作业节奏性、连续性好。专业工作班组实现了专业化生产，人员工种比较固定，为提高工人技术水平、改进施工方法、革新施工机具、提升工程质量创造了有利条件。

（4）工期合理性好。各施工过程均由专业施工班组完成，有利于提高生产效率并缩短持续时间，且相邻施工过程实现最大限度搭接，减少时间间隔，从而达到缩短工期的目的。

（5）降低工程成本，促进行业健康发展。流水施工资源需要量均衡，使资源供给、运输、储存等环节更合理，且实现了专业化施工，提升了生产效率，减少了人工费、机械使用费、临时设施建造费等，降低了工程建设成本。同时提升了工程质量，减少了工程设施运维阶段费用，促进行业健康发展。

2）流水施工的原则

（1）主要施工过程必须连续、均衡施工

主要施工过程指工程量较大、作业时间较长、技术要求较高的施工过程，必须连续、均衡施工。对于其他次要施工过程，可以考虑与相邻施工过程合并施工；如果不能合并，可以安排间断施工以达到缩短工期的目的。

（2）不同施工过程尽可能组织平行搭接施工

根据施工顺序和现场施工条件，在工作面有保障的前提下，不同施工过程除必要的技术和间歇时间外，应尽可能组织平行搭接施工。

流水施工组织方式科学化程度高，经济效益和社会效益突出，几乎适用于全部类型工程项目，尤其是施工难度大、管理要求高的工程项目，如争创绿色建筑和绿色施工的项目、运用"四新"技术的项目等。工程实践中可根据项目特点、施工现场条件，灵活选择依次施工、平行施工或流水施工中的某一种组织方式或同时运用多种组织方式。

3.1.2　施工进度表示方法

施工进度的表示方法一般包括横道图、垂直图和网络计划3种，其中最直观且易于接受的是横道图。网络计划表示方法的相关介绍可参看本教材后续章节，这里仅介绍前两种表示方法。

1. 横道图

横道图表示方法（又称甘特图）通过横线条表示各施工过程的开始时间、结束时间和持续时间。横道图中横坐标表示施工过程的持续时间，纵坐标表示各施工过程的名称或编号，横线条的长度代表作业持续时间的长短，横线条上的数字代表施工段编号（可根据表达需要选择性标出）。如某一混凝土工程划分为绑扎钢筋、支设模板、浇筑混凝土3个施工过程，每一施工过程划分为4个施工段，每个施工段作业持续时间为3d，则其进度横道图如图3.1-1所示，相关参数的介绍详见第3.2节。

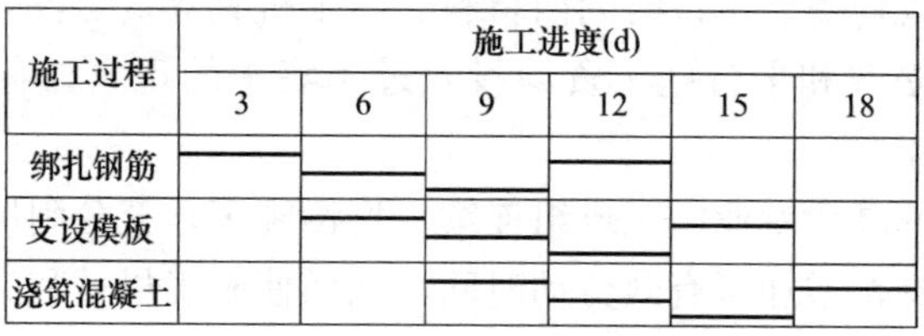

施工过程	施工进度(d)					
	3	6	9	12	15	18
绑扎钢筋						
支设模板						
浇筑混凝土						

图3.1-1　横道图表示法

横道图绘制及识读过程简单，施工过程及其先后顺序表达清楚，时间和空间状况形象直观，但也存在施工过程之间的逻辑关系表达不清楚等缺陷，因此一般适用于小型项目的施工进度表达。

2. 垂直图

垂直图中横坐标表示施工段的持续时间，纵坐标表示各施工段的编号，斜线条代表作业的持续时间。如某一分部工程工艺上包括4个施工过程，平面上划分成4个施工段，作业持续时间均为4d，则其进度垂直图如图3.1-2所示。

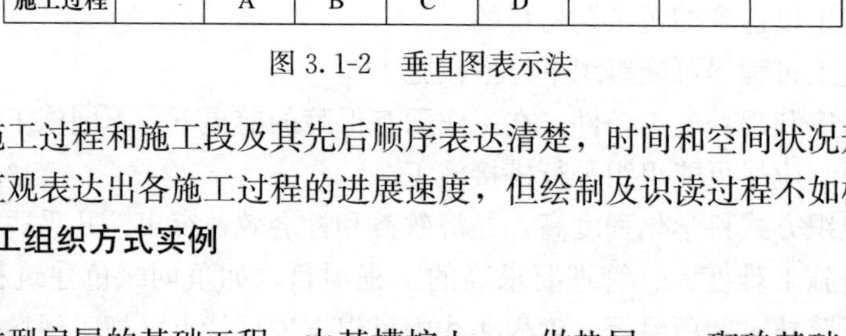

施工段	持续时间(d)	施工进度(d)						
		4	8	12	16	20	24	28
4	4							
3	4							
2	4							
1	4							
施工过程		A	B	C	D			

图3.1-2　垂直图表示法

垂直图中施工过程和施工段及其先后顺序表达清楚，时间和空间状况形象直观，斜线条的斜率可以直观表达出各施工过程的进展速度，但绘制及识读过程不如横道图方便。

3.1.3　施工组织方式实例

【例3.1-1】

某三幢同类型房屋的基础工程，由基槽挖土——做垫层——砌砖基础——回填土四个施工过程组成，由四个不同的施工班组分别施工，基槽挖土施工班组由 10 人组成，做垫层施工班组由 5 人组成，砌砖基础施工班组由 15 人组成，回填土施工班组由 5 人组成。每个施工过程在一幢房屋上所需的持续时间均为 4d，试组织此基础工程施工。

1. 依次施工

1）按施工过程依次施工

这种施工组织方式是依次完成每幢房屋的第一个施工过程后，开始第二个施工过程，直至完成最后一个施工过程，其施工进度计划表如表 3.1-1 所示。

按施工过程依次施工进度计划表 　　　　表 3.1-1

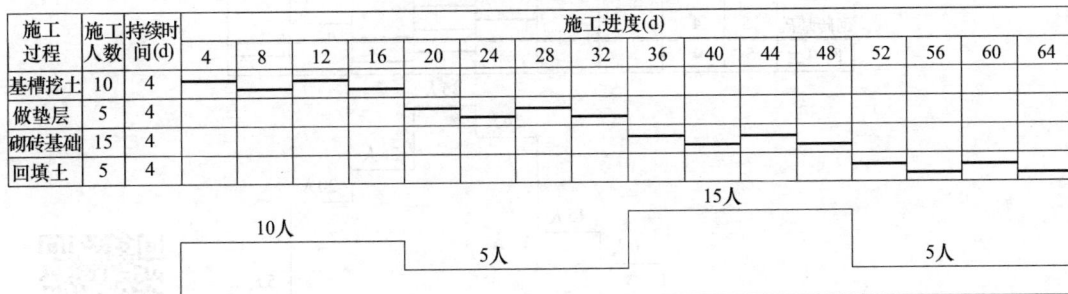

2）按施工段依次施工

这种施工组织方式是依次完成每幢房屋的基础，一幢完成后再施工另一幢，直至完成最后一幢房屋，其施工进度计划表如表 3.1-2 所示。

按施工段依次施工进度计划表 　　　　表 3.1-2

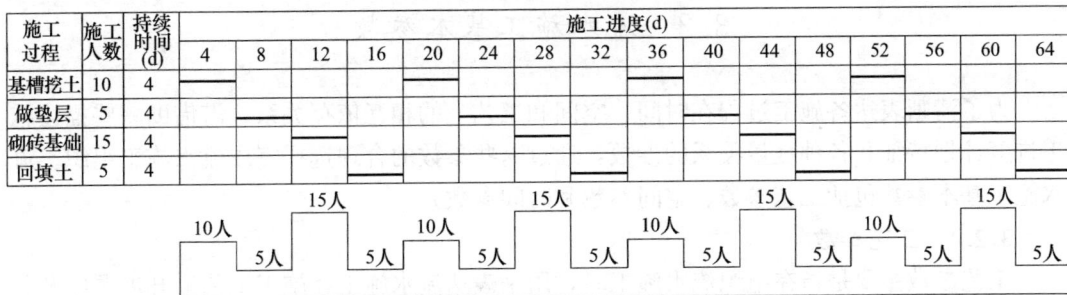

2. 平行施工

这种施工组织方式是各幢房屋相同施工过程的施工活动同时开始，同时结束，其施工进度计划表如表 3.1-3 所示。

平行施工进度计划表 　　表 3.1-3

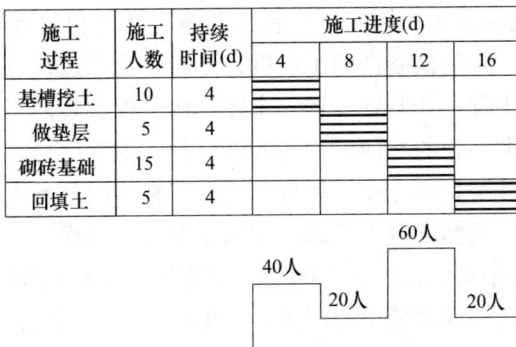

3. 流水施工

这种施工组织方式是三幢房屋相同施工过程按照一定的时间间隔陆续开始施工，施工班组完成一幢后直接进入另一幢，直至完成该施工过程，而不同施工过程的施工班组尽可能搭接，其施工进度计划表如表3.1-4所示。

流水施工进度计划表　　　表3.1-4

施工过程	施工人数	持续时间(d)	施工进度(d)						
			4	8	12	16	20	24	28
基槽挖土	10	4							
做垫层	5	4							
砌砖基础	15	4							
回填土	5	4							

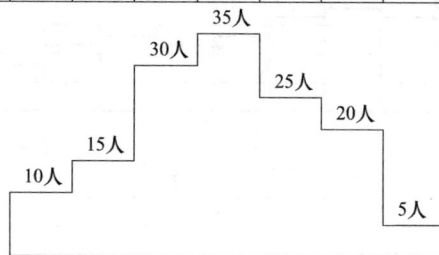

综上所述，相同工程条件下，不同施工组织方式在工期、资源供应需求、施工管理难度等方面存在较大差异，详见二维码3-1。

二维码3-1

3.2 流水施工基本参数

为了清晰表达各施工过程在时间、空间和工艺上的相互依存关系，需借助一些描述施工进度计划特征和各种数量关系的参数，通过这些参数的合理选择完成流水施工组织。流水施工基本参数包括工艺参数、空间参数和时间参数。

3.2.1 工艺参数

工艺参数主要是指在组织流水施工时，用来表达流水施工在施工工艺上开展顺序及其特征的参数，通常包括施工过程和流水强度。

1. 施工过程

根据施工组织及计划安排需要将施工任务划分成的子项称为施工过程，其数量一般用 n 表示。施工过程划分的粗细程度和数量多少要适当，一般与下列因素有关：

1）施工进度计划的性质和作用。当编制长期施工计划和建筑群工程或规模大、结构复杂、工期较长的其他工程的控制性施工进度计划时，施工过程可划分粗一些，可以是分部工程，也可以是单位工程，如基础工程、主体结构工程、装饰工程、屋面工程等；当编制中小型单位工程、工期不长的其他工程的实施性施工进度计划时，施工过程可划分细一些，可以是分项工程，甚至是将分项工程按照专业工种不同分解成施工工序，如可将基础工程分解为挖土、垫层、钢筋混凝土基础、回填土等施工过程。

2）施工方案与工程结构的特点。不同的施工方案、工程结构其施工顺序和方法也不同。如基槽回填土与室内地坪回填土的回填，如果同时施工则合并为一个施工过程，若先后施工则应划分成两个施工过程；如钢筋混凝土工程，在砖混结构工程流水施工中，一般可合为一个施工过程，但在现浇钢筋混凝土结构工程流水施工中，应划分为钢筋、模板、混凝土 3 个不同的施工过程。

3）与劳动组织及劳动量大小有关。施工过程的划分与施工班组及施工习惯有关。如安装玻璃、油漆施工既可合也可分，因为有的是混合班组，有的是单一工种的班组。施工班组的划分还与劳动量大小有关。劳动量小的施工过程，当组织流水施工有困难时，可与其他施工过程合并。如垫层劳动量较小时可与挖土合并为一个施工过程，这样可以使各个施工过程的劳动量大致相等，便于组织流水施工。

4）施工内容的性质和范围。直接在工程对象上进行的施工活动及搭设施工用脚手架、运输井架、安装塔式起重机等均应划入流水施工过程，而钢筋加工、模板制作维修、构件预制、运输等一般不划入流水施工过程中。

根据工艺性质和施工特点，施工过程一般分为制备类、运输类和建造类 3 种。制备类施工过程是为制造工程制品或半成品而进行的施工活动，往往由生产单位完成；运输类施工过程是把材料、制品等运送到施工现场的施工活动，往往由运输单位和施工单位协商完成；建造类施工过程是形成建筑产品的施工活动。建造类施工过程占用施工对象的工作空间，直接影响工期长短，属于主导性施工过程，必须列入施工进度计划。运输类与制备类施工过程一般不占用施工对象的工作空间，对工期长短影响较小，属于非主导性施工过程，不需要单独列入流水施工进度计划，可以安排穿插不连续施工。

2. 流水强度

流水强度是指某施工过程（施工班组）在单位时间内所完成的工程量，也称为流水能力或生产能力，一般用 V 表示。如浇筑混凝土施工过程的流水强度是指每个工作班（人工日）浇筑的混凝土立方数，机械挖土施工过程的流水强度是指每个台班挖土的立方数。

流水强度可按下式计算求得：

$$V_i = \sum_{i=1}^{X} R_i \times S_i \qquad (3.2\text{-}1)$$

式中　V_i——施工过程 i 的流水强度；

　　　R_i——第 i 种施工机械的台数（机械施工过程）或施工班组人数（人工操作施工过程）；

　　　S_i——第 i 种施工机械的产量定额（机械施工过程）或施工人员的产量定额（人工操作施工过程）；

　　　X——用于施工过程 i 的施工机械种类数或施工班组人数。

如某土方工程每日安排 10 名工人施工，其平均产量定额为 $8\text{m}^3/$人工日，则该土方工程流水强度为 $80\text{m}^3/$人工日。

3.2.2 空间参数

空间参数是指组织流水施工时，用以表达空间布置上开展状态的参数，通常包括工作面、施工段和施工层。

1. 工作面

工作面是指供某专业工种的工人或某种施工机械进行施工的活动空间。流水施工中，有的施工过程一开始就在整个操作面上形成工作面，如基槽开挖等；有的施工过程工作面是伴随着前一个施工过程结束而形成的，如现浇钢筋混凝土的支模板、绑扎钢筋和浇筑混凝土等。工作面的合理与否直接影响施工班组的生产效率，必须大于最小工作面。最小工作面是指施工班组（或施工机械）为保证安全生产和充分发挥生产效率所需要的最小活动空间。在有限的施工空间内，最小工作面对应能够安排的施工人数和机械台数的最大值。表 3.2-1 为部分工种的最小工作面参考值。

部分工种最小工作面参考值 表 3.2-1

工作项目		每个技工的最小作业空间
砌筑		6～8m/人
模板	梁	7～8m/人
	柱	0.15～0.25m²/人
	板	20～25m²/人
	墙	12～18m²/人
钢筋	梁	8～10m/人
	柱	0.6～0.7m²/人
	板	30～35m²/人
现浇混凝土	柱	0.15～0.25m²/人
	梁	2～3m/人
	板	10～12m²/人
	墙	2～3m/人
抹灰	外墙	15～20m²/人
	内墙	20～26m²/人
	顶棚	18～20m²/人
	楼地面	30～40m²/人
卷材防水		20～25m²/人
门窗安装		7～12m²/人

2. 施工段

为了有效组织流水施工，通常将施工对象在平面或空间上划分成若干个劳动量大致相等的工作面，这些工作面称为施工段或流水段，施工段的数量用 m 表示。一个施工段在某一时段内只供一个施工过程的施工班组使用，各施工过程的施工班组按照工艺逻辑顺序依次进入。

1）划分施工段的目的

土木工程设施体形庞大，将其划分成若干个施工段，不同专业工种的施工班组就可以在不同的施工段上平行施工，组织流水施工时，安排各施工过程的施工班组按一定时间间隔从一个施工段转移到另一个施工段进行连续施工，既可以消除窝工，又互不干扰。

2）划分施工段的原则

（1）施工段的分界应尽可能与结构界限吻合，宜设在伸缩缝、沉降缝和单元分界处等；没有上述结构分区，可将其设在门窗洞门处，以减少施工缝的二次施工规模和数量，有利于结构的整体性。

（2）各施工段劳动量（或工程量）应大致相等，相差幅度不宜超过 $10\%\sim15\%$，在保证施工班组人数不变的情况下，各施工段上的持续时间相等。

（3）为充分发挥工人（或机械）生产效率，不仅要满足专业工种对最小工作面的要求，还要使施工段所能容纳的劳动人数（或机械台数）满足最小劳动组合要求。最小劳动组合相关内容详见二维码 3-2。

二维码 3-2

（4）施工段数目要适宜。若施工段数过多，则每段上的工程量就较少，势必要减少班组人数，降低施工速度，拖长工期；若施工段数过少，则不能充分利用工作面，可能造成窝工。

（5）划分施工段时，应根据主导施工过程进行划分，主导施工过程是指劳动量较大或技术复杂，直接影响总工期的施工过程，如现浇钢筋混凝土结构的支模工程就是主导施工过程。

（6）施工段的划分还应考虑垂直运输机械服务半径和水平运输方式的影响。一般用塔式起重机时分段可多些，用井架、人货两用电梯等固定式垂直运输机械时，分段应与其经济服务半径相适应，以免增加楼面水平运输，既不经济又可能引起楼面交通不畅。

（7）当有层间关系或施工层时，为保证各施工班组能连续施工（即完成第一施工段后，立即转入第二施工段作业，施工完第一层最后一个施工段后，立即转入第二层的第一个施工段），每层的施工段数应满足 $m \geqslant n$；当有层间间歇、搭接时间时，则应满足式（3.2-2）的要求。

$$m \geqslant n + \frac{\sum Z_1}{K} + \frac{Z_2}{K} - \frac{\sum C}{K} \qquad (3.2\text{-}2)$$

式中　$\sum Z_1$——同一施工层内各施工过程间的技术、组织间歇时间之和；

　　　Z_2——层间间歇；

　　　$\sum C$——同一施工层内各施工过程间的搭接时间之和；

　　　K——流水步距。

3）施工段数 m 与施工过程数 n 之间的关系

通过例 3.2-1 进行说明。

【例 3.2-1】 已知某两层工程，有三个施工过程分别为 A、B、C，每个施工过程由 1 个专业施工队作业，其工艺逻辑顺序为 A—B—C。每个施工过程在各施工段上的作业时间均为 2 周。请对比分析施工段数 m 与施工过程数 n 的关系。

【解】（1）当 $m = n$ 时，即每层划分 3 个施工段，其施工进度计划安排如图 3.2-1 所示。

施工过程	持续时间(周)	施工进度(周)							
		2	4	6	8	10	12	14	16
A	2								
B	2								
C	2								

注：——表示第一层施工；〰〰表示第二层施工。

图 3.2-1　流水施工进度计划表（$m = n = 3$）

　　从图 3.2-1 可以看出，各施工班组连续施工，工作面也得到充分利用。例如 A 施工过程的施工班组依次在一层 3 个施工段连续工作，第 6 周末完成一层作业后，第 7 周转入二层①施工段继续工作。

　　（2）当 $m>n$ 时，即每层划分 4 个及以上施工段，这里以 4 个施工段为例进行说明，其施工进度计划安排如图 3.2-2 所示。

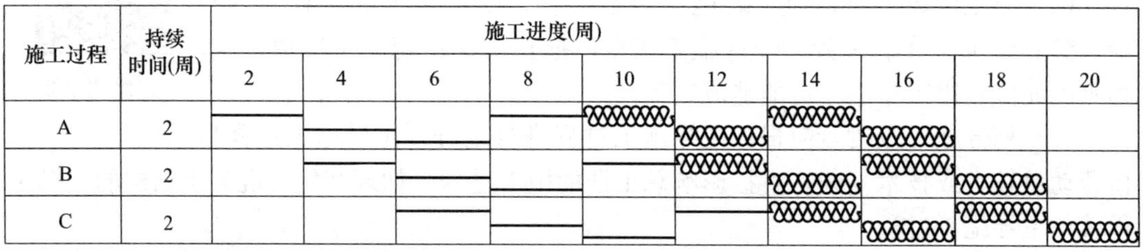

施工过程	持续时间(周)	施工进度(周)									
		2	4	6	8	10	12	14	16	18	20
A	2										
B	2										
C	2										

注：—表示第一层施工；〰表示第二层施工。

图 3.2-2　流水施工进度计划表（$m=4$；$n=3$）

　　从图 3.2-2 可以看出，施工班组连续施工，工作面有空闲。如第 6 周末一层的第①施工段 C 施工过程完成了作业，第 7 周二层第①施工段具备 A 施工过程施工班组进入施工的条件，但 A 施工过程的施工班组还在一层第④施工段施工，此时二层第①施工段工作面闲置。

　　（3）当 $m<n$ 时，即每层划分少于 3 个施工段，这里以 2 个施工段为例进行说明，其施工进度计划安排如图 3.2-3 所示。

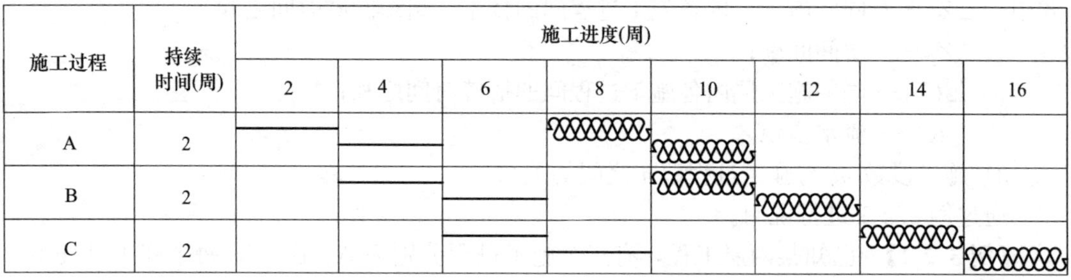

施工过程	持续时间(周)	施工进度(周)							
		2	4	6	8	10	12	14	16
A	2								
B	2								
C	2								

注：—表示第一层施工；〰表示第二层施工。

图 3.2-3　流水施工进度计划表（$m=2$；$n=3$）

　　从图 3.2-3 可以看出，施工班组不能连续施工，出现窝工现象。如 A 施工过程的施工班组第 4 周末就完成一层②施工段的作业，而第 5 周①施工段 C 施工过程即将开始，只有等该施工段在第 6 周末结束，满足工作面要求后，A 施工过程的施工班组才能进入二层①施工段作业，即该施工班组窝工 2 周。

　　3. 施工层

　　组织流水施工时，为了满足专业工种对操作高度和施工工艺的要求，将拟建工程项目在高度方向上划分为若干个操作层，这些操作层称为施工层，一般用 r 表示。施工层的划分，要结合工程项目的实际情况而定，如砌筑工程的施工层高度一般为 1.2m，即一步脚手架的高度；室内抹灰、木装饰、油漆和水电安装等可按照楼层进行施工层划分。

3.2.3 时间参数

时间参数是指在组织流水施工时，用以表达流水施工在时间排列上所处状态的参数，主要包括流水节拍、流水步距、平行搭接时间、技术间歇时间、组织间歇时间和流水施工工期等。

1. 流水节拍

流水节拍是指在组织流水施工时，某一施工过程在某一施工段上的作业时间，第 i 个施工段的流水节拍可用 t_i 表示。

1）流水节拍的计算

流水节拍是流水施工的主要参数之一，其大小可以反映施工速度的快慢、节奏感的强弱和资源消耗量的多少。同一施工过程各个施工段的流水节拍大小主要由选用的施工方法、施工机械数量及工作班次数量等因素确定，可采用以下方法进行计算。

（1）定额计算法（公式计算法）

该方法首先根据图纸等工程资料计算出各施工段的工程量，其次结合施工现场情况确定能够投入的资源量（工人数、机械台数等），按式（3.2-3）进行计算：

$$t_i = \frac{Q_i}{S_j R_j N_j} = \frac{P_j}{R_j N_j} \tag{3.2-3}$$

式中　t_i——施工班组在某施工段上的流水节拍；

　　　Q_i——某施工段的工程量；

　　　S_i——施工班组的计划产量定额；

　　　R_i——施工班组的工人数或机械台数；

　　　N_i——施工班组的工作班次，介于 1～3 之间；

　　　P_i——施工班组在某施工段上的劳动量。

（2）经验估算法

对于采用新施工工艺、新施工方法等没有定额可循的工程项目，可根据工程经验估算流水节拍。为了提高准确程度，往往先估算出该流水节拍的最长、最短和最可能三种时间，然后根据式（3.2-4）求出期望时间，作为施工班组在该施工段上的流水节拍，这种方法也称为三种时间估算法。

$$t = \frac{a + 4c + b}{6} \tag{3.2-4}$$

式中　t——施工班组在某施工段上的流水节拍；

　　　a——某施工过程在某施工段上的最短估算时间；

　　　b——某施工过程在某施工段上的最长估算时间；

　　　c——某施工过程在某施工段上的最可能估算时间。

（3）工期计算法

对某些必须在规定日期内完成的工程项目，可采用工期计算法（又称为工期倒排法）。具体步骤如下：

① 根据工期倒排施工进度，确定某施工过程的工作持续时间；

② 确定某施工过程在某施工段上的流水节拍。若同一施工过程的流水节拍不相等，则使用经验估算法；若流水节拍相等，则根据式（3.2-5）进行计算：

$$t = \frac{T}{m}$$

(3.2-5)

式中　t——流水节拍；

　　T——某施工过程的工作持续时间；

　　m——某施工过程划分的施工段数。

2）流水节拍的影响因素

影响流水节拍的因素包括选用的施工方法，投入的劳动力、材料和机械设备，以及工作班次的多少等。在特定施工段工程量不变的条件下，流水节拍越小，需要的施工班组人数或机械设备就越多。为了提高流水节拍的可实施性，确定流水节拍还应考虑下列要求：

（1）施工班组人数应符合施工过程最少劳动组合人数的要求和工作面对人数的限制条件。如现浇钢筋混凝土施工过程包括上料、搅拌、运输、浇捣等环节，如果人数太少，则无法组织施工。施工班组人数也不能太多，每个工人的工作面都要符合最小工作面的要求。否则，就不能发挥正常的施工效率或不利于安全生产。

（2）要考虑各种机械台班的效率或机械台班产量的大小。

（3）要考虑各种材料、构件等施工现场堆放量、供应能力及其他有关条件的制约。

（4）要考虑施工方案及技术条件的要求。如不能留施工缝，必须连续浇筑的施工段，有时要按"两班制"或"三班制"作业决定流水节拍，以确保工程质量。

（5）确定各施工过程流水节拍时，首先应考虑主导施工过程的流水节拍，其次确定其他施工过程的流水节拍。

（6）流水节拍数值宜为整数，最好为半个工作班次的整数倍。

2. 流水步距

流水步距是指组织流水施工时，相邻两个施工过程（或施工班组）相继开始施工的最小时间间隔。流水步距一般用 $K_{j,j+1}$ 来表示，其中 j（$j=1, 2, \cdots, n-1$）为施工过程（或施工班组）的编号。

1）流水步距的基本要求

流水步距的数量取决于流水施工过程数，如果施工过程数为 n，则流水步距的总数为（$n-1$）。流水步距的大小取决于相邻两个施工班组在各个施工段上的流水节拍大小及流水施工组织的方式。确定流水步距时，一般应满足下列基本要求：

（1）流水步距要满足相邻施工班组在施工顺序上的制约关系；

（2）流水步距要保证相邻施工班组在各施工段上能够连续作业；

（3）流水步距要保证相邻施工班组在开始施工时间上实现最大限度和最合理的搭接。

2）流水步距的确定方法

详见第 3.3 节相关内容。

3. 平行搭接时间

组织流水施工时，为了缩短工期，在工作面允许的条件下，如果前一个施工班组完成部分施工任务后，能够提前为后一个施工班组提供工作面，使后者提前进入前一个施工段，从而使两个施工班组同时在同一个施工段上作业（即平行搭接施工），这个搭接时间称为平行搭接时间或插入时间，通常用 $C_{j,j+1}$ 来表示。

4. 技术间歇时间

技术间歇时间是指由于施工工艺或质量保证的要求，相邻两个施工过程之间必须的、流水步距之外的工艺等待时间间隔。如砖混结构每层圈梁混凝土浇筑以后，必须经过一定的养护时间才能进行预制楼板的安装工作；屋面找平层完成后，必须经过一定的干燥时间才能铺贴卷材防水层等。技术间歇时间通常用 $Z_{j,j+1}$ 来表示。

5. 组织间歇时间

组织间歇时间是指由于施工组织方面的因素，相邻两个施工过程之间必须的、流水步距之外的组织等待时间间隔。组织间歇时间是为前一个施工过程进行收尾或为后一个施工过程进行准备而增加的间歇时间，如墙体砌筑前的墙身位置弹线、回填土施工前地下管道检查验收等。组织间歇时间通常用 $G_{j,j+1}$ 来表示。

3.3 流水施工组织方式

流水施工的节奏与流水节拍密切相关，流水节拍的规律不同，则流水步距、施工工期的计算方法也大不相同，各施工过程对应的施工班组数量也会发生变化，从而形成不同节奏特征的流水施工组织方式。

根据流水节拍的特征不同，土木工程流水施工的常见组织形式包括等节奏流水施工、等步距异节奏流水施工、异步距异节奏流水施工和无节奏流水施工，如图 3.3-1 所示。

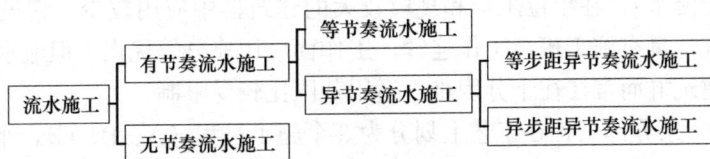

图 3.3-1　流水施工组织分类

3.3.1　等节奏流水施工

等节奏流水施工又称全等节拍流水、同步距流水或固定节拍流水，是指组织流水施工时，每一施工过程在各施工段上的流水节拍全部相等。这种组织方式一般需要将劳动量较小的施工过程进行合并，使各施工过程的劳动量相差不大，然后确定主要施工过程所需施工班组的人数（或机械数量），并计算流水节拍；再根据流水节拍确定其他次要施工过程所需施工班组的人数（或机械数量），同时考虑施工段的工作面和合理劳动组合要求，适当进行调整。

1. 等节奏流水施工的特点

1）所有施工过程在各个施工段上的流水节拍均相等，确保了施工过程的均匀性和连续性。

2）相邻施工过程的流水步距相等，且等于流水节拍。各个施工过程能够紧密衔接，节约了时间。

3）施工班组数量等于施工过程数，即每个施工过程对应一个施工班组。

4）各施工班组在施工段上能够连续作业，施工段之间没有空闲时间。

2. 工期计算

等节奏流水施工的工期可通过式（3.3-1）进行计算：

$$T=(m+n-1)t+\Sigma G+\Sigma Z-\Sigma C \tag{3.3-1}$$

式中　T——等节奏流水施工工期；

$\quad\quad m$——施工过程数；

$\quad\quad n$——施工段数；

$\quad\quad t$——流水节拍；

$\quad\quad \Sigma G$——各施工过程之间组织间歇时间之和；

$\quad\quad \Sigma Z$——各施工过程之间技术间歇时间之和；

$\quad\quad \Sigma C$——施工过程中平行搭接时间之和。

3. 等节奏流水施工组织步骤

1）根据施工工艺将施工任务划分成若干个施工过程；

2）将施工任务在平面上划分成若干个劳动量大致相等的施工段，空间上划分成若干个施工层；

3）调整施工班组人数（或机械台班数量）使各施工过程的流水节拍相等；

4）按照流水步距等于流水节拍的要求组织施工班组进行作业；

5）计算流水施工工期，绘制施工进度计划图。

4. 等节奏流水施工的适用范围

等节奏流水施工多用于工程规模较小、施工方法简单、施工过程数量较少的分部分项工程流水（专业流水），在单位工程和规模较大的建筑群中应用较少。它虽然是比较理想的流水施工方式，具有施工班组工作连续，工作面应用充分等优点，但流水节拍全部相等对单位工程和建筑群而言往往十分困难，适用范围比较受限制。

【例3.3-1】　某分部工程在工艺上划分为3个施工过程（A、B、C），平面上划分为5个施工段，各施工过程在各个施工段上的流水节拍均为3d，试编制流水施工方案。

【解】　根据题设条件和流水节拍特征，宜组织等节奏流水施工。

（1）确定流水步距：

$K=t=3$d。

（2）计算总工期：

$$T=(m+n-1)t+\Sigma G+\Sigma Z-\Sigma C$$
$$=(3+5-1)\times 3+0+0-0$$
$$=21$$d

（3）绘制流水施工进度计划图，如图3.3-2所示。

施工过程	持续时间(d)	施工进度(d)						
		3	6	9	12	15	18	21
A	3							
B	3							
C	3							

图3.3-2　施工进度计划图

3.3.2　等步距异节奏流水施工

等步距异节奏流水施工又称等步距成倍节拍流水或加快成倍节拍流水，是指同一施工过程在各个施工段上的流水节拍相等，不同施工过程之间的流水节拍不完全相等，但存在最大公约数。为了加快流水施工进度，可按照流水节拍与最大公约数的倍数关系确定每个施工过程所需要的施工班组数量，并以该最大公约数为流水步距组织流水施工。

1. 等步距异节奏流水施工的特点

1）同一施工过程在各个施工段上的流水节拍均相等；不同施工过程的流水节拍不相等，但其值为倍数关系，即存在一个最大公约数。

2）相邻施工过程的流水步距相等，且等于流水节拍的最大公约数。

3）施工班组数大于施工过程数。对于流水节拍大的施工过程，可按流水节拍与流水步距的倍数关系确定施工班组数目。

4）各施工班组能够连续作业，流水施工在时间和空间上都连续。

5）等步距异节奏流水施工增加了施工班组数，有利于缩短工期。

2. 工期计算

1）确定流水步距

流水步距等于各个流水节拍的最大公约数。

2）确定每个施工过程所需要的施工班组数

每个施工过程所需要的施工班组数，可按式（3.3-2）计算：

$$b_i = \frac{t_i}{K} \tag{3.3-2}$$

式中　b_i——第 i 个施工过程所需要的施工班组数；

　　　t_i——第 i 个施工过程的流水节拍；

　　　K——流水步距，K＝最大公约数 $\{t_1, t_2, t_3, \cdots, t_n\}$。

3）确定施工段数

$$m \geqslant \sum b_i + (\sum Z_1 + \sum Z_2 - \sum C)/K \tag{3.3-3}$$

式中　$\sum b_i$——各施工过程所需要的施工班组数之和；

　　　$\sum Z_1$——同一施工层内各施工过程之间的技术及组织间歇时间之和；

　　　$\sum Z_2$——不同施工层间的间歇时间；

　　　$\sum C$——同一施工层中各施工过程之间的平行搭接时间；

　　　K——流水步距，K＝最大公约数 $\{t_1, t_2, t_{3,} \cdots, t_n\}$。

4）计算工期

$$T = (m \times r + \sum b_i - 1)K + \sum Z_1 + \sum Z_2 - \sum C \tag{3.3-4}$$

式中　r——施工层数；

　　　$\sum b_i$——各施工过程所需要的施工班组数之和；

　　　$\sum Z_1$——同一施工层内各施工过程之间的技术及组织间歇时间之和；

　　　$\sum Z_2$——不同施工层间的间歇时间；

　　　$\sum C$——各施工过程之间的平行搭接时间；

　　　K——流水步距。

3. 等步距异节奏流水施工组织步骤

1）根据施工工艺确定施工过程；

2）根据施工条件确定各施工过程的流水节拍，并使其满足等步距异节奏流水施工特征，即不同施工过程的流水节拍存在最大公约数；

3）确定流水步距，使其等于不同施工过程流水节拍的最大公约数；

4）确定每个施工过程所需要的施工班组数；

5）确定施工段数；

6）计算工期并绘制施工进度横道图。

4. 等步距异节奏流水施工的适用范围

等步距异节奏流水施工多用于施工段划分明确、流水节奏要求高、施工连续性和重复性较强的工程，如道路、管道工程等。

【例 3.3-2】　某分部工程根据施工工艺划分为 A、B、C、D 四个施工过程，每个施工过程在各施工段上的流水节拍依次为 2d、4d、6d 和 2d，试组织流水施工。

【解】　根据题设条件和流水节拍特征，宜组织等步距异节奏流水施工。

(1) 确定流水步距

$$K = 最大公约数\{2,4,6,2\} = 2d$$

(2) 计算施工班组数

$$b_1 = \frac{2}{2} = 1; \qquad b_2 = \frac{4}{2} = 2; \qquad b_3 = \frac{6}{2} = 3; \qquad b_4 = \frac{2}{2} = 1$$

$$\sum b_i = 1 + 2 + 3 + 1 = 7 \ 队$$

(3) 计算施工段数

$$m \geqslant \sum b_i + (\sum Z_1 + \sum Z_2 - \sum C)/K = 7 + (0 + 0 - 0)/2 = 7$$

(4) 计算工期

$$T = (m \times r + \sum b_i - 1)K + \sum Z_1 + \sum Z_2 - \sum C$$
$$= (7 \times 1 + 7 - 1) \times 2 + 0 + 0 - 0 = 26d$$

(5) 绘制施工进度计划图，如图 3.3-3 所示。

施工过程	施工班组编号	持续时间(d)	施工进度(d)													
			2	4	6	8	10	12	14	16	18	20	22	24	26
A	1	2													
B	2	2													
	3	2													
C	4	2													
	5	2													
	6	2													
D	7	2													

图 3.3-3　施工进度计划图

由图 3.3-3 可知，等步距异节奏流水施工可使各施工过程连续施工，衔接紧密，施工段没有空闲，从而缩短工期。组织等步距异节奏流水施工时，施工班组数量不宜太多，避免造成施工段数量过多进而增加施工现场管理难度。等步距异节奏流水施工与"两班制""三班制"组织方式的区别，详见二维码 3-3。

3.3.3　异步距异节奏流水施工

异步距异节奏流水施工是指在有节奏流水施工中，同一施工过程在各

二维码 3-3

施工段上的流水节拍彼此相等，但不同施工过程在同一施工段上的流水节拍彼此不完全相等，且流水节拍之间不存在最大公约数的流水施工组织方式。

1. 异步距异节奏流水施工的特点

1) 同一施工过程在各个施工段上的流水节拍均相等；

2) 不同施工过程之间的流水节拍不尽相等，且不存在最大公约数；

3) 施工班组数等于施工过程数；

4) 各施工班组在各个施工段上能够连续作业，但施工段之间可能存在空闲时间。

2. 异步距异节奏流水施工的工期计算

1) 流水步距的确定

异步距异节奏流水施工的流水步距确定分为两种情况：

(1) $t_i \leqslant t_{i+1}$

当 $t_i \leqslant t_{i+1}$ 时，如图 3.3-4 中 A、B 两个施工过程，当流水步距为前一个施工过程（A）的流水节拍（t_i）时，既能保证两个施工过程连续、均衡，又能保证前一施工过程（A）在各施工段上的完成时间均早于后一施工过程（B）相应施工段的开始时间，从而满足施工工艺要求。此时相邻施工过程的流水步距可通过式（3.3-5）计算，结果表明 $K_{A,B} = t_A = 2d$，$K_{B,C} = t_B = 3d$。

$$K_{i,i+1} = t_i \tag{3.3-5}$$

施工过程	施工进度(d)																
	1	2	3	4	5	6	7	8	9	10	11	12	13	14	15	16	17
A																	
B																	
C																	

图 3.3-4 异步距异节奏流水施工进度计划图（$t_i \leqslant t_{i+1}$）

(2) $t_i > t_{i+1}$

当 $t_i > t_{i+1}$ 时，如图 3.3-5 (a) 中所示 A、B 两个施工过程，如果按照流水步距 $K_{A,B} = t_A$ 组织异步距异节奏流水施工，则会出现前一个施工过程尚未完成而后一个施工过程已经开始施工的情况（如第 4d A 施工过程第 2 个施工段尚未完成，而 B 施工过程第 2 个施工段已经开始施工，后续第 3、4 个施工段亦是如此），这显然不符合施工工艺的要求。

为了满足施工工艺要求，应将后一个施工过程的相应施工段开始时间推后，如图 3.3-5 (b) 所示。由图可知，这样安排造成了 B 施工过程不能连续施工，出现了窝工现象，不符合流水施工的要求。总之，只有确保最后一个施工段上两个施工过程能够连续施工，依此计算出来的流水步距才能够同时满足施工班组连续施工和施工工艺要求，如图 3.3-5 (c) 所示。流水步距可通过式（3.3-6）计算：

$$K_{i,i+1} = m \times t_i - (m-1)t_{i+1} \tag{3.3-6}$$

2) 工期计算

异步距异节奏流水施工的工期通过式（3.3-7）计算：

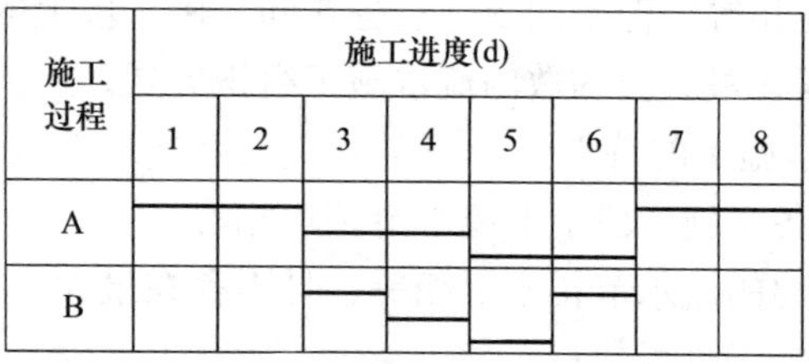

施工过程	施工进度(d)							
	1	2	3	4	5	6	7	8
A								
B								

(a) 不符合施工工艺要求的异步距异节奏流水施工进度计划图($t_i > t_{i+1}$)

施工过程	施工进度(d)								
	1	2	3	4	5	6	7	8	9
A									
B									

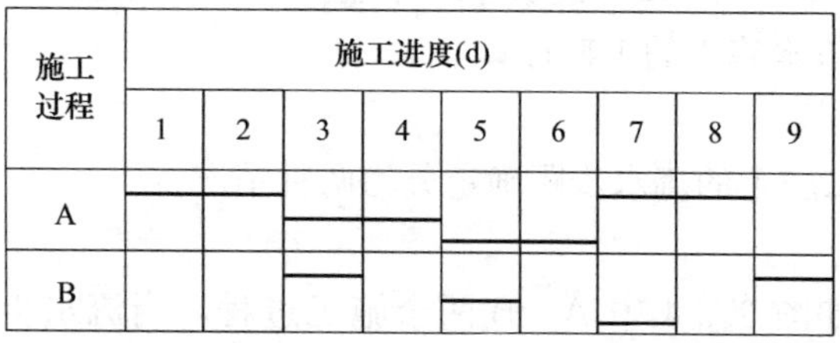

(b) 不能连续施工的异步距异节奏流水施工进度计划图 ($t_i > t_{i+1}$)

施工过程	施工进度(d)								
	1	2	3	4	5	6	7	8	9
A									
B									

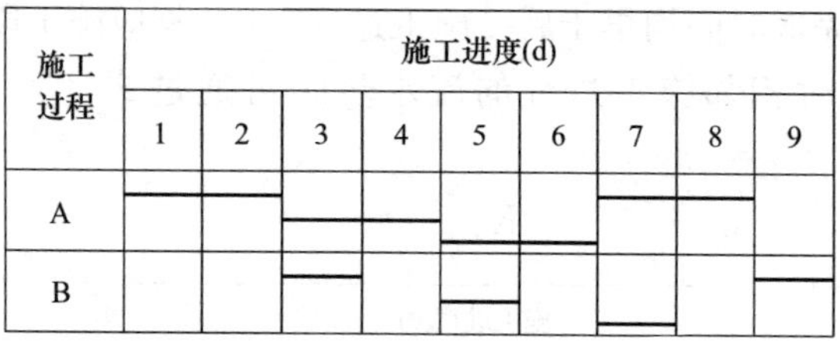

(c) 满足要求的异步距异节奏流水施工进度计划图 ($t_i > t_{i+1}$)

图 3.3-5 异步距异节奏流水施工进度计划图

$$T = \sum_{i=1}^{n-1} K_{i,i+1} + \sum_{j=1}^{m} t_j^n + \sum_{i=1}^{n-1} Z_{i,i+1} + \sum_{i=1}^{n-1} G_{i,i+1} - \sum_{i=1}^{n-1} C_{i,i+1} \qquad (3.3\text{-}7)$$

式中　$\sum_{j=1}^{m} t_j^n$ ——最后一个施工过程各施工段流水节拍之和；

其余同前。

3. 异步距异节奏流水施工组织步骤

1）根据施工工艺要求划分施工过程；

2）根据施工现场条件将施工任务划分成若干个劳动量大致相等的施工段，并确定施工班组；

3）合理配置资源确定各施工过程的流水节拍，使其满足异步距异节奏流水施工的要求；

4）确定流水步距；

5）计算工期，并绘制施工进度计划图。

4. 异步距异节奏流水施工的适用范围

异步距异节奏流水施工适用于施工段大小相等或相近、施工过程之间存在效率差异、需要保持施工连续性和灵活性的工程。

【例 3.3-3】 某分部工程划分成 A、B、C、D 四个施工过程和四个施工段，在各施工段上的流水节拍依次为 2d、3d、2d 和 1d，不考虑间歇时间和搭接时间，试组织流水施工。

【解】 根据题设条件及流水节拍特征可知，宜组织为异步距异节奏流水施工。

（1）计算流水步距

$$K_{A,B}=t_A=2d$$
$$K_{B,C}=m\times t_B-(m-1)t_C=4\times3-(4-1)\times2=6d$$
$$K_{C,D}=m\times t_C-(m-1)t_D=4\times2-(4-1)\times1=5d$$

（2）计算工期

$$T=\sum_{i=1}^{n-1}K_{i,i+1}+\sum_{j=1}^{m}t_j+\sum_{i=1}^{n-1}Z_{i,i+1}+\sum_{i=1}^{n-1}G_{i,i+1}-\sum_{i=1}^{n-1}C_{i,i+1}=(2+6+5)+4\times1=17d$$

（3）绘制施工进度计划图，如图 3.3-6 所示。

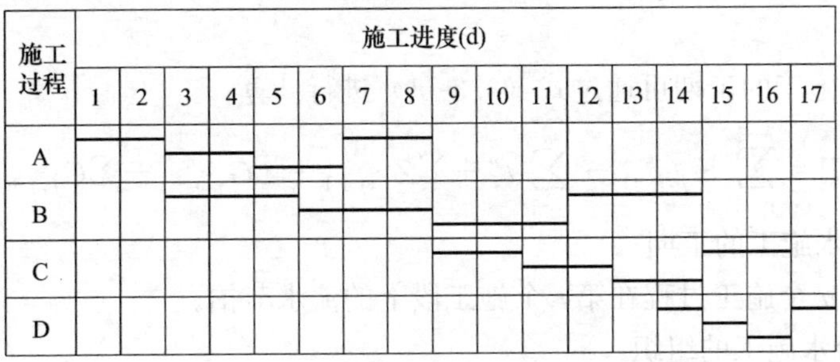

施工过程	施工进度(d)																
	1	2	3	4	5	6	7	8	9	10	11	12	13	14	15	16	17
A																	
B																	
C																	
D																	

图 3.3-6　异步距异节奏流水施工进度计划图

3.3.4 无节奏流水施工

工程实践中由于施工现场、施工资源等条件不同，各施工班组劳动效率存在差异，同一施工过程各施工段的流水节拍往往很难完全相等，在这种情况下，可组织无节奏流水施工。无节奏流水施工又称分别流水施工，是指在流水施工中，同一施工过程在各施工段上的流水节拍不相等，不同施工过程之间的流水节拍也彼此不相等，各流水节拍没有任何规律的施工方式。

1. 无节奏流水施工的特点

1）不同施工过程的流水节拍不相等，同一施工过程在各施工段上的流水节拍不尽相等，没有特定规律；

2）多数情况下，流水步距彼此不相等；

3）各施工班组能够连续均衡施工，部分施工段可能有空闲；

4）施工班组数等于施工过程数。

2. 无节奏流水施工流水步距的确定

确定流水步距，可采用潘特考夫斯基法，又称为累加数列错位相减取大差法。该方法可概括为：首先把每个施工过程在各个施工段上的流水节拍依次累加，求出各施工过程流水节拍的累加数列；其次将相邻施工过程累加数列的后者向后错一位，分别相减，得到一个差数列；最后比较得出差数列中的最大值，即为相邻施工过程的流水步距。具体计算步骤如下：

1）计算各施工过程在各个施工段上流水节拍的累加数列。

$$k_{j,i}=\sum_{i=1}^{m}t_i^j(1\leqslant j\leqslant n,m\geqslant1) \tag{3.3-8}$$

式中　$k_{j,i}$——第 j 个施工过程的累加数列第 i 项的值，当 $j=1$，2，$\cdots$，n 时，分别取 $i=1$，2，$\cdots$，m，即可得到施工过程 j 的累加数列。

2）求相邻两个累加数列错位相减所得的差数列。

$$\Delta k_i^{j,j+1}=k_{j,i}-k_{j+1,i-1}(1\leqslant j\leqslant n-1,m\geqslant 1)\qquad(3.3\text{-}9)$$

式中　$\Delta k_i^{j,j+1}$——流水节拍累加数列 j 和 $j+1$ 相减所得差数列的第 i 项值；

　　　$k_{j,i}$——第 j 个施工过程累加数列的第 i 项值；

　　$k_{j+1,i-1}$——第 $j+1$ 个施工过程累加数列的第 $i-1$ 项值，当 $i=1$ 时，$k_{j+1,0}=0$。

3）确定相邻施工过程的流水步距。

$$K_{j,j+1}=\max\Delta k_i^{j,j+1}(1\leqslant j\leqslant n-1,m\leqslant 1)\qquad(3.3\text{-}10)$$

式中　$K_{j,j+1}$——施工过程 j 和 $j+1$ 之间的流水步距。

3. 工期计算

无节奏流水施工的工期可通过式（3.3-11）进行计算：

$$T=\sum_{j=1}^{n-1}K_{j,j+1}+\sum_{i=1}^{m}t_i^n+\sum Z_{j,j+1}+\sum G_{j,j+1}-\sum C_{j,j+1}\qquad(3.3\text{-}11)$$

式中　T——流水施工的工期；

　　　t_i^n——第 n 个施工过程在第 i 个施工段上的流水节拍。

4. 无节奏流水施工的组织

无节奏流水施工中流水节拍没有规律，导致流水步距也比较自由，部分施工段有空闲，能够适应各种规模、各种结构形式、不同复杂程度的工程项目，在流水施工组织形式中应用非常广泛。无节奏流水施工组织步骤如下：

1）确定施工起点及流向，划分施工过程；

2）确定施工顺序，划分施工段；

3）调配施工资源，确定流水节拍，需兼顾工作面等因素；

4）计算流水步距；

5）计算工期并绘制施工进度计划图。

5. 无节奏流水施工的适用范围

无节奏流水施工的流水节拍非常灵活，可充分考虑现场施工条件，不易受到空间关系和组织资源两方面的限制，施工进度安排自由。无节奏流水施工适用于各种不同结构性质和规模的工程，是流水施工中应用最广泛的组织方式。

【例 3.3-4】 某分部工程流水节拍见表 3.3-1，根据工艺要求第二个施工过程（B）完成后，需间歇 2d 才能进行后续施工，试组织流水施工。

某分部工程流水节拍表　　　　　　　　　　　　　　　　表 3.3-1

施工过程	施工段				
	1	2	3	4	5
A	3	2	4	2	1
B	2	3	3	1	2
C	3	1	4	2	2
D	4	2	3	1	2

【解】 根据题设条件及流水节拍特征可知，宜组织无节奏流水施工。

（1）确定流水步距

① 求各施工过程的累加数列

$\sum t_A$:　　3　　5　　9　　11　　12

$\sum t_B$:　　2　　5　　8　　9　　11

$\sum t_C$:　　3　　4　　8　　10　　12

$\sum t_D$:　　4　　6　　9　　10　　12

② 错位相减得差数列

$\sum t_A - \sum t_B$:

$$
\begin{array}{rrrrrr}
3 & 5 & 9 & 11 & 12 & \\
- & 2 & 5 & 8 & 9 & 11 \\
\hline
3 & 3 & 4 & 3 & 3 & -11
\end{array}
$$

$\sum t_B - \sum t_C$:

$$
\begin{array}{rrrrrr}
2 & 5 & 8 & 9 & 11 & \\
- & 3 & 4 & 8 & 10 & 12 \\
\hline
2 & 2 & 4 & 1 & 1 & -12
\end{array}
$$

$\sum t_C - \sum t_D$:

$$
\begin{array}{rrrrrr}
3 & 4 & 8 & 10 & 12 & \\
- & 4 & 6 & 9 & 10 & 12 \\
\hline
3 & 0 & 2 & 1 & 2 & -12
\end{array}
$$

③ 取差数列中最大项作为流水步距

$K_{A,B} = \max\{3\ 3\ 4\ 3\ 3\ -11\} = 4d$

$K_{B,C} = \max\{2\ 2\ 4\ 1\ 1\ -12\} = 4d$

$K_{C,D} = \max\{3\ 0\ 2\ 1\ 2\ -12\} = 3d$

（2）计算施工工期

$$T = \sum_{j=1}^{n-1} K_{j,j+1} + \sum_{i=1}^{m} t_i^n + \sum Z_{j,j+1} + \sum G_{j,j+1} - \sum C_{j,j+1}$$

$$= (4+4+3) + (4+2+3+1+2) + 2 = 25d$$

（3）绘制施工进度计划图，如图 3.3-7 所示。

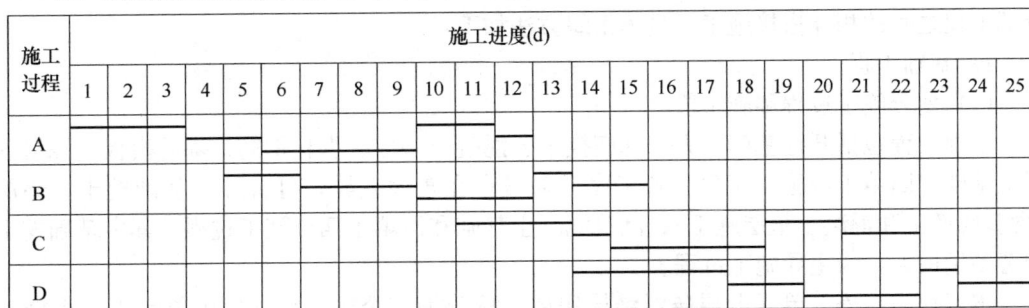

施工过程	施工进度(d)																								
	1	2	3	4	5	6	7	8	9	10	11	12	13	14	15	16	17	18	19	20	21	22	23	24	25
A																									
B																									
C																									
D																									

图 3.3-7　无节奏流水施工进度计划图

3.4　流水施工组织实例

土木工程施工过程涉及许多施工活动的组织和施工资源供给，施工资源供给和施工组织方式密切相关，两者相辅相成。因此，根据施工对象特点选择适当的施工组织方式，科学安排施工资源供给保障施工活动的节奏性、均衡性和连续性具有很强的工程价值。

3.4.1　选择施工组织方式的思路

如前文所述，施工组织方式包括依次施工、平行施工和流水施工，而流水施工可分为等节奏流水施工、等步距异节奏流水施工等形式，如何正确选择合理施工组织方式，不能一概而论，需结合施工对象的具体情况而定。

劳动量较小，施工技术不复杂，工期有保障的工程项目多选择依次施工组织方式；施工现场宽松，施工资源充足，工期要求高的工程项目多选择平行施工组织方式；其他工程项目则多选择流水施工组织方式。

流水施工组织方式通常首先将单位工程施工任务分解成若干个分部工程，然后统筹考虑分部工程各施工过程要求、各施工段劳动量、施工班组人数或机械台班数量、施工现场空间关系限制（二维码3-4）等因素确定各施工段的流水节拍，最后根据流水节拍特征来选择流水施工形式。

需要指出的是，工程实践中，有时需要综合运用多种施工组织方式，形成"大流水中嵌套小流水"、整体平行施工而局部流水施工等形式，才能够更好地完成施工任务。

二维码 3-4

3.4.2　流水施工应用实例

1. 工程概况及劳动量

某工程为一栋三单元七层砖混结构房屋，建筑面积 3988.84m²，基础形式为钢筋混凝土条形基础；由于基础下方存在不良土壤，需先做 1m 厚换土处理，再做 30mm 厚混凝土垫层；主体工程为砖墙承重；客厅楼板、厨房、卫生间、双跑式楼梯为现浇混凝土；其余位置楼板为预制空心楼板；每层有圈梁、构造柱。室内装饰采用一般抹灰，涂料刷白；楼地面为陶瓷面砖饰面；铝合金窗、白色木板门；外墙涂米白色涂料饰面。屋面保温材料选用保温蛭石板，选用涂料防水屋面。其劳动量，如表 3.4-1 所示。

2. 施工组织方式及施工进度计划

本工程由基础分部工程、主体分部工程、屋面分部工程、装饰分部工程、水电分部工程组成。各分部工程的劳动量差异较大，宜先考虑各个分部工程的流水施工，然后考虑各分部工程之间的相互搭接施工。具体组织方法如下：

1）基础工程

（1）划分施工过程和施工段

基础工程包括开挖基础土方、基底换土、混凝土垫层、绑扎钢筋、基础模板、浇筑混凝土基础、回填土等施工工序，各工序劳动量存在较大差异，可合并为基础挖土、垫层（含基底换土和混凝土垫层施工）、浇筑混凝土基础和回填土四个施工过程。其中基础挖土的劳动量最大，为主导施工过程。

本工程为一栋三单元七层砖混结构房屋，故分为三个施工段（每个单元为一个施工段），选用一班制作业。

某幢三单元七层砖混结构房屋劳动量一览表　　　　　　表 3.4-1

序号	分项工程名称	劳动量(工日或台班)	序号	分项工程名称	劳动量(工日或台班)
	基础工程		15	预制楼板安装灌缝	152
1	开挖基础土方	271		屋面工程	
2	基底换土	188	16	屋面保温隔热层	206
3	混凝土垫层	43	17	屋面找平层	45
4	绑扎基础钢筋(含构造柱)	57	18	屋面防水	51
5	基础模板	63		装饰工程	
6	浇筑混凝土基础	78	19	地面垫层	93
7	基础回填土	93	20	门窗框安装	51
8	室内回填土	82	21	外墙面砖	1352
	主体工程		22	顶棚抹灰	479
9	脚手架(含安全网)	305	23	内墙抹灰	1053
10	构造柱筋	168	24	楼地面及楼梯面砖铺贴	516
11	砌筑砖墙	1938	25	门窗扇安装	383
12	圈梁、楼板、构造柱、楼梯模板	426	26	油漆、涂料	279
13	圈梁、楼板、楼梯钢筋	581	27	散水、勒脚、台阶及其他	61
14	梁、板、柱、楼梯混凝土	625			

（2）确定流水节拍

① 基础挖土的劳动量为 271 个工日，施工班组人数为 20 人，其流水节拍计算如下：

$$t_{挖}=\frac{P}{R\times m\times b}=\frac{271}{20\times 3\times 1}=4.52\approx 5d$$

② 基底换土和混凝土垫层施工合并为一个施工过程，其劳动量为 188＋43＝231 个工日，施工班组人数为 20 人，其流水节拍计算如下：

$$t_{垫}=\frac{P}{R\times m\times b}=\frac{231}{20\times 3\times 1}=3.85\approx 4d$$

③ 绑扎基础钢筋（含构造柱）、基础模板和浇筑混凝土基础合并为一个施工过程，其劳动量为 57＋63＋78＝198 个工日，施工班组人数为 20 人，其流水节拍计算如下：

$$t_{混}=\frac{P}{R\times m\times b}=\frac{198}{20\times 3\times 1}=3.30\approx 4d$$

④ 基础、室内地坪回填土合并为一个施工过程，需在混凝土基础浇筑完成后 2d 开始施工，其劳动量为 93＋82＝175 个工日，施工班组人数为 20 人，其流水节拍计算如下：

$$t_{填}=\frac{P}{R\times m\times b}=\frac{175}{20\times 3\times 1}=2.92\approx 3d$$

（3）计算工期

每个施工过程在三个施工段上的流水节拍相等，不同施工过程流水节拍不全相等，且不存在最大公约数，宜组织异步距异节奏流水施工。

$$T_{基础工程} = \sum_{i=1}^{3} K_{i,i+1} + \sum_{j=1}^{3} t_j^4 + \sum_{i=1}^{n-1} Z_{i,i+1} + \sum_{i=1}^{n-1} G_{i,i+1} - \sum_{i=1}^{n-1} C_{i,i+1}$$

$$= (7 + 4 + 6) + 3 \times 3 + 2 = 28\text{d}$$

2）主体工程

（1）划分施工过程和施工段

主体工程包括脚手架（含安全网）、构造柱钢筋、砌筑砖墙、圈梁等构件模板、圈梁等构件钢筋、梁等构件混凝土浇筑、预制空心楼板安装及灌缝等工序。脚手架（含安全网）工序劳动量较小，从施工工艺方面来看不是独立的施工工序，从安全施工管理方面来看可与构造柱钢筋绑扎、砌筑砖墙穿插进行，综合施工工艺要求、工作面大小、施工组织要求等现场因素，将其按照2∶8的比例分配到构造柱钢筋绑扎和砌筑砖墙两个工序中。砌筑砖墙工序的劳动量明显高于其他工序，可作为主导施工过程。为保证主导施工过程连续、均衡，减少层间间歇时间，将圈梁等构件的模板支设、钢筋绑扎和混凝土浇筑等工序在满足工艺要求、工作面要求的前提下合理穿插到砌筑砖墙工序中。

本工程为一栋三单元七层砖混结构房屋，主体工程每层划分为3个施工段，选用一班制作业。

（2）确定流水节拍

① 构造柱筋施工过程的劳动量为 $305 \times 0.2 + 168 = 229$ 个工日，施工班组人数为6人，一班制作业，其流水节拍为：

$$t_{柱筋} = \frac{P}{R \times m \times b} = \frac{229}{6 \times 3 \times 7 \times 1} = 1.82 \approx 2\text{d}$$

② 砌筑砖墙施工过程的劳动量为 $305 \times 0.8 + 1938 = 2182$ 个工日，施工班组人数为30人，一班制作业，其流水节拍为：

$$t_{砖墙} = \frac{P}{R \times m \times b} = \frac{2182}{30 \times 3 \times 7 \times 1} = 3.46 \approx 4\text{d}$$

③ 圈梁、楼板、构造柱、楼梯模板施工过程劳动量为426个工日，施工班组人数为11人，一班制作业，其流水节拍为：

$$t_{模板} = \frac{P}{R \times m \times b} = \frac{426}{11 \times 3 \times 7 \times 1} = 1.84 \approx 2\text{d}$$

④ 圈梁、楼板、楼梯钢筋施工过程劳动量为581个工日，施工班组人数为18人，一班制作业，其流水节拍为：

$$t_{钢筋} = \frac{P}{R \times m \times b} = \frac{581}{18 \times 3 \times 7 \times 1} = 1.54 \approx 2\text{d}$$

⑤ 梁、板、柱、楼梯混凝土浇筑施工过程劳动量为625个工日，施工班组人数为10人，根据混凝土浇筑作业的工艺要求，选用三班制作业，其流水节拍为：

$$t_{混凝土} = \frac{P}{R \times m \times b} = \frac{625}{10 \times 3 \times 7 \times 3} = 0.99 \approx 1\text{d}$$

⑥ 预制楼板安装灌缝施工过程劳动量为152个工日，施工班组人数为8人，一班制作业，其流水节拍为：

$$t_{楼板} = \frac{P}{R \times m \times b} = \frac{152}{8 \times 3 \times 7 \times 1} = 0.90 \approx 1\text{d}$$

（3）计算工期

主体工程中砌筑砖墙施工过程连续施工，脚手架（含安全网）工序进行了合并，圈梁等构件的模板支设、钢筋绑扎和混凝土浇筑，预制楼板安装灌缝等施工过程均进行了穿插施工，宜组织无节奏流水施工，采用分析计算法确定工期。本工程 7 层共 21 个施工段砌筑砖墙作业的持续时间以及技术间歇时间、组织间歇时间（各施工过程和楼层间）的总和，扣除搭接施工时间（各施工过程和楼层间），即可求得主体工程的施工工期。

$$T_{主体}=t_{柱筋}+21\times t_{砖墙}+t_{模板}+t_{钢筋}+t_{混凝土}+t_{楼板}$$
$$=2+21\times4+2+2+1+1=92d$$

3）屋面工程

（1）划分施工过程和施工段

屋面工程包括屋面保温隔热层、屋面找平层和屋面防水三个施工工序，划分为三个施工过程。屋面工程的保温隔热和防水质量要求高，为了避免设置施工缝，减小不同施工班组之间的技术水平差异，本工程设置一个施工段，采用依次施工组织方式。

（2）确定流水节拍

① 屋面保温隔热层劳动量为 206 个工日，施工班组人数为 26 人，一班制作业，其流水节拍为：

$$t_{温热}=\frac{P}{R\times m\times b}=\frac{206}{26\times1\times1}=7.92\approx8d$$

② 屋面找平层劳动量为 45 个工日，施工班组人数为 15 人，一班制作业，其流水节拍为：

$$t_{找平}=\frac{P}{R\times m\times b}=\frac{45}{15\times1\times1}=3d$$

③ 屋面找平层作业完成后，安排 9d 养护和干燥时间，然后进行屋面防水层施工。屋面防水劳动量为 51 个工日，施工班组人数为 17 人，一班制作业，其流水节拍为：

$$t_{防水}=\frac{P}{R\times m\times b}=\frac{51}{17\times1\times1}=3d$$

（3）计算工期

$$T_{屋面}=t_{温热}+t_{找平}+t_{防水}+\sum Z=8+3+3+9=23d$$

4）装饰工程

（1）划分施工过程和施工段

装饰工程包括地面垫层、门窗框安装、外墙面砖、顶棚抹灰等工序，其中外墙面砖和内墙抹灰两个工序劳动量大，作为主导施工过程。门窗框安装可穿插施工，顶棚抹灰和内墙抹灰合并为一个施工过程，楼地面及楼梯面砖铺贴、门窗扇安装、油漆及涂料、散水、勒脚、台阶及其他等工序可穿插施工。各施工过程之间安排适当的组织间歇时间和技术间歇时间。每层划分为一个施工段，共 7 个施工段，采用自下而上的顺序施工。

（2）确定流水节拍

① 地面垫层劳动量为 93 个工日，安排在主体工程与楼地面面砖铺贴之间完成，施工班组人数为 31 人，一班制作业，其流水节拍为：

$$t_{温热}=\frac{P}{R\times m\times b}=\frac{93}{31\times1\times1}=3d$$

② 外墙面砖劳动量为 1352 个工日，施工班组人数为 60 人，一班制作业，其流水节拍为：

$$t_{外墙}=\frac{P}{R\times m\times b}=\frac{1352}{60\times1\times1}=22.53\approx23\text{d}$$

③ 顶棚抹灰和内墙抹灰合并为一个施工过程，劳动量为 479＋1053＝1532 个工日，施工班组人数为 45 人，一班制作业，其流水节拍为：

$$t_{抹灰}=\frac{P}{R\times m\times b}=\frac{1532}{45\times7\times1}=4.86\approx5\text{d}$$

④ 楼地面及楼梯面砖铺贴劳动量为 516 个工日，施工班组人数为 20 人，一班制作业，其流水节拍为：

$$t_{面砖}=\frac{P}{R\times m\times b}=\frac{516}{20\times7\times1}=3.69\approx4\text{d}$$

⑤ 门窗框和门窗扇安装合并为一个施工过程，劳动量为 51＋383＝434 个工日，施工班组人数为 16 人，一班制作业，其流水节拍为：

$$t_{门窗}=\frac{P}{R\times m\times b}=\frac{434}{16\times7\times1}=3.88\approx4\text{d}$$

⑥ 油漆、涂料劳动量为 279 个工日，施工班组人数为 10 人，一班制作业，其流水节拍为：

$$t_{油漆}=\frac{P}{R\times m\times b}=\frac{279}{10\times7\times1}=3.99\approx4\text{d}$$

⑦ 散水、勒脚、台阶及其他劳动量为 61 个工日，施工班组人数为 11 人，一班制作业，其流水节拍为：

$$t_{其他}=\frac{P}{R\times m\times b}=\frac{61}{11\times1\times1}=5.55\approx6\text{d}$$

（3）计算工期

装饰工程中，各施工过程的工作面相对充裕，尽可能安排穿插施工以达到缩短工期的目的。

$$T_{装饰}=7\times t_{抹灰}+t_{油漆}+t_{其他}=7\times5+4+6=45\text{d}$$

本工程施工进度计划图，如图 3.4-1 所示。

3.5 本章思政教育元素

3.5.1 形成科学思维方式和创新精神

流水施工组织形式是一种应用非常广泛的施工组织形式，需要综合考虑施工资源供给、施工方法等因素。读者应形成并运用科学思维方式和逻辑思维方式去分析和解决实际工程问题，形成创新精神。

3.5.2 培养团队协作能力和责任担当意识

流水施工涉及工艺参数、空间参数和时间参数，各个参数紧密相连、相互配合。读者应学会团队协作，认真听取团队成员的意见和建议，提升自身的沟通能力和责任担当意识。

本 章 小 结

本章介绍了依次施工、平行施工和流水施工三种施工组织方式的特点及工程应用，流水施工组织方式在工作面利用情况、专业化生产、资源供给情况、对劳动生产率和工程质量影响、施工管理等方面优于其他两种施工组织方式。

流水施工参数包括工艺参数、空间参数和时间参数三种类型，三种参数相互影响，共同决定了流水施工的节奏性、可行性和科学性，是施工现场条件、施工资源等因素的综合体现。流水节拍特征不同，流水施工的施工班组数量、流水步距、工期计算方法也有所不同，从而形成不同节奏特征的流水施工组织方式。

施工进度可采用横道图、垂直图和网络图等方法表示，其中最直观且易于接受的是横道图。横道图不仅可以体现施工过程、施工段、施工层、流水节拍、流水步距、工期等施工参数，而且可以体现施工进度及施工活动所需要的资源，为施工组织和施工管理提供了理论支持，也为施工进度计划编制奠定了基础。

习题及答案

一、填空题

1. _____是指组织多个施工班组，使所有施工段的同一施工过程，在同一时间、不同空间同时施工、同时竣工的施工组织方式。

2. 工艺参数主要是指在组织流水施工时，用以表达流水施工在施工工艺方面进展状态的参数，通常包括_____和_____两个参数。

3. 当施工段数_____施工过程数时，可能会出现工作面空闲。

4. 当组织流水施工时，应分层分段施工，为保证各施工队能连续施工，要求每层的施工段数必须_____其施工过程数。

5. 某工程各参数分别为 $n=5$，$m=4$，$t=3d$，则其流水步距为____d。

6. 某基础工程有 A、B、C、D 四个施工过程，分两个施工段，各施工过程的流水节拍均为 2d，其中 C 过程后应养护 3d，则该基础工程的工期为____d。

7. 某分部工程有 A、B、C、D 四个施工过程，分三个施工段，各段的流水节拍为 2d、3d、4d、2d，则流水工期为____d。

8. 无节奏流水施工的流水步距计算方法为_____。

9. 确定施工项目每班工作人数，应满足_____和_____的要求。

10. 组织流水施工的主要参数有_____、_____和_____。

11. 常见的施工组织方式有_____、_____和_____。

12. 根据工艺性质不同和施工特点，施工过程可分为_____、_____和建造类三种类型。

二、选择题

1. 在没有技术间歇时间和插入时间的情况下，等节奏流水施工的（　　　）与流水节拍相等。

A. 工期   B. 流水步距   C. 间歇时间   D. 搭接时间

2. 在组织施工的几种方式中，施工工期最短，而一次性投入的资源量最集中的方式是（   ）。

A. 流水施工   B. 平行施工   C. 依次施工   D. 搭接施工

3. 某工程划分为 4 个施工段，由两个施工班组进行等节奏流水施工，流水节拍为 4d，则工期为（   ）。

A. 16d   B. 18d   C. 20d   D. 24d

4. 某分部工程分四个施工过程，四个施工段，其流水节拍为：A 过程：3d、2d、1d、4d；B 过程：2d、3d、2d、3d；C 过程：1d、3d、2d、3d；D 过程：2d、4d、3d、1d。则流水步距 $K_{A,B}$、$K_{B,C}$、$K_{C,D}$ 分别为（   ）。

A. 3、4、3   B. 3、2、3   C. 2、4、3   D. 3、4、2

5. 某施工段的工程量为 $200m^3$，施工队的人数为 25 人，日产量 $0.8m^3$/人，则该队在该施工段的流水节拍为（   ）。

A. 8d   B. 10d   C. 12d   D. 15d

6. 组织等节奏流水，首要的前提是（   ）。

A. 各施工段的工程量基本相等   B. 确定主导施工过程的流水节拍

C. 各施工过程的流水节拍相等   D. 各施工队的人数相等

7. 施工进度横道图能够正确表达（   ）。

A. 工作之间的逻辑关系   B. 关键工作

C. 关键线路   D. 施工过程开始和完成时间

8. 某工程包括四个施工段，6 个施工过程，3 个施工层，则流水步距的个数为（   ）。

A. 17 个   B. 11 个   C. 5 个   D. 3 个

9. 某基础工程土方开挖工程量为 $9600m^3$，分为三个施工段，选用两台同型号挖土机（产量定额为 $400m^3$/台班）进行施工，2 班制作业，则流水节拍为（   ）。

A. 2d   B. 4d   C. 6d   D. 8d

10. 流水施工的科学性和技术经济效果的实质是（   ）。

A. 实现了机械化生产   B. 合理利用了工作面

C. 合理利用了工期   D. 实现了连续均衡施工

11. 流水强度与以下哪个参数没有关联（   ）。

A. 资源量   B. 资源种类   C. 产量定额   D. 工程量

12. 某工程包括甲、乙、丙三个施工过程，其流水节拍分别为：甲：2、4、3、2；乙：3、3、2、2；丙：4、2、3、2；单位为 d，组织无窝工现象的无节奏流水施工，其工期为（   ）天。

A. 16   B. 15   C. 13   D. 17

三、计算题

1. 某分部工程由四个分项工程组成，划分成四个施工段，流水节拍均为 4d，无技术组织间歇，试确定流水步距，计算工期。

2. 某工程的各个施工过程在各个施工段上的流水节拍如表习题-1 所示，试计算流水施工期。

流水节拍表 表习题-1

施工过程	施工段			
	①	②	③	④
A	4	3	3	5
B	3	4	4	5
C	4	4	3	5
D	2	3	5	4

参考答案：

一、填空题

1. 平行施工

2. 施工过程、流水强度

3. 大于

4. 大于等于

5. 3

6. 13

7. 19

8. 潘特考夫斯基或累加数列错位相减取大差

9. 最小劳动组合、最小工作面

10. 工艺参数、空间参数、时间参数

11. 依次施工、平行施工、流水施工

12. 运输类、制备类

二、选择题

1. B

2. B

3. C

4. D

5. B

6. C

7. D

8. A

9. A

10. D

11. D

12. D

三、计算题

1. 解：由已知条件知，宜组织全等节拍流水。

（1）确定流水步距。由全等节拍专业流水的特点可知：$K = t = 4d$

（2）计算工期。$T = (m + n - 1) \cdot K = (4 + 4 - 1) \times 4 = 28d$

（3）横道图表示见图习题-1。

施工过程	施工进度(d)						
	4	8	12	16	20	24	28
A							
B							
C							
D							

图习题-1 流水施工横道图

2. 解：（1）计算流水步距

$$4，7，10，15$$
$$3，7，11，16$$
$$K=\max\{4，4，3，4，-16\}=4\text{d}$$
$$3，7，11，16$$
$$4，8，11，16$$
$$K=\max\{3，3，3，5，-16\}=5\text{d}$$
$$4，8，11，16$$
$$2，5，10，14$$
$$K=\max\{4，6，6，6，-14\}=6\text{d}$$

（2）计算流水施工工期

$$T=(4+5+6)+(2+3+5+4)=29\text{d}$$

（3）横道图表示见图习题-2。

施工过程	施工进度(d)																												
	1	2	3	4	5	6	7	8	9	10	11	12	13	14	15	16	17	18	19	20	21	22	23	24	25	26	27	28	29
A																													
B																													
C																													
D																													

图习题-2 流水施工横道图

参 考 文 献

［1］ 王利文. 土木工程施工组织与管理［M］. 北京：中国建筑工业出版社，2021.

［2］ 项林. 建筑工程施工组织［M］. 南京：东南大学出版社，2019.

［3］　刘立新，贺志刚，余景良. 建筑施工组织与管理［M］. 哈尔滨：哈尔滨工程大学出版社，2021.

［4］　梁培新，王利文. 土木工程施工组织［M］. 北京：中国建筑工业出版社，2022.

［5］　华建民，姚刚. 土木工程施工技术与组织［M］. 3 版. 重庆：重庆大学出版社，2023.

［6］　危道军. 建筑施工组织［M］. 3 版. 北京：中国建筑工业出版社，2022.

［7］　赵乃志，陈兰英，王孙骏. 建筑工程施工组织［M］. 北京：化学工业出版社，2024.

［8］　张昊，凌颂益. 施工组织设计［M］. 北京：中国水利水电出版社，2022.

［9］　吴琛，熊燕，王小广. 建筑工程施工组织［M］. 南京：南京大学出版社，2022.

［10］　中华人民共和国住房和城乡建设部. 建筑施工组织设计规范：GB/T 50502—2009［S］. 北京：中国建筑工业出版社，2009.

本章知识在求职和工作中的应用

问题 1：常用施工组织方式包括依次施工、平行施工和流水施工，在工程实践中可使用一种或多种施工组织方式。这种说法是否正确，为什么？

答案：正确。施工组织方式取决于工期要求、施工资源供给、施工单位员工素质和管理水平等因素，是各类施工资源时间和空间要求的综合体现。施工过程中各单位工程，或同一单位工程的各分部工程施工条件不尽相同，只选用一种施工组织方式并不能充分发挥施工组织和施工管理的作用，也不符合施工管理的相关理论要求。

问题 2：施工过程中当工程进度发生滞后时，可通过调整流水施工形式、增加施工段等方式加快施工进度，而不需要修改施工组织设计。这种说法是否正确，为什么？

答案：正确。施工组织设计的编制和审批都应严格遵守我国相关标准和规定的要求。施工过程中，施工组织设计应实行动态管理。当施工进度发生滞后时，可通过经济措施、技术措施、合同措施和组织措施等进行调整，调整流水施工形式、增加施工段等属于技术措施的范畴，调整措施应取得监理单位的认可并严格落实。

第 4 章

网络计划技术

教学目标：

◇ **知识目标**

　　熟悉网络计划与横道图的区别；掌握网络计划的分类；掌握双代号网络计划、单代号网络计划、双代号时标网络计划、单代号搭接网络计划的绘制方法及时间参数的计算方法；掌握关键线路和关键工作的确定方法；掌握工期优化、费用优化和资源优化方法。

◇ **能力目标**

　　能够绘制双代号网络计划、单代号网络计划、双代号时标网络计划和单代号搭接网络计划；能够进行网络计划时间参数的计算，确定关键线路和关键工作；进行工期优化、费用优化和资源优化。

◇ **素质目标**

　　具备绘制网络计划、确定关键线路和关键工作、优化网络计划所需要的创新思维和团队合作意识。

4.1　网络计划技术概述

4.1.1　基本概念

网络计划技术（Network Planning Technique）是以网络图形式描述项目任务构成、逻辑关系和时间安排的进度计划。基本原理是首先应用网络图形来表达一项计划（或工程）中各项工作的开展顺序及其相互间的逻辑关系；然后通过时间参数计算找出计划中的关键工作及关键线路；继而通过不断改进网络计划，寻求最优方案，并付诸实施；最后在执行过程中进行有效的控制和监督，保证合理利用资源，取得良好的经济效益和社会效益。

网络计划技术起源于 20 世纪 50 年代的美国。1956 年，美国杜邦公司为解决复杂项目管理问题，开发了关键路径法（CPM），并成功应用于新工厂建设，显著缩短了工期。1958 年，美国海军在北极星导弹项目中引入计划评审技术（PERT），通过概率估计方法优化项目进度，使项目提前完成。CPM 和 PERT 虽独立发展，但原理相近，均基于网络图表达任务逻辑关系，因此被统称为网络计划技术。20 世纪 60 年代，我国开始应用网络计划技术。到目前为止，网络计划技术已广泛应用于生产技术复杂、组成部分繁多且联系紧密的工程项目管理，新产品研发及推广等多个工程领域。

4.1.2　网络计划与横道图的异同点

某基础工程划分为挖土、砌砖基础、回填土三个施工过程，每个施工过程划分Ⅰ、Ⅱ两个施工段，流水节拍分别为 5d、3d 和 1d。则该基础工程施工进度可用横道图（图 4.1-1）表示，也可用网络计划（图 4.1-2）表示。

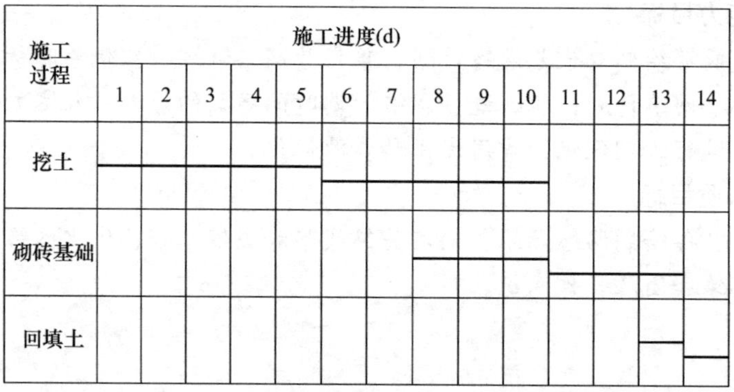

图 4.1-1　横道图表示工程进度

由图 4.1-1 和图 4.1-2 可以看出，横道图和网络计划都可以表示工程进度，但两者在表现形式、图示内容等方面存在较大差异，具体如下：

1）横道图表达方式简单直接、直观易懂，各项工作的起止时间、作业持续时间、工程进度和工期等信息都可以直接体现在图中，便于工程进度检查和计算资源需求情况，但在表现内容上有许多不足。不能准确地反映出各项工作之间相互制约、相互依赖、相互影响的关系；不能反映出整个计划中的主次部分，即其中的关键工作和关键线路；难以在有限的资源下合理组织施工、挖掘进度计划的潜力；不能准确评价计划经济指标，难以有效

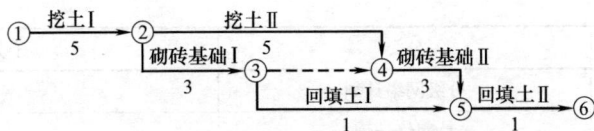

图 4.1-2 网络计划

改进和提升施工管理效率。这些不足从根本上限制了横道图计划的适用范围。

2）网络计划能够明确反映各项工作的先后顺序及逻辑关系，计算时间参数并确定关键工作和关键线路，便于找到施工过程中存在的主要矛盾，避免盲目施工，确定各项工作的时差，有助于统筹安排施工资源，控制施工进度，可以利用计算机进行计算、优化、调整和管理，工程适用性强。

4.1.3 网络计划的分类

按照不同的分类标准，可将网络计划划分成不同类型，如表 4.1-1 所示。

网络计划分类表 表 4.1-1

分类标准	分类	子分类
性质分类	肯定型网络计划	关键线路法(CPM)
		搭接网络计划
		有时限网络计划
		多级网络计划
		流水网络计划
	非肯定型网络计划	计划评审技术(PERT)
		图形评审技术(GERT)
		风险评审技术(VERT)
		决策网络计划法(DN)
		随机网络技术(QERT)
		仿真网络计划技术
目标分类	单目标网络计划	
	多目标网络计划	
工作代号分类	时标网络计划	双代号时标网络计划
	非时标网络计划	单代号网络计划
		双代号网络计划

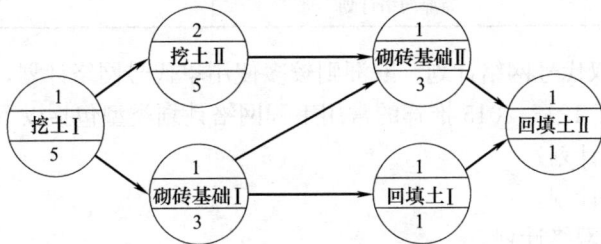

续表

分类标准	分类	子分类
层次分类	分级网络计划	
	总网络计划	
	局部网络计划	

美国较多使用双代号网络计划，欧洲则较多使用单代号网络计划，我国《工程网络计划技术规程》JGJ/T 121—2015 推荐的常用工程网络计划类型包括以下几种：

1）双代号网络计划。

2）单代号网络计划。

3）双代号时标网络计划。

4）单代号搭接网络计划。

4.2　双代号网络计划

双代号网络图是目前应用较为普遍的一种网络计划形式，它用圆圈、箭线表达所要完成的各项工作的先后顺序和相互关系。其中，箭线表示一个施工过程（工作），施工过程名称写在箭线上方，施工持续时间写在箭线下方；箭尾表示施工过程开始；箭头表示施工过程结束。箭线两端的圆圈称为节点，在节点内进行编号，用箭尾节点号码 i 和箭头节点号码 j 作为这个施工过程的代号，如图 4.2-1 所示。由于施工过程均用两个代号表示，所以称为双代号法，用此方法绘制的网络图称为双代号网络图。

4.2.1　双代号网络图的基本要素

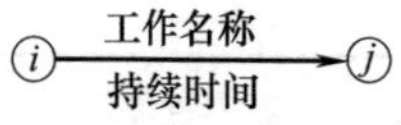

1. 箭线（工作）

图 4.2-1　双代号网络图表示方法

双代号网络图中，一端带箭头的实线或虚线即为箭线，它与两端的节点表示一项工作，有实箭线和虚箭线两种。

1）实箭线。在双代号网络图中，实箭线可表达以下内容：

（1）一根箭线表示一项工作，箭线表示的工作可大可小。综合网络计划中，一根箭线可表示一个单位工程或一个工程项目；在单位工程网络计划中，一根箭线可表示一个分部工程（如基础工程、主体工程、装修工程等）；在局部网络计划中，一根箭线可表示一个分项工程（如挖土、垫层、浇筑混凝土等）。如何确定一项工作的范围取决于所绘制的网络计划。

（2）一根箭线表示一项工作所消耗的时间和资源，用数字标注在箭线的下方。一般而言，每项工作的完成都要消耗一定的时间和资源，如铝合金门窗安装、砖墙隔断等；也存在只消耗时间而不消耗资源的工作，如油漆养护、砂浆找平层干燥等技术间歇，若单独考虑时，也应作为一项工作对待。

（3）双代号网络图中，箭线的长度不代表时间的长短，画图时原则上是任意的，但必须满足网络图的绘制规则。

（4）箭线的方向表示工作进行的方向和前进的路线，箭尾表示工作的开始，箭头表示工作的结束。

（5）箭线可以画成直线、折线或斜线。必要时也可以画成曲线，但应以水平直线为主，一般不宜画成垂直线。

2）虚箭线。虚箭线只表示工作之间的逻辑关系，它既不消耗时间也不消耗资源，只有在双代号网络图中才会出现，一般不标注工作名称，持续时间为0。其表示方法，如图4.2-2所示。

3）内向箭线和外向箭线。指向某个节点的箭线，称为该节点的内向箭线，如图4.2-3（a）所示；从某节点引出的箭线，称为该节点的外向箭线，如图4.2-3（b）所示。

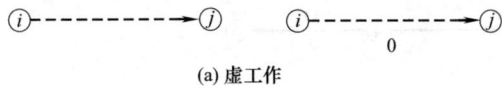

(a) 虚工作

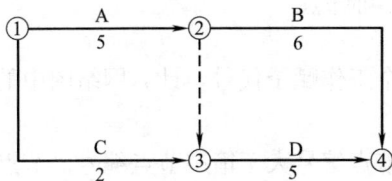

(b) 虚箭线在双代号网络图中

图 4.2-2 虚箭线表示方法

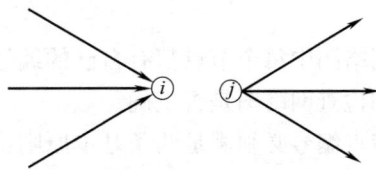

(a) 内向箭线　　(b) 外向箭线

图 4.2-3 内向箭线和外向箭线

双代号网络图中，紧接某工作箭尾结点的各项工作，称为该工作的"紧前工作"；紧接某工作箭头节点的各工作，称为该工作的"紧后工作"；同时进行且相互独立的其他工作称为该工作的"平行工作"。例如，图4.1-2（a）中，挖土Ⅰ为挖土Ⅱ、砌砖基础Ⅰ的紧前工作，挖土Ⅱ、砌砖基础Ⅰ为挖土Ⅰ的紧后工作，砌砖基础Ⅰ和挖土Ⅱ互为平行工作。

4）工作通常可分为以下三种：

（1）实工作：需要消耗时间和资源（如支模板、浇筑混凝土、混合结构中的砌筑砖墙、抹灰等）；

（2）技术间歇时间：只消耗时间而不消耗资源（如混凝土的养护时间、抹灰后续干燥时间）；

（3）虚工作：既不消耗时间，也不消耗资源。

前两种是实际存在的工作，第三种是人为虚设的工作。虚工作只表示相邻工作之间的逻辑关系。虚工作起着建立应有的逻辑连接（即联系）、区分同时开始或完成的多项工作（即区分）、断开本没有逻辑关系的工作联系（即断路）三个作用。

2. 节点

双代号网络图中，用圆圈表示的各箭线之间的连接点称为节点。节点表示前面工作结束和后面工作开始的瞬间。箭线的箭尾节点表示紧前工作结束和该工作的开始，箭线的箭头节点表示该工作及其平行工作的结束和紧后工作的开始。节点本身不需要消耗时间和资源。

根据在网络图中位置的不同，节点可分为起点节点、终点节点和中间节点。

1）起点节点

网络图的第一个节点，表示一项任务的开始，见图4.2-4中的1号节点。

2）终点节点

网络图的最后一个节点，表示一项任务的完成，见图 4.2-4 中的 5 号节点。

3）中间节点

中间节点既是箭尾节点同时又是箭头节点。箭尾节点和箭头节点是相对于工作而言的，若节点位于箭线的箭尾即为箭尾节点；若节点位于箭线的箭头即为箭头节点。箭尾节点表示本工作的开始、紧前工作的完成，箭头节点表示本工作的完成、紧后工作的开始，见图 4.2-4 中的 2、3、4 号节点。

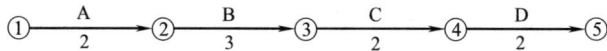

图 4.2-4　双代号网络图中的节点

网络图中每个节点都有自己的编号，以便为每个工作赋予代号，计算网络图中的时间参数和检查网络图是否正确。

节点编号必须满足两条基本原则：其一，箭头节点编号大于箭尾节点编号。节点编号顺序是箭尾节点编号在前，箭头节点编号在后，箭尾节点没有编号，箭头节点不能编号；其二，在一个网络图中，所有节点不能出现重复编号。编号可以按自然数顺序进行，也可以非连续进行，以便适应网络计划调整中增加工作的需要。

节点编号的方法有两种：一种是水平编号法，即从起点开始由上到下逐行编号，每行自左到右顺序编号，如图 4.2-5 所示；另一种是垂直编号法，即从起点开始自左到右逐列编号，每列则根据编号规则的要求进行编号，如图 4.2-6 所示。

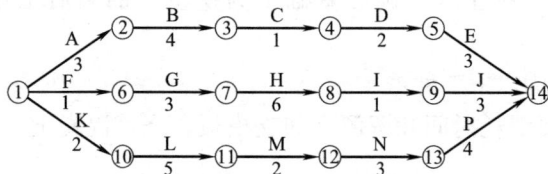

图 4.2-5　节点水平编号法

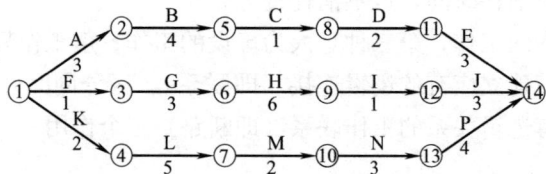

图 4.2-6　节点垂直编号法

3. 线路

网络图中，由起点节点出发沿箭头方向依次通过一系列箭线与节点，到达终点节点的通路称为线路。其中，线路上总的工作持续时间最长的线路称为关键线路，关键线路上的工作称为关键工作，用粗箭线、红色箭线或双箭线画出。关键线路上的各工作持续时间之和，代表整个网络计划的工期。一般情况下，网络图中有多条线路，可依次用该线路上的节点编号或工作名称（工作代码）来表示。例如图 4.2-7 中的线路有：①→②→③→④→⑤→⑥（A→C→E→H）、①→②→④→⑥（A→D→G）、①→②→③→④→⑥（A→C→E→G）、①→③→④→⑤→⑥（B→E→H）、①→③→⑤→⑥（B→F→H）、①→③→④→⑥（B→E→G）等，其中持续时间最长线路是①→③→④→⑥（B→E→G），是该网络图的关键线路，B、E、G 是关键工作。

1）关键线路具有如下性质：

（1）关键线路的持续时间代表整个网络计划的总工期；

（2）关键线路上的工作均为关键工作，时间储备最少；

（3）同一网络计划中，关键线路至少有一条；

（4）当管理人员采取技术组织措施时，缩短某些关键工作持续时间，有可能将非关键线路转化为关键线路。

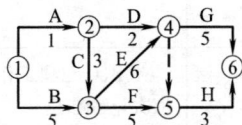

图 4.2-7　线路和
关键线路

网络图中非关键线路上的工作，除关键工作外，均为非关键工作，有时间储备，非关键线路的线路时间仅代表该条线路的持续时间。

4. 逻辑关系

网络图中工作之间相互制约、相互依赖的关系称为逻辑关系，它包括工艺关系和组织关系，在网络图中统一表现为工作之间的先后顺序。

1）工艺关系

工艺关系是指在工程项目或生产过程中，各项工作之间由于工艺技术要求而存在的先后顺序关系，往往不能改变。例如，建筑工程施工过程中，先做基础，后做主体；先做结构，后做装修。图 4.2-8 中依次完成挖基槽、做垫层、混凝土基础、回填土就是工艺关系。

2）组织关系

组织关系是指在不违反工艺关系的前提下，人为安排工作的先后顺序。例如，建筑群中各个单位工程开工顺序的先后；施工任务较大时，需将施工任务划分成若干个组成部分，安排各个组成部分先后施工顺序等。组织关系需充分考虑现场劳动力等施工资源充裕程度、工作面大小等因素。图 4.2-8 将施工任务划分成 2 个施工段并安排施工就是组织关系。

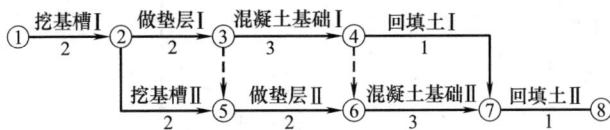

图 4.2-8　组织关系

4.2.2 双代号网络图的绘制

1. 正确表达工作的逻辑关系

1）正确表达各项工作之间的先后顺序和逻辑关系。绘制网络图时，要根据施工顺序和施工组织要求，正确反映各项工作之间的先后顺序和相互制约、相互依赖的关系。常见的几种逻辑关系表示方法，如表 4.2-1 所示。

双代号网络图中常见逻辑关系及其表示方法　　　　　　表 4.2-1

序号	逻辑关系	表示方法
1	A、B、C 三项工作同时开始施工	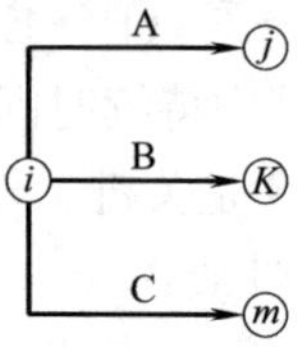
2	A、B、C 三项工作依次开始施工	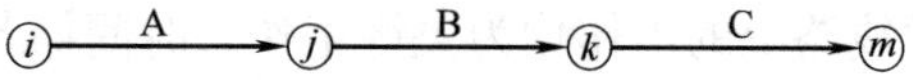
3	A 工作完成后 B、C 工作开始施工	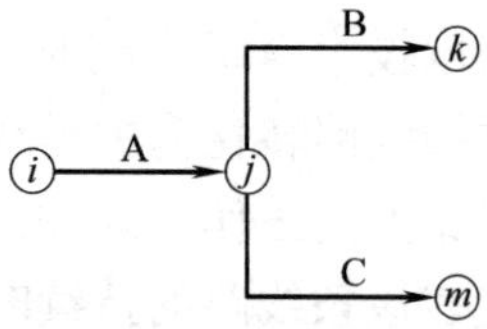
4	A、B 工作完成后 C 工作开始施工	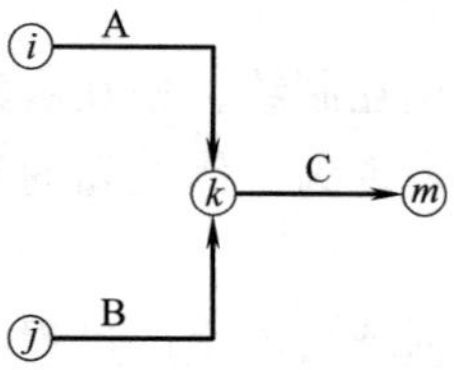
5	A、B 工作完成后 C、D 工作开始施工	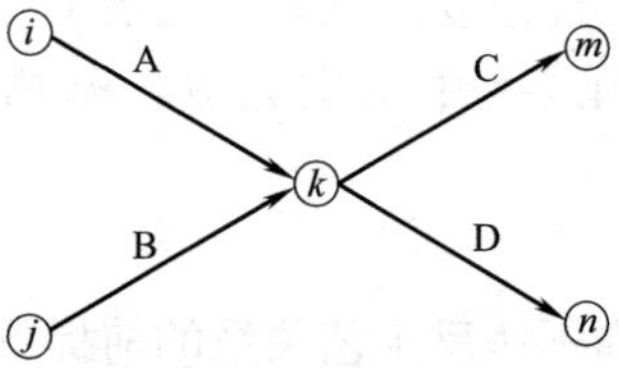
6	A 工作完成后 D 工作开始施工；A、B 工作完成后 E 工作开始施工；A、B、C 工作完成后 F 工作开始施工	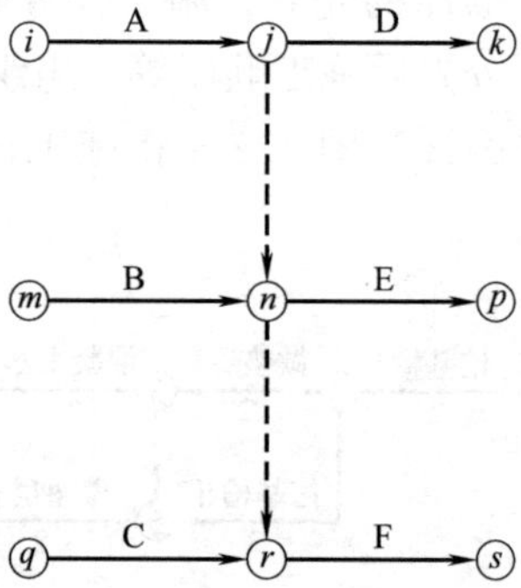
7	A、B 工作完成后 D 工作开始施工；B、C 工作完成后 E 工作开始施工	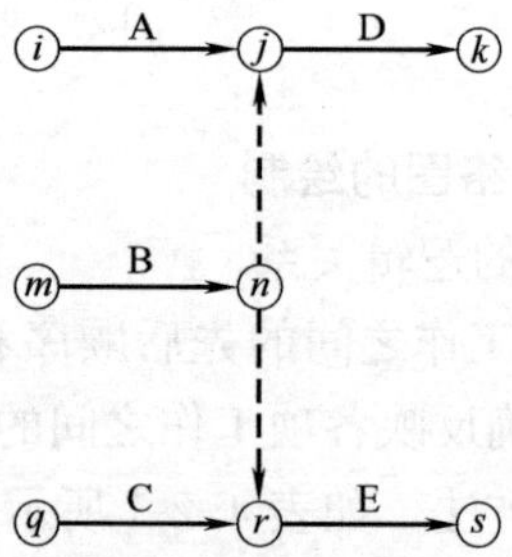

序号	逻辑关系	表示方法
8	A 工作完成后 C 工作开始施工;B 工作完成后 E 工作开始施工;A、B 工作完成后 D 工作开始施工	
9	A、D 工作同时开始施工,B 工作为 A 工作的紧后工作;B、D 工作完成后 C 工作开始施工	
10	A、B、C 三项工作划分三个施工段,流水施工	
11	A、B 工作完成后 D 工作开始施工;A、B、C 工作完成后 E 工作开始施工;D、E 工作完成后 F 工作开始施工	

2)不得有两个或两个以上的箭线从同一节点出发且同时指向同一节点。表达工作之间的平行关系时,可以增加虚工作,如图 4.2-9 所示。

3)单目标网络图中只能有一个起点节点和一个结束节点。不允许出现两个或两个以上没有紧前工作的箭尾节点或没有紧后工作的箭头节点。如图 4.2-10(a)中出现了两个起点节点和两个结束节点,这个网络图就是错误的。除起点节点和结束节点外,其他所有节点都要根据逻辑关系,用箭线连接起来,网络图经修正后如图 4.2-10(b)所示。

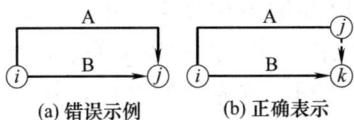

图 4.2-9　虚工作的应用

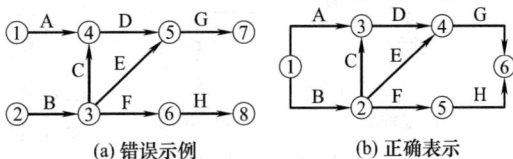

图 4.2-10　起点节点和结束节点的应用

4)网络图中不得出现闭合的回路。所谓闭合回路,是指从一个节点出发沿着某一条线路移动,又回到出发节点,即网络图中出现了闭合的循环路线。如图 4.2-11(a)中工作 C、D、E 形成了闭合回路，这个网络图就是错误的，正确表示如图 4.2-11（b）所示。

5）同一项工作在网络图中不能重复表达。如图 4.2-12 中 C、D 工作出现了两次，这个网络图是错误的。

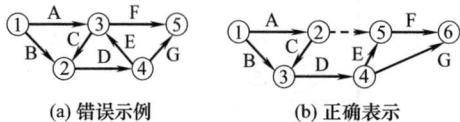

图 4.2-11　闭合回路示例

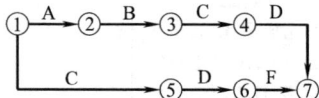

图 4.2-12　工作重复示例

6）代表工作的箭线首尾必须都有节点。网络图中不允许出现没有起点节点的工作或没有结束节点的工作，图 4.2-13（a）中出现了没有起点节点的工作，这个网络图是错误的，正确表示如图 4.2-13（b）所示。

7）双代号网络图中，节点之间严禁出现双向箭头［图 4.2-14（a）］和无箭头［图 4.2-14（b）］的箭线，正确表示如图 4.2-14（c）所示。

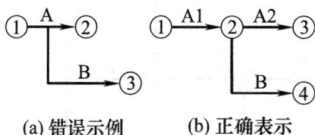

图 4.2-13　节点示例

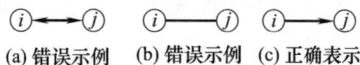

图 4.2-14　箭线示例

8）网络图中应减少不必要的虚工作，图 4.2-15（a）中存在多余虚工作，正确表示如图 4.2-15（b）所示。

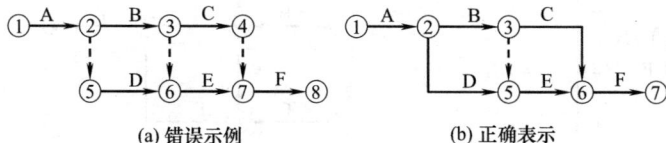

图 4.2-15　虚工作示例

9）当网络图的某个节点引出多条箭线或多条件指向某个节点时，为确保图形简洁，可采用母线法表示。

10）绘制网络图时，宜避免箭线交叉。必要时可调整图形布局，如箭线交叉不可避免，应采用"过桥法"或"指向法"表示，如图 4.2-16 所示。

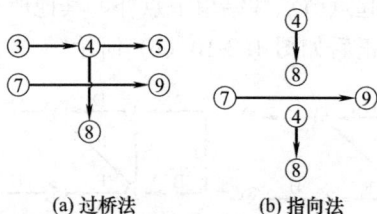

图 4.2-16　箭线交叉处理方法

2. 双代号网络图的绘制步骤

网络计划可以准确表达施工进度，指导施工活动，不仅要求体现各工作之间的逻辑关系，而且要求幅面清晰、布局合理。首先绘制草图，然后整理完善，最后形成满足要求的网络图。一般情况下，双代号网络图的绘制步骤如下：

1）绘制没有紧前工作的工作，使其具有相同的箭尾节点，作为网络图的起点节点。

2）按照逻辑关系依次绘制其他工作，绘制条件是将其所有紧前工作都先行确定，绘制原则为：

（1）当所绘制的工作只有一个紧前工作时，将该工作的箭线直接绘制在其紧前工作的完成节点后；

（2）当所绘制的工作有多个紧前工作时，应按下列4种情况分别考虑：

① 某紧前工作只有唯一紧后工作（所绘制的工作）时，则将该工作的箭线直接绘制在该紧前工作的完成节点之后，用虚箭线分别将其他紧前工作的完成节点与该工作的开始节点相连接，以表达它们之间的逻辑关系。

② 紧前工作中存在多项工作同时作为该工作的紧前工作时，则应将这些紧前工作的完成节点合并（虚箭线或直接合并），再从合并后的节点开始，画出本工作箭线，最后用虚箭线将其他紧前工作的箭线与该工作的开始节点相连。

③ 如果不存在前两种情况，应判断本工作的所有紧前工作是否都同时作为其他工作的紧前工作，如果是这样，应将它们完成节点合并后，再从合并后的节点开始画出本工作箭线。

④ 如果不存在上述三种情况，则应将本工作箭线单独画在其紧前工作之后的中部，然后用虚工作将紧前工作与本工作相连，表达它们之间的逻辑关系。

（3）检查网络图的逻辑关系有无错误，是否有多余的虚工作。

（4）合并没有紧后工作的箭线，使其具有共同的箭头节点，即为终点节点。

（5）确认无误后，进行节点编号，标注工作名称（代码）及持续时间。

（6）完善布局，形成正式网络图。

【例 4.2-1】 某工程主体结构施工分为支模板、绑钢筋、浇筑混凝土三个施工过程，每个施工过程划分为Ⅰ、Ⅱ、Ⅲ三个施工段，持续时间如表 4.2-2 所示。试绘制双代号网络图。

某工程主体结构施工持续时间表　　　　　　　　表 4.2-2

施工过程	持续时间(d)		
	Ⅰ	Ⅱ	Ⅲ
支模板	2	3	5
绑钢筋	4	4	6
浇筑混凝土	2	2	3

【解】 （1）根据施工工艺可得出各工作逻辑关系，如表 4.2-3 所示。

各工作的逻辑关系表　　　　　　　　表 4.2-3

工作名称	支Ⅰ	支Ⅱ	支Ⅲ	绑Ⅰ	绑Ⅱ	绑Ⅲ	浇Ⅰ	浇Ⅱ	浇Ⅲ
紧前工作	—	支Ⅰ	支Ⅱ	支Ⅰ	支Ⅱ、绑Ⅰ	支Ⅲ、绑Ⅱ	绑Ⅰ	绑Ⅱ、浇Ⅰ	绑Ⅲ、浇Ⅱ
持续时间	2	3	5	4	4	6	2	2	3

（2）首先绘制没有紧前工作的工作支Ⅰ，其次按照逻辑关系绘制其他工作，得到双代号网络图的草图，如图 4.2-17 所示。

（3）检查逻辑关系是否正确、是否有多余虚工作，对节点进行编号，得到正式的双代号网络图，如图 4.2-18 所示。

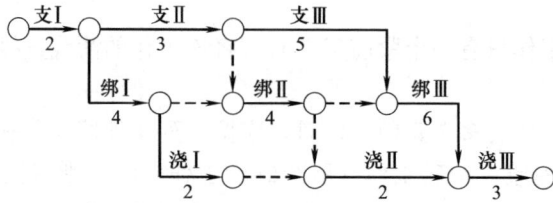

图 4.2-17 双代号网络图（草图）

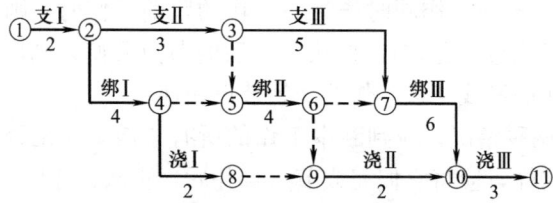

图 4.2-18 双代号网络图

【例 4.2-2】 根据表 4.2-4 中各工作的逻辑关系，绘制双代号网络图。

各工作的逻辑关系表 表 4.2-4

工作代码	A	B	C	D	E	F	G
紧后工作	C、D、E	D、E	F	F、G	—	—	—

【解】 （1）绘制没有紧前工作的工作 A、B，且它们的箭尾节点为①，箭头节点分别为②、③。

（2）根据逻辑关系绘制紧前工作已经完成的工作 C、D、E，其箭头节点分别为⑤、④、⑥。

（3）根据逻辑关系绘制紧前工作已经完成的工作 G、F，而且工作 E、F、G 没有紧后工作，即它们有共同的箭头节点（也是网络图的结束节点）。

（4）最后根据逻辑关系将工作 B、C 和 C、G 用虚箭线断开，调整网络图的布局，做到符合逻辑关系，并整理节点编号，绘制结果如图 4.2-19 所示。

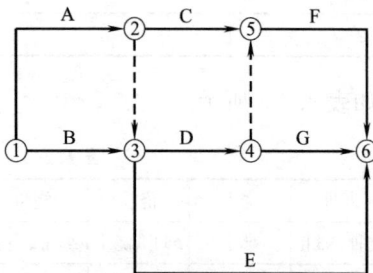

图 4.2-19 双代号网络图

4.2.3 双代号网络图的排列和合并

1. 双代号网络图的排列

为了使双代号网络图更确切地反映建筑工程施工特点，绘图时可根据不同工程情况、施工组织而灵活排列，以简化层次，使各项工作之间的逻辑关系更清晰。双代号网络图通常采用下列几种排列方法：

1）按施工过程排列

按施工过程排列是根据施工顺序将各施工过程按垂直方向排列，同时将各施工段按水平方向排列。其特点是相同工种在一条水平线上，突出了各工种之间的关系。例如某工程包括砌墙、支模、扎筋和浇筑混凝土 4 个施工过程，划分成三个施工段，则双代号网络图如图 4.2-20 所示。

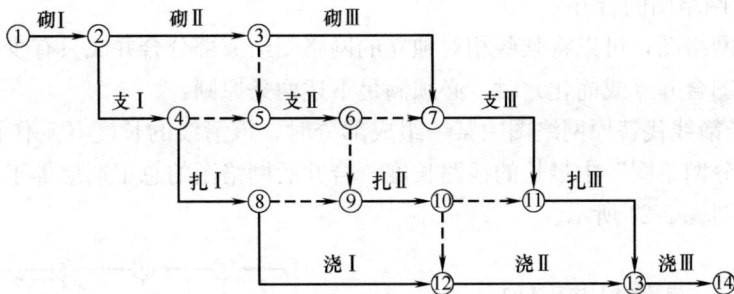

图 4.2-20　按施工过程排列的双代号网络图

2）按施工段排列

按施工段排列是根据空间关系将各施工段按垂直方向排列，同时将各施工过程按水平方向排列。其特点是同一施工段的各个施工过程在一条水平线上，突出了各工作面之间的关系。例如某工程包括基坑挖土、做垫层、砌砖基础、回填土 4 个施工过程，划分成 3 个施工段，则双代号网络图如图 4.2-21 所示。

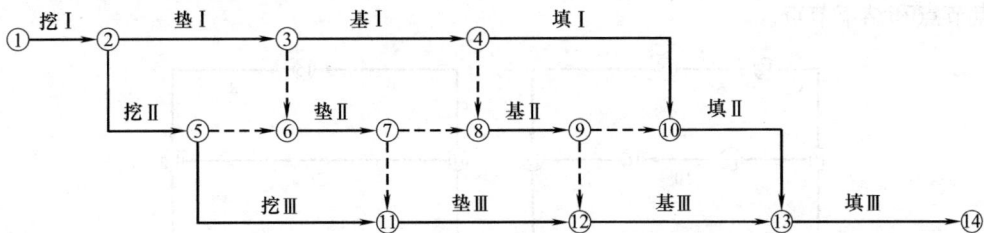

图 4.2-21　按施工段排列的双代号网络图

3）按楼层排列

按楼层排列是将同一楼层各施工过程按水平方向排列，同时将楼层按垂直方向排列。其特点是同一楼层的各施工过程在一条水平线上，突出了各楼层的利用情况。例如某工程共 4 层，每层包括地面、天棚、内墙、门窗 4 个施工过程，则双代号网络图如图 4.2-22 所示。

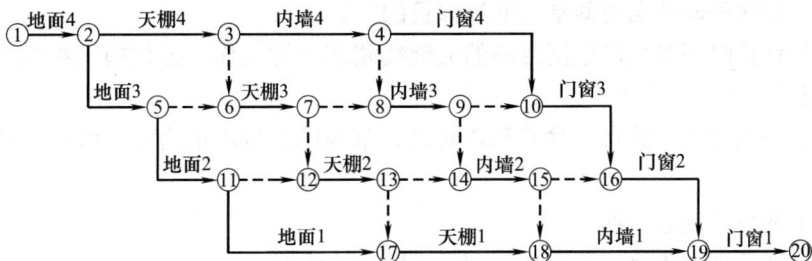

图 4.2-22　按楼层排列的双代号网络图

4）混合排列

绘制单位工程网络计划等复杂网络计划时，可采用以某一种排列方式为主的混合排列方式，如图 4.2-23 所示。

2. 双代号网络图的合并

为了简化网络图，可以将某些相对独立的网络图组成部分合并成只有少量箭线的简单网络图。网络图合并（或简化）时，必须满足下述两条原则：

1）用一条箭线代替原网络图中某一组成部分时，该箭线的长度（工作持续时间）应为"被简化部分网络图"中最长的线路长度，合并后网络图的总工期应等于合并前网络图的总工期，如图 4.2-24 所示。

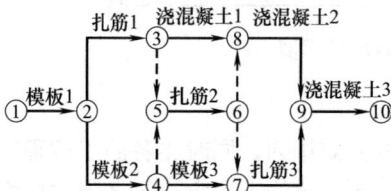

图 4.2-23 混合排列的双代号网络图

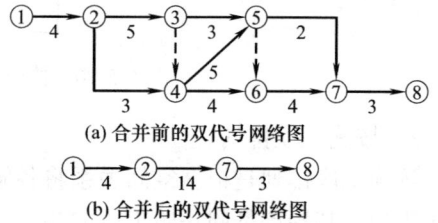

图 4.2-24 网络图的合并（一）

2）合并后的网络图仍满足网络图的绘制要求。如图 4.2-25 所示的网络图合并后保持起点节点和结束节点。

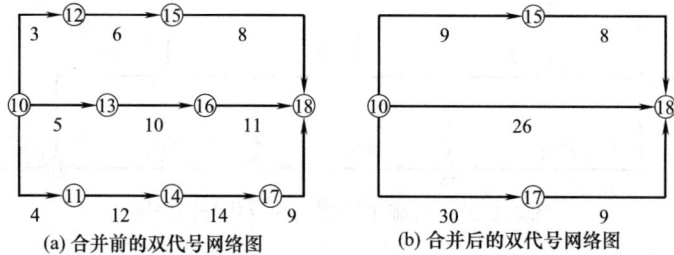

图 4.2-25 网络图的合并（二）

4.3 双代号网络计划时间参数的计算

4.3.1 双代号网络图时间参数的计算目的

1）通过计算时间参数确定网络图的关键线路和关键工作，抓住施工组织和管理的主要矛盾，服务施工进度管理。

2）计算非关键工作的自由时差和总时差，掌握施工进度的潜力，统筹安排，部署施工资源。

3）确定网络图的总工期。

4）为网络计划的优化、调整和管理提供明确的依据。

4.3.2 双代号网络图时间参数的基本概念

1. 工作持续时间（D_{i-j}）

工作持续时间是指一项工作从开始到完成的时间。在双代号网络图中用 D_{i-j} 表示。

2. 工期

工期是指完成施工任务所需要的时间。工期一般包括以下三种：

1）计算工期。计算工期是根据网络计划的时间参数计算而得到的工期，用 T_c 表示。

2）要求工期。要求工期是指任务委托人（建设单位）所要求的工期，用 T_r 表示，一般通过合同进行确定。

3）计划工期。计划工期是根据计算工期和要求工期所确定的可作为施工管理目标的工期，用 T_p 表示。网络计划的计划工期应按照下列方法进行确定：

（1）当已经规定了要求工期时，计划工期不应超过要求工期，即：

$$T_p \leqslant T_r \tag{4.3-1}$$

（2）当未规定要求工期时，可令计划工期等于计算工期，即：

$$T_p = T_c \tag{4.3-2}$$

4.3.3 双代号网络图时间参数的计算内容

根据《网络计划技术 第1部分：常用术语》GB/T 13400.1—2012 和《工程网络计划技术规程》JGJ/T 121—2015，双代号网络图的时间参数计算包括以下内容：

1. 节点时间（Event Time）

逐一计算每个节点的最早时间和最迟时间，同时可得到网络图的计算工期。节点最早时间（Earliest Event Time）是指在双代号网络图中，以该节点为开始节点（箭尾节点）的各项工作的最早开始时间；节点最迟时间（Latest Event Time）是指在双代号网络图中，以该节点为完成节点（箭头节点）的各项工作的最迟完成时间。节点时间参数的符号表达式如下：

ET_i——i 节点的最早时间；

LT_i——i 节点的最迟时间。

2. 工作时间

1）最早开始时间（Earliest Start Time）

工作最早开始时间是指在其所有紧前工作全部完成和有关时限约束下，本工作有可能开始的最早时间，用 ES_{i-j} 表示。

2）最早完成时间（Earliest Finish Time）

工作最早完成时间是指在其所有紧前工作全部完成和有关时限约束下，本工作有可能完成的最早时间，用 EF_{i-j} 表示。

3）最迟开始时间（Latest Start Time）

工作最迟开始时间是指在不影响任务按期完成和有关时限约束下，本工作最迟必须开始的时间，用 LS_{i-j} 表示。

4）最迟完成时间（Latest Finish Time）

工作最迟完成时间是指在不影响任务按期完成和有关时限约束下，本工作最迟必须完成的时间，用 LF_{i-j} 表示。

3. 时差

1）总时差（Total Float）

总时差是指在不影响工期和有关时限的前提下，本工作可以利用的机动时间，用 TF_{i-j} 表示。总时差有如下特性：

（1）凡是总时差为最小的工作就是关键工作；由关键工作连接构成的线路为关键线路；关键线路上各工作时间总和就是总工期。

（2）当网络计划的计划工期等于计算工期时，凡总时差大于零的工作为非关键工作，凡是具有非关键工作的线路就是非关键线路。非关键线路与关键线路相交时的相关节点把非关键线路划分成若干个非关键线路段，各段有各段的总时差，相互没有关系。

（3）总时差的使用具有双重性，它既可以被该工作使用，但又属于某非关键线路。当某项工作使用了全部或部分总时差时，则将引起通过该工作的线路上所有工作总时差重新分配。

2）自由时差（Free Float）

自由时差是指在不影响其紧后工作最早开始和有关时限的前提下，本工作可以利用的机动时间，用 FF_{i-j} 表示。自由时差有如下特性：

（1）自由时差为某非关键工作独立使用的机动时间，利用自由时差不会影响其紧后工作的最早开始时间。

（2）非关键工作的自由时差必小于等于其总时差。

4.3.4　时间参数的计算方法

双代号网络计划时间参数的计算方法很多，常用的有按工作计算法和按节点计算法；在计算方式上有分析计算法、表上计算法、图上计算法、矩阵计算法和标号法等。

1. 分析计算法

分析计算法是根据各项时间参数计算公式，列式计算时间参数。

1）节点时间参数计算

（1）节点最早时间

节点 i 的最早时间 ET_i 应从网络计划的起点节点开始，顺着箭线方向，依次逐项计算，并应符合下列规定：

① 起点节点 i 如未规定最早时间，其值等于零，即：

$$ET_i = 0 \ (i=1) \tag{4.3-3}$$

② 当节点 j 只有一条内向箭线时，其最早时间为：

$$ET_j = ET_i + D_{i-j} \tag{4.3-4}$$

③ 当节点 j 有多条内向箭线时，其最早时间为：

$$ET_j = \max\{ET_i + D_{i-j}\} \tag{4.3-5}$$

（2）节点最迟时间

节点 i 的最迟时间 LT_i 应从网络计划的终点节点开始，逆着箭线方向，依次逐项计算，并应符合下列规定：

① 终点节点 n 的最迟时间应按网络计划的计算工期 T_c 确定，即：

$$LT_n = T_c \tag{4.3-6}$$

② 其他节点 i 最迟时间为：

$$LT_i = \min\{LT_j - D_{i-j}\} \tag{4.3-7}$$

节点最早时间和最迟时间的计算规律，如图 4.3-1 所示。

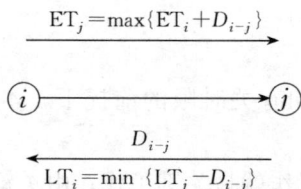

图 4.3-1　节点时间参数计算规律示意图

2）工作时间参数的计算

工作时间参数计算是以工作为对象，网络图中所有工作（包括虚工作）都应进行时间参数计算。

（1）工作最早开始时间

工作 i-j 最早开始时间 ES_{i-j} 应从网络计划的起点节点开始，顺着箭线方向依次逐项计算。

$$ES_{i-j} = ET_i \qquad (4.3\text{-}8)$$

（2）工作最早完成时间

$$EF_{i-j} = ES_{i-j} + D_{i-j} \qquad (4.3\text{-}9)$$

（3）工作最迟完成时间

工作 i-j 最迟完成时间 LF_{i-j} 应从网络计划的终点节点开始，逆着箭线方向依次逐项计算。

$$LF_{i-j} = LT_j \qquad (4.3\text{-}10)$$

（4）工作最迟开始时间

$$LS_{i-j} = LF_{i-j} - D_{i-j} \qquad (4.3\text{-}11)$$

（5）总时差

$$TF_{i-j} = LT_j - ET_i - D_{i-j} = LF_{i-j} - EF_{i-j} = LS_{i-j} - ES_{i-j} \qquad (4.3\text{-}12)$$

由式（4.3-12）可知，工作 i-j 可以利用的最大时间范围为 $LT_j - ET_i$，其总时差可能有 3 种情况：

① $LT_j - ET_i > D_{i-j}$，即 $TF_{i-j} > 0$，说明该工作存在机动时间，为非关键工作；

② $LT_j - ET_i = D_{i-j}$，即 $TF_{i-j} = 0$，说明该工作不存在机动时间，为关键工作；

③ $LT_j - ET_i < D_{i-j}$，即 $TF_{i-j} < 0$，说明该工作存在负时差，计算工期大于计划工期，存在无法按照合同期限完成施工任务的风险，应采取措施予以调整，确保计划工期得以实现。

（6）自由时差

$$FF_{i-j} = ET_j - ET_i - D_{i-j} = ET_j - EF_{i-j} \qquad (4.3\text{-}13)$$

由式（4.3-13）可知，工作 i-j 可以自由利用的最大时间范围为 $ET_j - ET_i$，其自由时差可能有 3 种情况：

① $ET_j - ET_i > D_{i-j}$，即 $FF_{i-j} > 0$，说明该工作存在自由利用的机动时间；

② $ET_j - ET_i = D_{i-j}$，即 $FF_{i-j} = 0$，说明该工作不存在自由利用的机动时间；

③ $ET_j - ET_i < D_{i-j}$，即 $FF_{i-j} < 0$，说明该工作存在负时差，计算工期大于计划工期，存在无法按照合同期限完成施工任务的风险，应采取措施予以调整，确保计划工期得以实现。

工作的自由时差是总时差的构成部分，应小于等于总时差。

3）关键工作和关键线路的确定

网络计划中，总时差最小的工作应为关键工作。当计划工期等于计算工期时，总时差为零（TF=0）的工作为关键工作。在网络图中，自始至终全部由关键工作组成的线路或持续时间最长的线路应为关键线路。关键线路上可能存在虚工作，关键线路上各项工作持续时间总和等于网络计划的计算工期。

【例 4.3-1】 某双代号网络图如图 4.3-2 所示，试用分析计算法计算各项时间参数，并确定关键线路。

【解】 （1）计算 ET_j。由式（4.3-3）～式（4.3-5）可得：

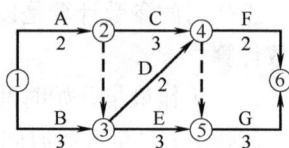

图 4.3-2 双代号网络图

$ET_1=0$，$ET_2=ET_1+D_{1\text{-}2}=0+2=2$，

$$ET_3=\max\begin{cases}ET_2+D_{2\text{-}3}\\ET_1+D_{1\text{-}3}\end{cases}=\max\begin{cases}2+0\\0+3\end{cases}=3$$

$$ET_4=\max\begin{cases}ET_2+D_{2\text{-}4}\\ET_3+D_{3\text{-}4}\end{cases}=\max\begin{cases}2+3\\3+2\end{cases}=5$$

$$ET_5=\max\begin{cases}ET_4+D_{4\text{-}5}\\ET_3+D_{3\text{-}5}\end{cases}=\max\begin{cases}5+0\\3+3\end{cases}=6$$

$$ET_6=\max\begin{cases}ET_4+D_{4\text{-}6}\\ET_5+D_{5\text{-}6}\end{cases}=\max\begin{cases}5+2\\6+3\end{cases}=9$$

（2）计算 LT_i。由式（4.3-6）、式（4.3-7）可得：

$$LT_6=ET_6=9$$

$$LT_5=LT_6-D_{5\text{-}6}=9-3=6$$

$$LT_4=\min\begin{cases}LT_6-D_{4\text{-}6}\\LT_5-D_{4\text{-}5}\end{cases}=\min\begin{cases}9-2\\6-0\end{cases}=6$$

$$LT_3=\min\begin{cases}LT_4-D_{3\text{-}4}\\LT_5-D_{3\text{-}5}\end{cases}=\min\begin{cases}6-2\\6-3\end{cases}=3$$

$$LT_2=\min\begin{cases}LT_4-D_{2\text{-}4}\\LT_3-D_{2\text{-}3}\end{cases}=\min\begin{cases}6-3\\3-0\end{cases}=3$$

$$LT_1=\min\begin{cases}LT_2-D_{1\text{-}2}\\LT_3-D_{1\text{-}3}\end{cases}=\min\begin{cases}3-2\\3-3\end{cases}=0$$

（3）计算 $ES_{i\text{-}j}$、$EF_{i\text{-}j}$、$LF_{i\text{-}j}$、$LS_{i\text{-}j}$。由式（4.3-8）～式（4.3-11）可得：

工作 1-2：$ES_{1\text{-}2}=ET_1=0$，$EF_{1\text{-}2}=ES_{1\text{-}2}+D_{1\text{-}2}=0+2=2$，

$LF_{1\text{-}2}=LT_2=3$，$LS_{1\text{-}2}=LF_{1\text{-}2}-D_{1\text{-}2}=3-2=1$；

工作 1-3：$ES_{1\text{-}3}=ET_1=0$，$EF_{1\text{-}3}=ES_{1\text{-}3}+D_{1\text{-}3}=0+3=3$，

$LF_{1\text{-}3}=LT_3=3$，$LS_{1\text{-}3}=LF_{1\text{-}3}-D_{1\text{-}3}=3-3=0$；

工作 2-4：$ES_{2\text{-}4}=ET_2=2$，$EF_{2\text{-}4}=ES_{2\text{-}4}+D_{2\text{-}4}=2+3=5$，

$LF_{2\text{-}4}=LT_4=6$，$LS_{2\text{-}4}=LF_{2\text{-}4}-D_{2\text{-}4}=6-3=3$；

工作 3-4：$ES_{3\text{-}4}=ET_3=3$，$EF_{3\text{-}4}=ES_{3\text{-}4}+D_{3\text{-}4}=3+2=5$，

$LF_{3\text{-}4}=LT_4=6$，$LS_{3\text{-}4}=LF_{3\text{-}4}-D_{3\text{-}4}=6-2=4$；

工作 3-5：$ES_{3\text{-}5}=ET_3=3$，$EF_{3\text{-}5}=ES_{3\text{-}5}+D_{3\text{-}5}=3+3=6$，

$LF_{3\text{-}5}=LT_5=6$，$LS_{3\text{-}5}=LF_{3\text{-}5}-D_{3\text{-}5}=6-3=3$；

工作 4-6：$ES_{4\text{-}6}=ET_4=5$，$EF_{4\text{-}6}=ES_{4\text{-}6}+D_{4\text{-}6}=5+2=7$，

$LF_{4\text{-}6}=LT_6=9$，$LS_{4\text{-}6}=LF_{4\text{-}6}-D_{4\text{-}6}=9-2=7$；

工作 5-6：$ES_{5-6}=ET_5=6$，$EF_{5-6}=ES_{5-6}+D_{5-6}=6+3=9$，

$LF_{5-6}=LT_6=9$，$LS_{5-6}=LF_{5-6}-D_{5-6}=9-3=6$

（4）计算 TF_{i-j} 和 FF_{i-j}。由式（4.3-12）、式（4.3-13）可得：

工作 1-2：$TF_{1-2}=LS_{1-2}-ES_{1-2}=LF_{1-2}-EF_{1-2}=1-0=3-2=1$，

$FF_{1-2}=ET_2-EF_{1-2}=2-2=0$；

工作 1-3：$TF_{1-3}=LS_{1-3}-ES_{1-3}=LF_{1-3}-EF_{1-3}=0-0=3-3=0$，

$FF_{1-3}=ET_3-EF_{1-3}=3-3=0$；

工作 2-4：$TF_{2-4}=LS_{2-4}-ES_{2-4}=LF_{2-4}-EF_{2-4}=3-2=6-5=1$，

$FF_{2-4}=ET_4-EF_{2-4}=5-5=0$；

工作 3-4：$TF_{3-4}=LS_{3-4}-ES_{3-4}=LF_{3-4}-EF_{3-4}=4-3=6-5=1$，

$FF_{3-4}=ET_4-EF_{3-4}=5-5=0$；

工作 3-5：$TF_{3-5}=LS_{3-5}-ES_{3-5}=LF_{3-5}-EF_{3-5}=3-3=6-6=0$，

$FF_{3-5}=ET_5-EF_{3-5}=6-6=0$；

工作 4-6：$TF_{4-6}=LS_{4-6}-ES_{4-6}=LF_{4-6}-EF_{4-6}=7-5=9-7=2$，

$FF_{4-6}=ET_6-EF_{4-6}=9-7=2$；

工作 5-6：$TF_{5-6}=LS_{5-6}-ES_{5-6}=LF_{5-6}-EF_{5-6}=6-6=9-9=0$，

$FF_{5-6}=ET_6-EF_{5-6}=9-9=0$；

（5）确定关键工作和关键线路

根据 $TF_{i-j}=0$，工作 1-3、3-5、5-6 为关键工作，所组成的线路（1→3→5→6）为关键线路。

（6）确定网络计划总工期

$T_c=LT_n=9d$。

2. 表上计算法

表上计算法是将各工作的时间参数列成表格来计算，这种方式逐行逐列显示各工作的时间参数，直观便捷，易于修改调整。

【例 4.3-2】 试用表上计算法计算图 4.3-2 所示双代号网络图各项时间参数，并确定关键线路。

【解】 该网络计划时间参数如表 4.3-1 所示，线路（1→3→5→6）为关键线路。

各工作时间参数计算表　　　　　　　　　　　　表 4.3-1

工作名称	时间参数									
	ET_i ①	D_{i-j} ②	ET_j ③	LT_j ④	ES_{i-j} ⑤=①	EF_{i-j} ⑥=①+②	LF_{i-j} ⑦=④	LS_{i-j} ⑧=⑦-②	TF_{i-j} ⑨ =⑧-⑤	FF_{i-j} ⑩=③-①-②
A	0	2	2	3	0	2	3	1	1	0
B	0	3	3	3	0	3	3	0	0	0
C	2	3	5	6	2	5	6	3	1	0
D	3	2	5	6	3	5	6	4	1	0
E	3	3	6	6	3	6	6	3	0	0
F	5	2	9	9	5	7	9	7	2	2
G	6	3	9	9	6	9	9	6	0	0

3. 图上计算法

图上计算法简称图算法，是指按照工作各项时间参数的计算公式，直接在网络图上计算时间参数的方法。计算过程和计算结果在图上直接标注，不需要列出计算公式，简单快捷，同时也便于检查和修改，应用非常广泛。

1）各种时间参数在图上的标注方法

节点时间参数通常标注在节点的上方或下方。工作时间参数通常标注在工作箭线的上方或左侧，如图 4.3-3 所示。

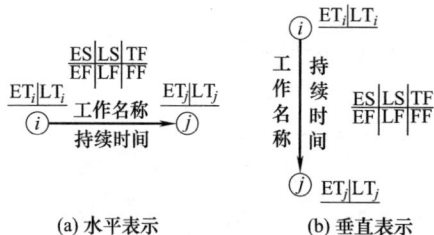

图 4.3-3　双代号网络图时间参数标注方法

2）图上计算法基本步骤

（1）在图上分别计算各节点的最早时间 ET 和最迟时间 LT。

① 起点节点的最早时间一般记为 0。其余节点的最早时间也可采用"沿线累加，逢圈取大"的计算方法求得。将计算结果标注在箭线上方各工作图例对应的位置。

② 终点节点的最迟时间等于计划工期。当网络计划有规定工期时，其最迟时间就等于规定工期；当没有规定工期时，其最迟时间就等于终点节点的最早时间。其余节点的最迟时间也可采用"逆线累减，逢圈取小"的计算方法求得。

③ 将计算结果标注在相应节点图例对应的位置上。

（2）在图上分别计算各工作的最早开始时间 ES_{i-j} 和最早完成时间 EF_{i-j}。

① 以起点节点为开始节点的工作，其最早开始时间一般记为 0。其余工作的最早开始时间可采用"沿线累加，逢圈取大"的计算方法求得。即从网络图的起点节点开始，沿着每一条线路将各工作的作业时间累加起来，在每一个圆圈（节点）处，取到达该圆圈的各条线路累计时间的最大值，就是以该节点为开始节点的各工作的最早开始时间。

② 工作的最早完成时间等于该工作的最早开始时间与本工作持续时间之和。

③ 将计算结果标注在箭线上方各工作图例对应的位置上。

（3）在图上分别计算各工作的最迟开始时间 LS_{i-j} 和最迟完成时间 LF_{i-j}。

① 以终点节点为完成节点的工作，其最迟完成时间等于计划工期。其余工作的最迟完成时间可采用"逆线累减，逢圈取小"的计算方法求得。即从网络图的终点节点开始，逆着每条线路将计划工期依次减去各工作的持续时间，在每一个圆圈处取后续线路累减时间的最小值，就是以该节点为完成节点的各工作的最迟完成时间。

② 工作的最迟开始时间等于该工作最迟完成时间与本工作持续时间之差。

③ 将计算结果标注在箭线上方各工作图例对应的位置上。

（4）在图上分别计算各工作的总时差 TF_{i-j} 和自由时差 FF_{i-j}。

① 工作的总时差可采用"迟早相减，所得之差"的计算方法求得。即工作的总时差等于该工作的最迟开始时间减去工作的最早开始时间，或者等于该工作的最迟完成时间减去工作的最早完成时间。

② 工作的自由时差等于紧后工作的最早开始时间减去本工作的最早完成时间。若有多个紧后工作，则取各项紧后工作最早开始时间的最小值减去本工作的最早完成时间。

③ 将计算结果标注在箭线上方各工作图例对应的位置上。

（5）判断关键工作和关键线路，用粗实线或双线标在图上。

（6）确定网络计划总工期，标在图上。

【例 4.3-3】 试用图上计算法计算图 4.3-2 所示双代号网络图各项时间参数，并确定关键线路。

【解】 计算结果如图 4.3-4 所示，线路（1→3→5→6）为关键线路。

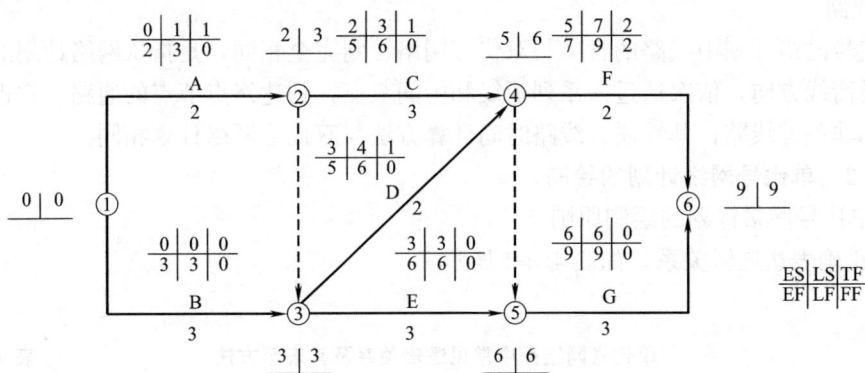

图 4.3-4 图上计算法

4. 标号法

标号法是一种可以快速确定关键线路和工期的方法，通过计算节点的最早时间来确定关键线路和工期并编号，然后利用标号值确定网络计划的计算工期和关键线路。

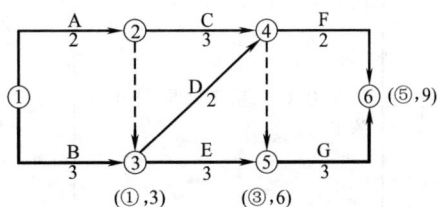

图 4.3-5 标号法确定关键线路和关键工作

【例 4.3-4】 试用标号法计算图 4.3-2 所示双代号网络图各项时间参数，并确定关键线路。

【解】 计算结果如图 4.3-5 所示，计算工期为 9d，线路（1→3→5→6）为关键线路。

4.4 单代号网络计划

为了正确表达各项工作之间的逻辑关系，双代号网络计划引入了虚工作，虚工作的绘制和时间参数计算过程繁琐。在单代号网络计划中由节点表示工作，箭线表示工作之间的逻辑关系，从而解决了双代号网络计划中存在虚箭线的问题。

4.4.1 单代号网络计划的构成要素

单代号网络计划由节点、箭线和线路三个基本要素组成。

1. 节点

图 4.4-1 单代号网络计划节点表示法

单代号网络计划中，通常将节点画成圆圈或方框，圆圈或方框内可根据需要填写工作相关信息，如节点编号、工作名称和持续时间等，如图 4.4-1 所示。

单代号网络计划中节点编号用一个单独编号表示一项工作，编号原则与双代号网络计划相同，应从小到大、从左到右，箭头节点编号大于箭尾节点编号；一项工作只能有一个编号，不得重复。

2. 箭线

单代号网络计划中，箭线既不占用时间，也不消耗资源，只表示工作之间的逻辑关系。箭线应画成水平直线、折线或斜线，箭线的箭头指向为工作进行方向，箭尾节点所表示的工作为箭头节点所表示工作的紧前工作。单代号网络计划中没有虚箭线。

3. 线路

单代号网络计划中线路的含义与双代号网络计划完全相同，是指从网络计划的起点节点开始沿箭线方向，依次通过一系列箭线和中间节点，到达终点节点的通路。它也包括关键线路和非关键线路，其性质、线路时间计算方法与双代号网络计划相同。

4.4.2 单代号网络计划的绘制

1. 单代号网络计划的绘制原则

1）正确表达逻辑关系，如表 4.4-1 所示。

单代号网络图中常见逻辑关系及其表示方法　　　　　　　　　　表 4.4-1

序号	逻辑关系	表示方法
1	A、B、C 三项工作同时开始施工	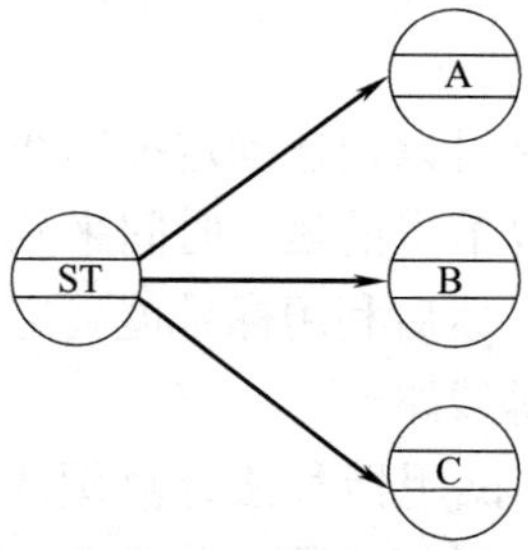
2	A、B、C 三项工作依次开始施工	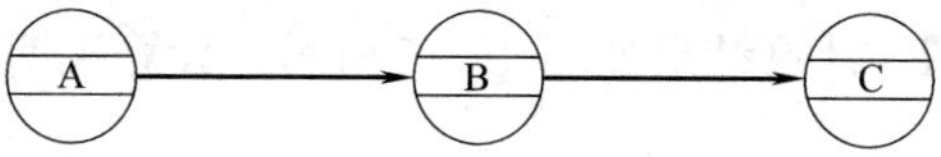
3	A 工作完成后 B、C 工作开始施工	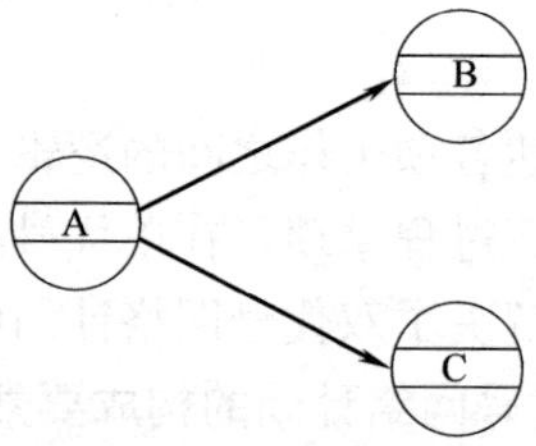
4	A、B 工作完成后 C 工作开始施工	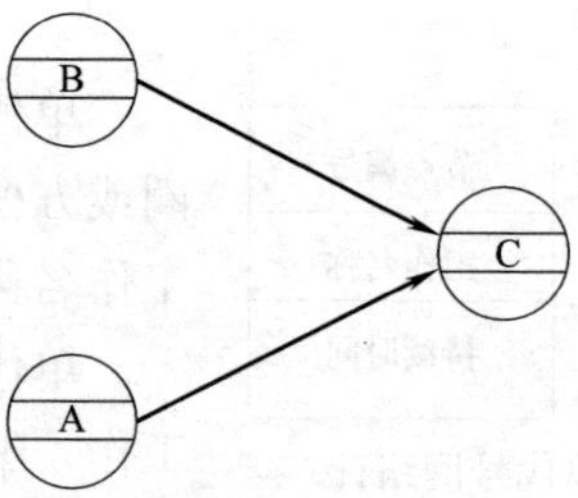

序号	逻辑关系	表示方法
5	A、B 工作完成后 C、D 工作开始施工	
6	A 工作完成后 D 工作开始施工；A、B 工作完成后 E 工作开始施工；A、B、C 工作完成后 F 工作开始施工	
7	A、B 工作完成后 D 工作开始施工；B、C 工作完成后 E 工作开始施工	
8	A 工作完成后 C 工作开始施工；B 工作完成后 E 工作开始施工；A、B 工作完成后 D 工作开始施工	
9	A、D 工作同时开始施工，B 工作为 A 工作的紧后工作；B、D 工作完成后 C 工作开始施工	

续表

序号	逻辑关系	表示方法
10	A、B、C 三项工作划分三个施工段,流水施工	
11	A、B工作完成后 D 工作开始施工;A、B、C 工作完成后 E 工作开始施工;D、E 工作完成后 F 开始施工工作	

2）严禁出现回路。

3）严禁出现双向箭头或没有箭头的箭线。

4）严禁出现没有箭尾节点的箭线或没有箭头节点的箭线。

5）单代号网络计划中,箭线不宜交叉,当交叉不可避免时,可采用过桥法或增设虚拟节点法,如图 4.4-2 和图 4.4-3 所示。

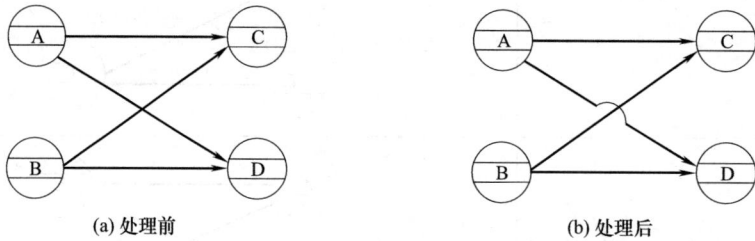

(a) 处理前　　　　　　　　(b) 处理后

图 4.4-2　过桥法处理交叉箭线

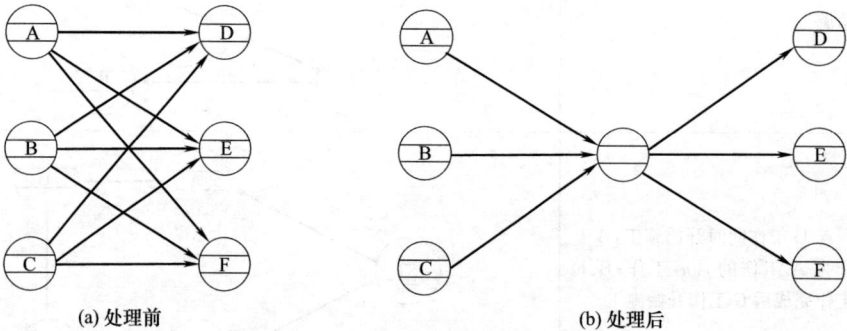

(a) 处理前　　　　　　　　(b) 处理后

图 4.4-3　虚拟节点法处理交叉箭线

6）单代号网络计划应只有一个起点节点和一个终点节点。当网络计划中有多个起点节点或多个终点节点时，应在网络计划的两端分别增设一个虚拟节点，作为该网络计划的起点节点和终点节点，如图 4.4-4 所示。

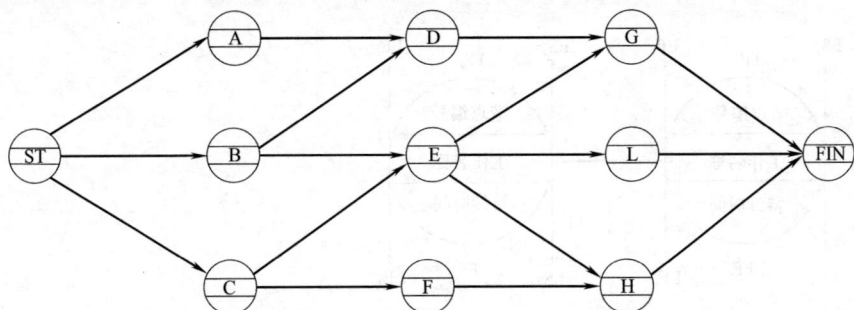

图 4.4-4　单代号网络计划（带虚拟起点节点和结束节点）

2. 单代号网络计划的绘制方法

单代号网络计划的绘制应从左向右逐个处理各工作的逻辑关系，只有紧前工作都处理完毕后，才能处理本工作，使其与紧前工作相连，由起点节点开始至终点节点结束。绘制完成后要检查网络计划中逻辑关系表达是否正确，是否符合绘图规则，发现问题及时调整纠正。此外单代号网络计划在布图方法和排列方法上同网络计划基本一致，尽量使图面布局合理，层次清晰，重点突出。

【例 4.4-1】 已知各工作之间的逻辑关系如表 4.4-2 所示，试绘制单代号网络计划。

工作逻辑关系表　　　　　　　　　　　　　表 4.4-2

工作	A	B	C	D	E	F	G	H
紧前工作	—	—	—	—	A、B	B、C、D	C、D	E、F、G
持续时间(d)	3	2	3	5	4	3	4	1

【解】 单代号网络计划绘制结果，如图 4.4-5 所示。

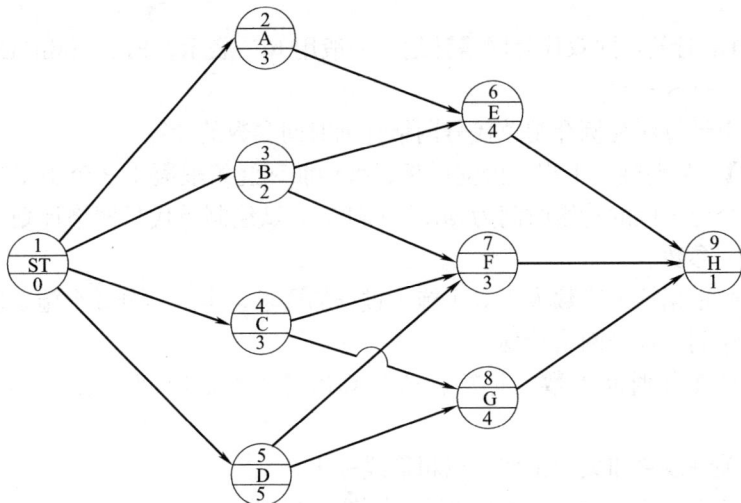

图 4.4-5　单代号网络计划

4.4.3 单代号网络计划时间参数的计算

单代号网络计划时间参数计算的内容、方法和顺序等均与双代号网络计划的时间参数计算相同。单代号网络计划时间参数在网络计划上的表示方法，如图 4.4-6 所示。

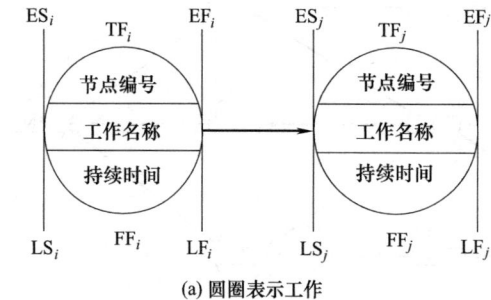

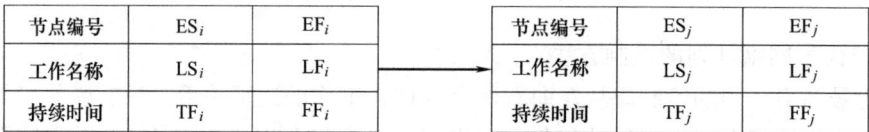

(a) 圆圈表示工作

节点编号	ES_i	EF_i		节点编号	ES_j	EF_j
工作名称	LS_i	LF_i		工作名称	LS_j	LF_j
持续时间	TF_i	FF_i		持续时间	TF_j	FF_j

(b) 方框表示工作

图 4.4-6　单代号网络计划时间参数的表示方法

1）工作最早开始时间：同双代号网络计划，一般用 ES_i 表示，且规定 $ES_1 = 0$。

2）工作最早完成时间：同双代号网络计划，一般用 EF_i 表示，$EF_i = ES_i + D_i$。

3）工作最迟开始时间：同双代号网络计划，一般用 LS_i 表示，$LS_i = LF_i - D_i$。

4）工程最迟完成时间：同双代号网络计划，一般用 LF_i 表示，且规定：

（1）若无计划工期，则终点节点的最迟完成时间等于计算工期，即 $LF_n = T_c$；

（2）若有计划工期，则终点节点的最迟完成时间等于计划工期，即 $LF_n = T_p$。

5）工作总时差：同双代号网络计划，一般用 TF_i 表示，$TF_i = LS_i - ES_i$ 或 $TF_i = LF_i - EF_i$。

6）工作自由时差：同双代号网络计划，一般用 FF_i 表示，$FF_i = \min\{ES_j - EF_i\}$ 或 $FF_i = \min\{ES_j - ES_i - D_i\}$。

这里以图上计算法为例介绍单代号网络计划时间参数的计算。

【例 4.4-2】　某混凝土工程，由支模板、绑钢筋和浇筑混凝土 3 个施工过程组成。各施工过程在每个施工段的持续时间为 4d、3d 和 5d。试绘制单代号网络计划，并按照图上计算法计算时间参数。

【解】　（1）根据施工段数大于等于施工过程的要求，本题划分 3 个施工段。根据各工作的逻辑关系绘制单代号网络计划。

（2）利用各工作时间参数的计算公式计算出各工作的时间参数，并标注在网络计划上。

（3）判断关键线路和关键工作，以粗箭线标出。

（4）确定工期。$T_c = 22d$。计算结果，如图 4.4-7 所示。

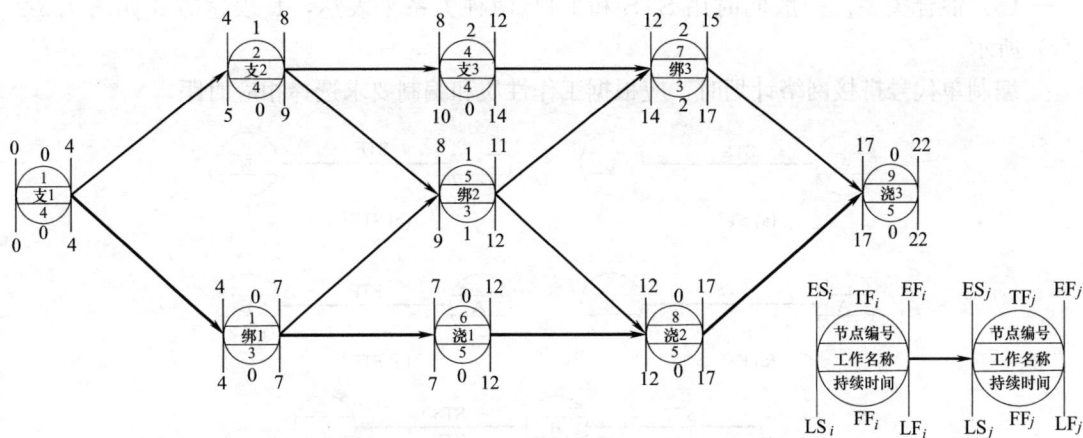

图 4.4-7 单代号网络计划时间参数计算

4.5 单代号搭接网络计划

工程实践中，各工作之间的搭接关系是广泛存在的，施工进度计划图中应能够正确表达这种关系。然而双代号网络计划和单代号网络计划都只能表示工作之间的逻辑关系，不能表达搭接关系，只能将前一项工作进行分段处理，以满足工作面的要求，这将造成网络计划绘制和调整过程非常复杂。单代号搭接网络计划把前后连续作业的工作相互搭接起来进行，即前一项工作提供了一定工作面后，后一工作即可及时插入施工（不必等前一项工作全部完成再开始），同时用不同时距表达不同的搭接关系，如图 4.5-1 所示。

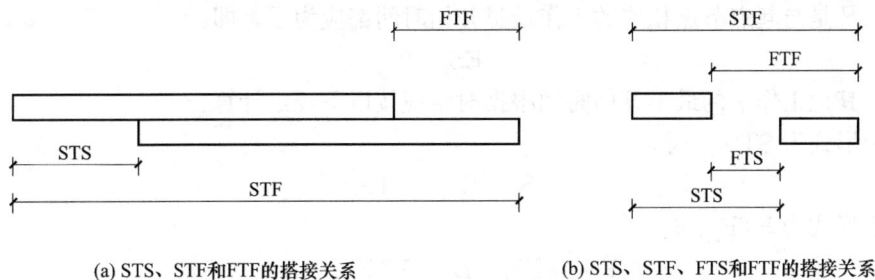

(a) STS、STF 和 FTF 的搭接关系　　　　(b) STS、STF、FTS 和 FTF 的搭接关系

图 4.5-1 单代号搭接网络计划的搭接关系

4.5.1 单代号搭接网络计划中搭接关系的表示方法

单代号搭接网络计划中，各项工作之间的逻辑关系通过相邻工作开始或结束之间一个规定的时间来体现，这个规定的时间称为时距。时距是指按照工艺条件、工作性质等特点规定的相邻工作之间的约束条件，单代号搭接网络计划中时距共有以下 5 种，如图 4.5-2 所示：

（1）开始到开始关系，用 STS 表示，其表达方式如图 4.5-2（a）所示；
（2）开始到结束关系，用 STF 表示，其表达方式如图 4.5-2（b）所示；
（3）结束到开始关系，用 FTS 表示，其表达方式如图 4.5-2（c）所示；
（4）结束到结束关系，用 FTF 表示，其表达方式如图 4.5-2（d）所示；

（5）混合关系。一般同时用 STS 和 FTF 两种关系来表达，其表达方式如图 4.5-2（e）所示。

编制单代号搭接网络计划时，应根据工作性质和编制要求选择相应时距。

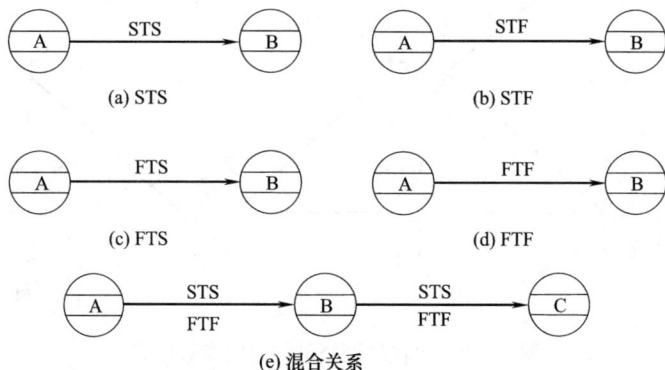

图 4.5-2 单代号搭接网络计划搭接关系表达方式

4.5.2 单代号搭接网络计划时间参数计算

单代号搭接网络计划时间参数计算的内容与单代号网络计划时间参数计算的内容相同，都需要计算工作时间参数和工作时差，但由于单代号搭接网络计划中工作具有不同形式的搭接关系，计算过程相对复杂，易错性较高。

1. 工作最早时间的计算

1）计算工作最早时间必须从起点节点开始逐项进行。只有紧前工作计算完毕，才能计算本工作。

2）计算最早时间应按以下步骤进行：

（1）凡是与起点节点相连的工作最早开始时间都应为零，即：

$$\mathrm{ES}_i = 0 \tag{4.5-1}$$

（2）其他工作 j 的最早开始时间根据时距应按以下规定计算：

时距形式为 $\mathrm{STS}_{i,j}$ 时，

$$\mathrm{ES}_j = \mathrm{ES}_i + \mathrm{STS}_{i,j} \tag{4.5-2}$$

时距形式为 $\mathrm{FTF}_{i,j}$ 时，

$$\mathrm{ES}_j = \mathrm{ES}_i + D_i + \mathrm{FTF}_{i,j} - D_j \tag{4.5-3}$$

时距形式为 $\mathrm{STF}_{i,j}$ 时，

$$\mathrm{ES}_j = \mathrm{ES}_i + \mathrm{STF}_{i,j} - D_j \tag{4.5-4}$$

时距形式为 $\mathrm{FTS}_{i,j}$ 时，

$$\mathrm{ES}_j = \mathrm{ES}_i + D_i + \mathrm{FTS}_{i,j} \tag{4.5-5}$$

3）计算工作最早时间，当出现最早开始时间为负值时，应将该工作与起点节点用虚箭线连接，并确定其时距为：

$$\mathrm{STS} = 0 \tag{4.5-6}$$

4）当某节点（工作）有多个紧前节点（工作）或与紧前节点（工作）混合搭接时，应分别计算多组最早开始时间，取其中最大值作为该节点（工作）的最早开始时间。

5）工作 j 的最早完成时间应按式（4.5-7）进行计算：

$$EF_j = ES_i + D_j \tag{4.5-7}$$

6) 有最早完成时间最大值的中间工作与终点节点应用虚箭线相连，并确定其时距为：

$$FTF = 0 \tag{4.5-8}$$

2. 工期计算

1) 单代号搭接网络计划的计算工期 T_c 由与终点节点相联系工作的最早完成时间的最大值确定。

2) 单代号搭接网络计划的计划工期 T_p 的确定与单代号网络计划、双代号网络计划相同。

3. 时差计算

1) 总时差（TF_i）

总时差的计算与单代号网络计划、双代号网络计划中总时差的计算相同，可用最迟开始时间减去最早开始时间或最迟完成时间减去最早完成时间求得。

2) 自由时差（FF_i）

自由时差的计算比较复杂，需按照不同的时距关系计算后取最小值，所以需要分别根据其与紧后工作的不同时距关系逐个进行计算。

如图 4.5-3 所示，当与唯一紧后工作关系为 STS 时，按式（4.5-2）计算，此时若出现 $ES_j > ES_i + STS_{i,j}$，则自由时差可按式（4.5-9）计算：

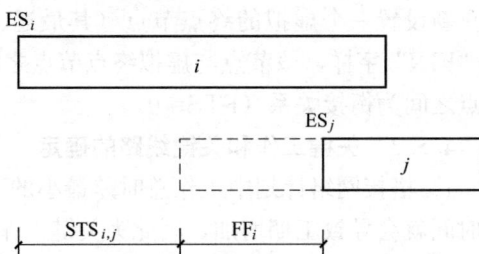

图 4.5-3 自由时差计算

$$FF_i = ES_j - (ES_i + STS_{i,j}) = ES_j - ES_i - STS_{i,j} \tag{4.5-9}$$

当与唯一紧后工作关系为 FTF 时，则自由时差可按式（4.5-10）计算：

$$FF_i = EF_j - EF_i - FTF_{i,j} \tag{4.5-10}$$

当与唯一紧后工作关系为 STF 时，则自由时差可按式（4.5-11）计算：

$$FF_i = EF_j - ES_i - STF_{i,j} \tag{4.5-11}$$

当与唯一紧后工作关系为 FTS 时，则自由时差可按式（4.5-12）计算：

$$FF_i = ES_j - EF_i - FTS_{i,j} \tag{4.5-12}$$

当工作有多项紧后工作时，该工作的自由时差将由各紧后工作计算值中的最小值确定，计算公式为：

$$FF_i = \begin{cases} ES_j - ES_i - STS_{i,j} \\ EF_j - EF_i - FTF_{i,j} \\ EF_j - ES_i - STF_{i,j} \\ ES_j - EF_i - FTS_{i,j} \end{cases} \tag{4.5-13}$$

4. 工作最迟时间计算

1) 在 STS 时距下，紧前工作最迟时间可通过式（4.5-14）和式（4.5-15）计算：

$$LS_i = LS_j - STS_{i,j} \tag{4.5-14}$$

$$LF_i = LS_i + D_i \tag{4.5-15}$$

2) 在 FTF 时距下，紧前工作最迟时间可通过式（4.5-16）和式（4.5-17）计算：

$$LF_i = LF_j - FTF_{i,j} \tag{4.5-16}$$

$$LS_i = LF_i - D_i \tag{4.5-17}$$

3）在 STF 时距下，紧前工作最迟时间可通过式（4.5-18）和式（4.5-19）计算：

$$LS_i = LF_j - STF_{i,j} \tag{4.5-18}$$

$$LF_i = LS_i + D_i \tag{4.5-19}$$

4）在 FTS 时距下，紧前工作最迟时间可通过式（4.5-20）和式（4.5-21）计算：

$$LF_i = LS_j - FTS_{i,j} \tag{4.5-20}$$

$$LS_i = LF_i - D_i \tag{4.5-21}$$

5）当某工作有多个紧后工作或与紧后工作混合搭接时，应分别计算并得到多组最迟完成时间，取其中最小值作为该工作的最迟完成时间。

6）当某工作最迟完成时间大于计划工期时，则取该工作的最迟完成时间为计划工期，并重新设置一个虚拟的终点节点（其最迟、最早完成时间均为计划工期），标明"完成"或"FIN"字样，该节点与虚拟终点节点之间用虚箭线连接，原来的终点节点与虚拟终点节点之间为衔接关系（FTS=0）。

4.5.3　关键工作和关键线路的确定

1）搭接网络计划中工作总时差最小的工作，其自由机动时间最小，如果延长工作持续时间就会导致工期增加，因此为关键工作。

2）搭接网络计划中，从起点节点开始总时差最小的工作，沿着时间间隔为零（LAG=0）的线路贯穿至终点节点，则该条线路为关键线路。

【例 4.5-1】　某工程单代号搭接网络计划如图 4.5-4 所示，节点中下方数字为该工作持续时间，试用分析计算法计算该单代号搭接网络计划时间参数。

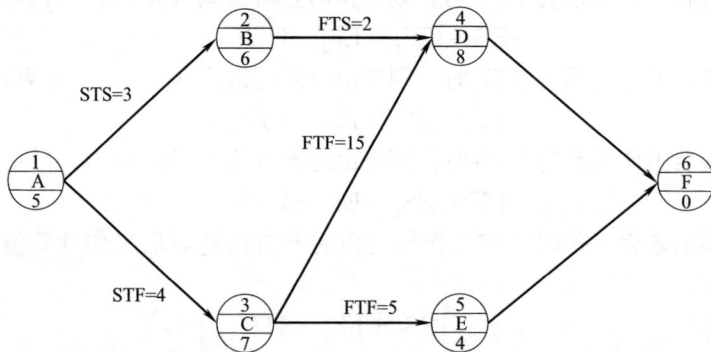

图 4.5-4　单代号搭接网络计划

【解】　（1）最早时间的计算

A：$ES_A = 0$，$EF_A = ES_A + D_A = 0 + 5 = 5$

B：$ES_B = ES_A + STS_{A,B} = 0 + 3 = 3$，$EF_B = ES_B + D_B = 3 + 6 = 9$

C：$ES_C = ES_A + STF_{A,C} - D_C = 0 + 4 - 7 = -3$

最早开始时间出现负值，应取 $ES_C = 0$，则 $EF_C = ES_C + D_C = 0 + 7 = 7$，应增加虚拟起点节点，并用虚箭线将开始节点与 A、C 连接，如图 4.5-5 所示。

$$D: ES_D = max \begin{Bmatrix} ES_B + D_B + FTS_{B,D} \\ ES_C + D_C + FTF_{C,D} - D_D \end{Bmatrix} = max \begin{Bmatrix} 3+6+2 \\ 0+7+15-8 \end{Bmatrix} = 14$$

$$EF_D = ES_D + D_D = 14+8 = 22$$

$$E: ES_E = ES_C + D_C + FTF_{C,E} - D_E = 0+7+5-4 = 8, \quad EF_E = ES_E + D_E = 8+4 = 12$$

$$F: ES_F = max \begin{Bmatrix} ES_D + D_D \\ ES_E + D_E \end{Bmatrix} = max \begin{Bmatrix} 14+8 \\ 8+4 \end{Bmatrix} = 22, \quad EF_F = ES_F + D_F = 22+0 = 22$$

（2）工期的计算

计算工期由与终点节点相连工作的最早完成时间最大值决定，即 $T_C = 22d$。

（3）最迟时间的计算

$F: LF_F = 22, \quad LS_F = LF_F - D_F = 22-0 = 22$

$E: LF_E = LS_F = 22, \quad LS_E = LF_E - D_E = 22-4 = 18$

$D: LF_D = LS_F = 22, \quad LS_D = LF_D - D_D = 22-8 = 14$

$$C: LF_C = min \begin{Bmatrix} LF_D - FTF_{C,D} \\ LF_E - FTF_{C,E} \end{Bmatrix} = min \begin{Bmatrix} 22-15 \\ 22-5 \end{Bmatrix} = 7, \quad LS_C = LF_C - D_C = 7-7 = 0$$

$B: LF_B = LS_D - FTS_{B,D} = 14-2 = 12, \quad LS_B = LF_B - D_B = 12-6 = 6$

$$A: LS_A = min \begin{Bmatrix} LS_B - STS_{A,B} \\ LF_C - STF_{A,C} \end{Bmatrix} = min \begin{Bmatrix} 6-3 \\ 7-4 \end{Bmatrix} = 3, \quad LF_A = LS_A + D_A = 3+5 = 8$$

（4）总时差的计算

$A: TF_A = LS_A - ES_A = 3-0 = 3$

$B: TF_B = LS_B - ES_B = 6-3 = 3$

$C: TF_C = LS_C - ES_C = 0-0 = 0$

$D: TF_D = LS_D - ES_D = 14-14 = 0$

$E: TF_E = LS_E - ES_E = 18-8 = 10$

$F: TF_F = LS_F - ES_F = 22-22 = 0$

（5）自由时差的计算

$$A: FF_A = min \begin{Bmatrix} ES_B - ES_A - STS_{A,B} \\ EF_C - ES_A - STF_{A,C} \end{Bmatrix} = min \begin{Bmatrix} 3-0-3 \\ 7-0-4 \end{Bmatrix} = 0$$

$B: FF_B = ES_D - EF_B - FTS_{B,D} = 14-9-2 = 3$

$$C: FF_C = min \begin{Bmatrix} EF_D - EF_C - FTF_{C,D} \\ EF_E - EF_C - FTF_{C,E} \end{Bmatrix} = min \begin{Bmatrix} 22-7-15 \\ 12-7-5 \end{Bmatrix} = 0$$

$D: FF_D = ES_F - EF_D = 22-22 = 0$

$E: FF_E = ES_F - EF_E = 22-12 = 10$

$F: FF_F = T_C - EF_F = 22-22 = 0$

（6）同双代号网络图一样，总时差为最小值的工作是关键工作。当计划工期等于计算工期时，总时差最小值为零，则总时差为零的工作就是关键工作。将各项工作时间参数标注在单代号网络计划上，由关键工作所组成的线路就是关键线路，用粗箭线标出，如图 4.5-5 所示。

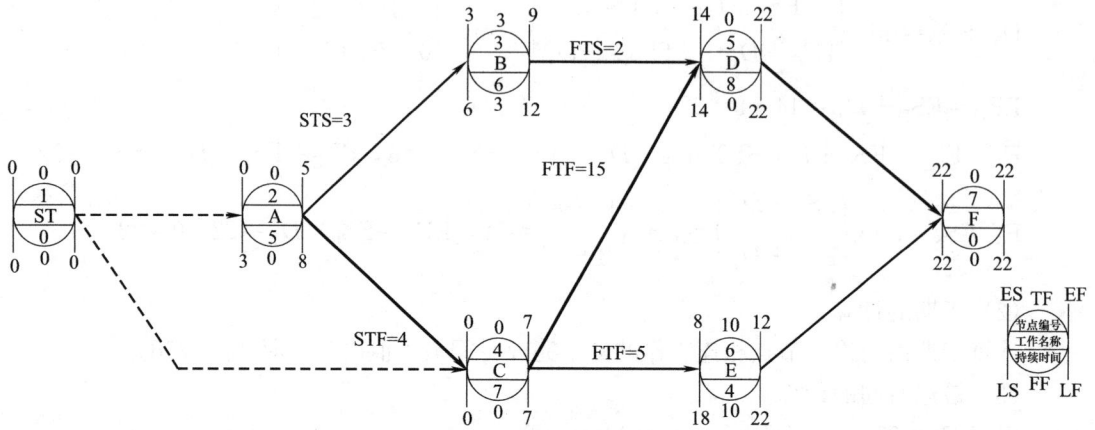

图 4.5-5 单代号搭接网络计划时间参数计算

4.6 双代号时标网络计划

4.6.1 双代号时标网络计划的概念

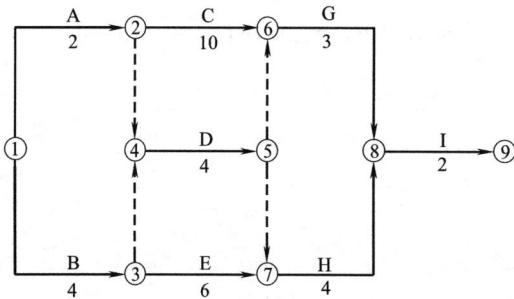

图 4.6-1 双代号网络计划

双代号时标网络计划是综合应用横道图和网络计划的原理，在横道图基础上引入网络计划中各项工作之间逻辑关系的表达方法。和双代号网络计划相比，双代号时标网络计划具有各项工作逻辑关系表达清楚，开始时间和结束时间明确，自由时差和关键线路直观等优点。如图 4.6-1 所示的双代号网络计划，若改成双代号时标网络计划则如图 4.6-2 所示。

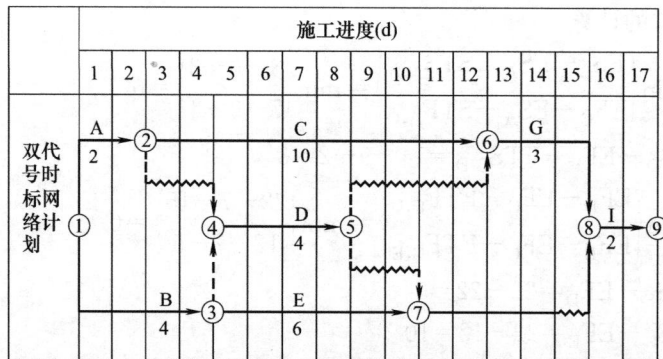

图 4.6-2 双代号时标网络计划

4.6.2 双代号时标网络计划的特点

双代号时标网络计划是以水平时间坐标为尺度编制的双代号网络计划，其主要特点是：

1）时标网络计划兼有网络计划与横道图两种施工进度表示方法的优点，能够直观表明施工活动的时间进程，使用方便。

2）时标网络计划能在图上直接显示出各项工作的开始与完成时间，工作的自由时差及关键线路。

3）时标网络计划中可以统计每一个单位时间对资源的需求量，以便进行资源优化和调整。

4）由于箭线受到时间坐标的限制，当情况发生变化时，对网络计划的修改比较麻烦，往往要重新绘图。

4.6.3 双代号时标网络计划的一般规定

双代号时标网络计划中用实箭线表示工作，用波形线表示工作的自由时差，当波形线后有垂直部分箭线时，其垂直部分用实线绘出，如图 4.6-3 所示；用虚箭线表示虚工作，用波形线表示工作的自由时差，当波形线后有垂直部分箭线时，其垂直部分用虚线绘出，如图 4.6-4 所示。

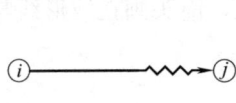

图 4.6-3　时标网络计划的　　　　　图 4.6-4　时标网络计划的
　　　　箭线及自由时差画法　　　　　　　　虚箭线及自由时差画法

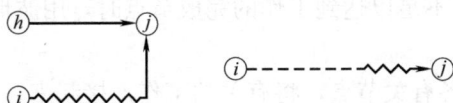

编制双代号时标网络计划时，应遵守以下规定：

1）双代号时标网络计划必须以水平时间坐标为尺度表示工作时间。时间坐标的时间单位应根据需要在编制网络计划之前确定，可为季、月、周、天等。

2）时标网络计划中所有符号在时间坐标上的水平投影位置，都必须与其时间参数相对应。节点中心必须对准相应的时标位置。

3）时标网络计划宜按照最早时间编制。

4）绘制时标网络计划前，应按已确定的时间单位绘制时标表，时标可标注在表格顶部或底部（也可顶部和底部同时标注），时标的长度单位必须注明。必要时，可加注日历的对应时间。

4.6.4 双代号时标网络计划的绘制

双代号时标网络计划一般按工作的最早开始时间绘制，应使每一个节点和每一项工作（包括虚工作）尽量向左，直至不出现从右向左的逆向箭线，其绘制方法有直接绘制法和间接绘制法。

1. 直接绘制法

直接绘制法是不计算网络计划时间参数，直接在时间坐标上进行绘制的方法。其绘制步骤和方法可归纳为如下口诀："时间长短坐标限，曲直斜平利相连；箭线到齐画节点，画节点补波线；零线尽量拉垂直，否则安排有缺陷"。

1）时间长短坐标限：箭线的长度代表着具体的施工时间，受到时间坐标的制约。

2）曲直斜平利相连：箭线的表达方式可以是直线、折线、斜线等，但布图应合理，清晰。

3）箭线到齐画节点：工作的开始节点必须在该工作的全部紧前工作都画出后，定位在这些紧前工作最晚完成的时间刻度上。

4）画完节点补波线：某些工作的箭线长度不足以达到其完成节点时，用波线补足。

5）零线尽量拉垂直：虚工作持续时间为零，应尽可能让其为垂直线。

6）否则安排有缺陷：若出现虚工作占据时间的情况，其原因是工作面停歇或施工作业队组工作不连续。

2. 间接绘制法

间接绘制法是先计算网络计划的时间参数，再将时间参数绘制在时间坐标上的方法。其绘制步骤和方法如下：

1）先绘制双代号网络图，计算时间参数，确定关键工作和关键线路。

2）根据需要确定时间单位，并绘制时标横轴。

3）根据工作最早开始时间或节点的最早时间确定各节点的位置。

4）依次在各节点间绘出箭线及时差。绘制时宜先画出关键工作、关键线路，再画非关键工作。如箭线长度不足以达到工作的完成节点时，用波形线补足，箭头画在波形线与节点连接处。

5）用虚箭线连接各有关节点，将有关的工作连接起来。

4.6.5 双代号时标网络计划关键线路的确定

时标网络计划中关键线路可从网络计划的终点节点开始，逆着箭线方向进行判定。凡自始至终不出现波形线的线路即为关键线路。因为不出现波形线，说明在这条线路上相邻两项工作之间的时间间隔全部为零，也就是在计算工期等于计划工期的前提下，这些工作的总时差和自由时差全部为零。

时标网络计划的计算工期，应是其终点节点与起点节点所在位置的时标值之差。按最早时间绘制的时标网络计划，每条箭线箭尾节点和箭头节点所对应的时标值即为该工作的最早开始时间和最早完成时间。

时标网络计划中工作的自由时差值，应为表示该工作的箭线中波形线部分在坐标轴上的水平投影长度。

时标网络计划中工作总时差的计算应自右向左进行，且符合下列规定：

（1）以终点节点（$j=n$）为箭头节点的工作总时差 TF_{i-j}，应根据网络计划的计划工期 T_p 通过式（4.6-1）计算确定：

$$TF_{i-j} = T_p - EF_{i-j} \qquad (4.6-1)$$

（2）其他工作的总时差可通过式（4.6-2）计算确定：

$$TF_{i-j} = \max\{TF_{j-k} - FF_{i-j}\} \qquad (4.6-2)$$

式中 TF_{j-k}——$i\text{-}j$ 工作的紧后工作 $j\text{-}k$ 的总时差。

时标网络计划中工作的最迟开始时间和最迟完成时间应分别按照式（4.6-3）和式（4.6-4）计算确定：

$$LS_{i-j} = ES_{i-j} + TF_{i-j} \qquad (4.6-3)$$

$$LF_{i-j} = EF_{i-j} + TF_{i-j} \qquad (4.6-4)$$

【例 4.6-1】 已知某工程网络计划的资料如表 4.6-1 所示，试用直接绘制法完成双代号时标网络计划的绘制，并确定工期。

网络计划资料表   表 4.6-1

工作名称	A	B	C	D	E	F	G	H	J
紧前工作	—	—	—	A	A,B	D	C,E	C	D,G
持续时间(d)	3	4	7	5	2	5	3	5	4

【解】 （1）将网络计划的起点节点定位在时标表的起始刻度线上，起点节点编号为①，如图 4.6-5 所示。

（2）以节点①为箭尾节点绘制外向箭线，按照各工作持续时间画出无紧前工作的 A、B、C 工作，并依次确定②、③、④，如图 4.6-5 所示。

（3）依次画出节点②、③、④的外向箭线工作 D、E、H，并确定节点⑤、⑥的位置。节点⑥的位置定在其两条内

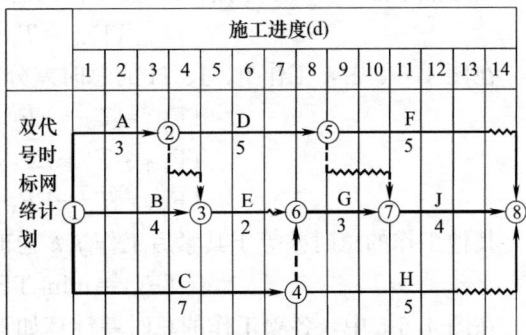

图 4.6-5　双代号时标网络计划

向箭线所代表工作 C、E 最早完成时间的最大值处，即时间坐标为 7d 的位置，工作 E 的箭线长度达不到节点⑥的位置，则用波形线补足，如图 4.6-5 所示。

（4）按照上述步骤，直到画出全部工作，确定终点节点⑧的位置。

（5）核对各项工作的逻辑关系是否正确，图面是否满足双代号时标网络计划的绘制要求，确定双代号时标网络计划。

（6）双代号时标网络计划中关键线路应从终点节点开始逆着箭线方向朝起点节点逐个进行判定；从终点节点到起点节点不出现波形线的线路即为关键线路。在图 4.6-5 中，关键线路是①→④→⑥→⑦→⑧，用粗线表示。双代号时标网络计划的计算工期，应是终点节点与起点节点所在位置之差。如图 4.6-5 所示，计算工期 $T_c = 14 - 0 = 14d$。

（7）双代号时标网络计划时间参数的确定

双代号时标网络计划中工作时间参数的计算内容和双代号网络计划相同，具体计算过程如下：

① 最早开始时间 ES_{i-j}

按最早开始时间绘制时标网络计划时，每条实箭线的箭尾节点（i 节点）中心所对应的时标值，即为该工作的最早开始时间。

② 最早完成时间 EF_{i-j}

如箭线右端无波形线，则该箭线箭头节点（j 节点）中心所对应的时标值，即为该工作的最早完成时间；如箭线右端有波形线，则实箭线右端末所对应的时标值，即为该工作的最早完成时间。

在图 4.6-5 中，$ES_{1-3} = 0$，$EF_{1-3} = 4$；$ES_{3-6} = 4$，$EF_{3-6} = 6$。

③ 自由时差 FF_{i-j}

双代号时标网络计划中各工作的自由时差值，应为表示该工作的箭线中波形线部分在时间坐标轴上的水平投影长度。

在图 4.6-5 中，工作 E、H、F 的自由时差分别为：

$$FF_{3\text{-}6}=1,\ FF_{4\text{-}8}=2,\ FF_{5\text{-}8}=1$$

④ 总时差 $TF_{i\text{-}j}$

时标网络计划中工作的总时差应从终点节点开始逆着箭线方向逐项计算，且符合下列规定：

以终点节点（$j=n$）为箭头节点工作的总时差 $TF_{i\text{-}n}$ 应根据计算工期 T_c 确定，即：

$$TF_{i\text{-}n}=T_c-EF_{i\text{-}n}$$

在图 4.6-5 中，工作 F、J、H 的总时差分别为：

$$TF_{5\text{-}8}=T_c-EF_{5\text{-}8}=14-13=1$$

$$TF_{7\text{-}8}=T_c-EF_{7\text{-}8}=14-14=0$$

$$TF_{4\text{-}8}=T_c-EF_{4\text{-}8}=14-12=2$$

其他工作的总时差等于其紧后工作 $j\text{-}k$ 总时差的最小值与本工作自由时差之和，即：

$$TF_{i\text{-}j}=\min[TF_{j\text{-}k}]+FF_{i\text{-}j}$$

在图 4.6-5 中，各项工作的总时差计算如下：

$$TF_{6\text{-}7}=TF_{7\text{-}8}+FF_{6\text{-}7}=0+0=0$$

$$TF_{3\text{-}6}=TF_{6\text{-}7}+FF_{3\text{-}6}=0+1=1$$

$$TF_{2\text{-}5}=\min[TF_{5\text{-}7}\quad TF_{5\text{-}8}]+FF_{2\text{-}5}=\min[2\quad 1]+0=1+0=1$$

$$TF_{1\text{-}4}=\min[TF_{4\text{-}6}\quad TF_{4\text{-}8}]+FF_{1\text{-}4}=\min[0\quad 2]+0=0+0=0$$

$$TF_{1\text{-}3}=TF_{3\text{-}6}+FF_{1\text{-}3}=1+0=1$$

$$TF_{1\text{-}2}=\min[TF_{2\text{-}3}\quad TF_{2\text{-}5}]+FF_{1\text{-}2}=\min[2\quad 1]+0=1+0=1$$

⑤ 最迟开始时间 $LS_{i\text{-}j}$

双代号时标网络计划中工作最迟开始时间，可按下式计算：

$$LS_{i\text{-}j}=ES_{i\text{-}j}+TF_{i\text{-}j}$$

⑥ 最迟完成时间 $LF_{i\text{-}j}$

$$LF_{i\text{-}j}=EF_{i\text{-}j}+TF_{i\text{-}j}$$

在图 4.6-5 中，工作的最迟开始时间和最迟完成时间为：

$$LS_{1\text{-}2}=ES_{1\text{-}2}+TF_{1\text{-}2}=0+1=1$$

$$LF_{1\text{-}2}=EF_{1\text{-}2}+TF_{1\text{-}2}=3+1=4$$

$$LS_{1\text{-}3}=ES_{1\text{-}3}+TF_{1\text{-}3}=0+1=1$$

$$LF_{1\text{-}3}=EF_{1\text{-}3}+TF_{1\text{-}3}=4+1=5$$

依此类推，可计算出各项工作的最迟开始时间和最迟完成时间。

【例 4.6-2】 已知某工程的双代号网络图如图 4.6-6 所示，试用间接绘制法绘制双代号时标网络计划。

【解】 （1）计算双代号网络计划中节点最早时间和最迟时间，如图 4.6-7 所示。

（2）绘制时标表，如图 4.6-8 所示。

（3）在时标表中确定节点位置，如图 4.6-9 所示。

（4）从节点依次向外引出箭线，将各项工作绘制在时标表内，如图 4.6-10 所示。

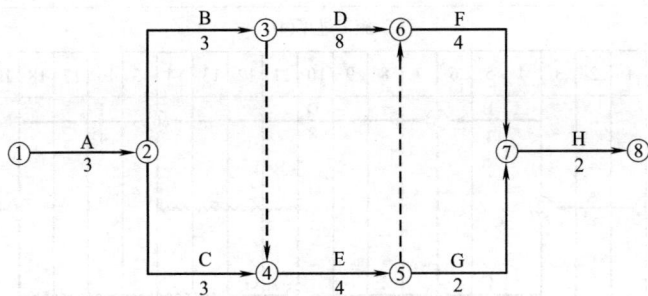

图 4.6-6 双代号网络计划

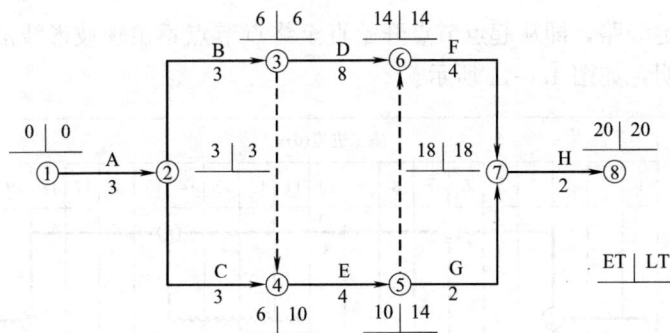

图 4.6-7 计算节点时间参数

	施工进度(d)																			
	1	2	3	4	5	6	7	8	9	10	11	12	13	14	15	16	17	18	19	20
双代号时标网络计划																				

图 4.6-8 时标表

图 4.6-9 各节点在时标表中的位置

图 4.6-10 绘制各项工作并补足波形线

（5）标明关键线路，即从起点节点开始直至终点节点不出现波形线的线路，用彩线、粗线或双箭线标明，如图 4.6-11 所示。

图 4.6-11 粗线标明关键线路

4.7 网络计划的优化

网络计划的优化是指通过不断改善网络计划的初始方案，在满足既定约束条件下，利用最优化原理，按照某一衡量指标（时间、成本、资源等）来寻求满意方案。网络计划优化的目标应按照计划任务的需要和条件选定，通常有工期优化、费用优化和资源优化 3 种。

4.7.1 工期优化

1. 工期优化的判定

网络计划的工期优化，是指当计算工期不能满足要求工期时，通过延长或缩短网络计划初始方案的计算工期，以达到要求工期目标。工程实践中，网络计划的计算工期与要求工期相比，会出现以下情况：

1）计算工期小于或等于要求工期

如果计算工期小于要求工期不多或两者相等，则一般不需要工期优化。

如果计算工期小于要求工期较多，则考虑与施工合同中的工期提前奖等条款相结合，确定是否进行工期优化。若需优化，优化的方法是：延长关键线路上资源占用量大或直接费用高的工作的持续时间（相应减少其单位时间资源需求量）；或重新选择施工方案，改变施工机械，调整施工顺序，再重新分析逻辑关系；编制网络图，计算时间参数；反复多次进行，直至满足要求工期。

2）计算工期大于要求工期

计算工期大于要求工期时，可以在不改变各项工作逻辑关系的前提下，通过压缩关键工作的持续时间来满足要求工期。压缩关键工作持续时间的方法有，顺序法、加数平均法、选择法等。顺序法是指按关键工作开工时间来确定需压缩的工作，先做的先压缩。加数平均法是按关键工作持续时间的百分比压缩。这两种方法虽然简单，但没有考虑压缩的关键工作所需要的资源是否有保证及相应的费用增加幅度。选择法更接近实际需要，在工程实践中运用最广泛。本章重点介绍用选择法进行工期优化。

2. 选择法工期优化

网络计划中有关键工作和非关键工作，关键线路和非关键线路。选择法工期优化过程中不能将关键工作压缩成为非关键工作；优化过程中出现多条关键线路时，必须同时压缩各条关键线路的持续时间，否则不能有效地缩短工期。具体步骤如下：

1）计算并找出初始网络计划的关键线路、关键工作。

2）按要求工期计算应缩短的时间：$\Delta T = T_c - T_r$。

3）选择应优先缩短持续时间的关键工作，应考虑以下因素：

（1）缩短持续时间对质量和安全影响不大的工作。

（2）备用资源充足。

（3）缩短持续时间所需增加费用最少的工作。

4）将应优先缩短的关键工作压缩至最短持续时间，并找出关键线路，若被压缩的工作变成了非关键工作，则应将其持续时间延长，使之仍为关键工作。若压缩过程中出现了多条关键线路，则每次压缩都需要将每条关键线路持续时间压缩至同一值。

5）若计算工期仍超过要求工期，即 $T_c > T_r$，则重复上述步骤，直至 $T_c < T_r$。

6）当所有关键工作的持续时间都已达到能缩短的极限，工期仍不能满足要求时，应对网络计划的技术、组织方案进行调整或对要求工期重新进行审定。

下面通过实例说明选择法工期优化的计算步骤。

【例 4.7-1】 已知某工程双代号网络计划如图 4.7-1 所示，其中箭线上方括号外为工

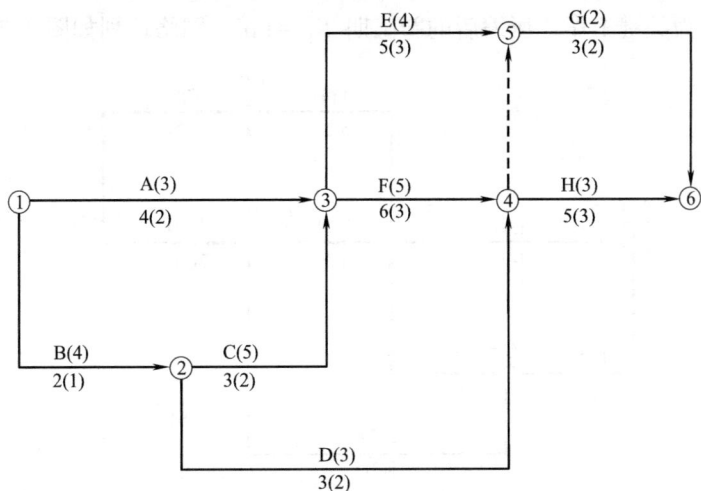

图 4.7-1 某工程双代号网络计划

作代码，括号内为优选系数（优选系数越小意味着缩短持续时间所增加的费用越小，越适宜选为压缩对象）。箭线下方括号外为工作正常持续时间，括号内为最短持续时间。假定要求工期为 10d，试对其工期进行优化。

【解】 （1）计算正常持续时间下双代号网络计划的工期，并确定关键线路和关键工作，其中关键线路用粗线表示（①→②→③→④→⑥），计算工期为 $T_c=16d$，如图 4.7-2 所示。

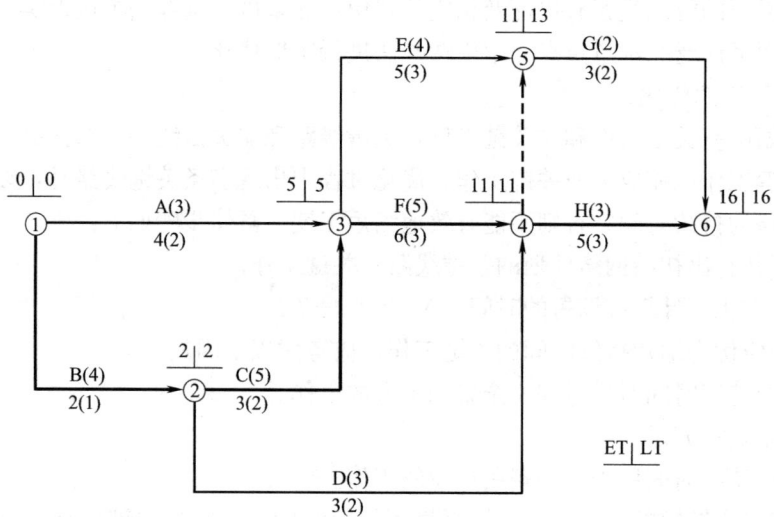

图 4.7-2 初始网络计划时间参数

（2）根据要求工期计算应缩短的时间 ΔT

$$\Delta T = T_c - T_r = 16 - 10 = 6d$$

（3）选择关键线路上优选系数最小的工作（或工作组合），依次进行压缩，直到满足要求工期。

① 第一次压缩。根据题意，选择关键线路上优选系数最小的工作 4-6，可压缩 2d，则 5-6 工作也成为关键工作，压缩后的新工期 $T_1=14d$，网络计划如图 4.7-3 所示。

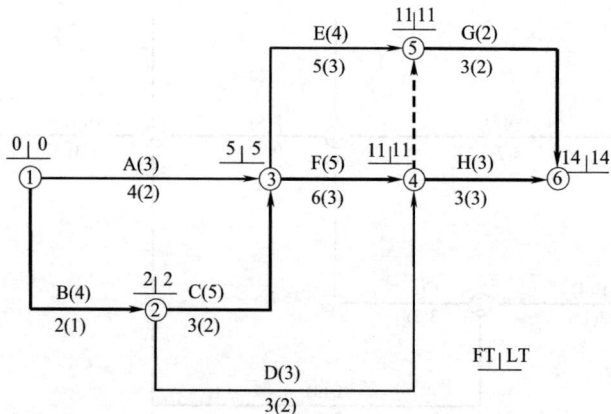

图 4.7-3 第一次压缩后的网络计划

② 第二次压缩。根据第一次压缩后的数据，选择关键线路上优选系数最小的 1-2 工作，可压缩 1d，则 1-3 工作也成为关键工作，压缩后的新工期 $T_2 = 13d$，网络计划如图 4.7-4 所示。

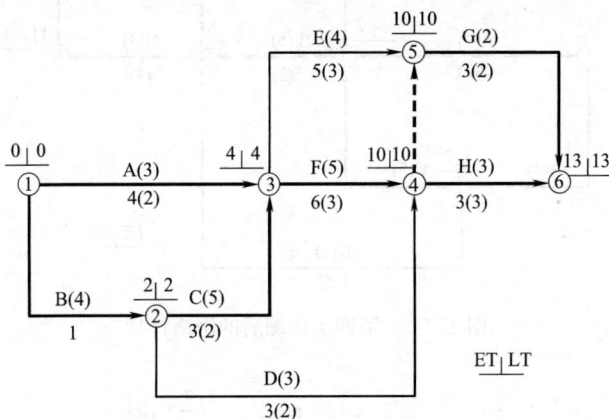

图 4.7-4　第二次压缩后的网络计划

③ 第三次压缩。根据第二次压缩后的数据，选择关键线路上优选系数最小的工作 3-4，可压缩 1d，此时 3-5 工作也成为关键工作，压缩后的新工期 $T_3 = 12d$，网络计划如图 4.7-5 所示。

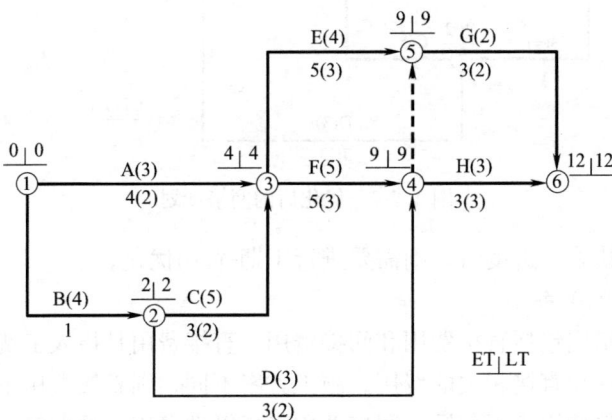

图 4.7-5　第三次压缩后的网络计划

④ 第四次压缩。根据第三次压缩后的数据，选择关键线路上优选系数最小的工作组合，即 1-3 工作和 2-3 工作，可压缩 1d，压缩后的新工期 $T_4 = 11d$，网络计划如图 4.7-6 所示。

⑤ 第五次压缩。根据第四次压缩后的数据，选择关键线路上优选系数最小的工作组合，即 3-4 工作和 3-5 工作，压缩 1d 后即可满足要求工期，优化后的网络计划如图 4.7-7 所示。

4.7.2　费用优化

费用优化又称工期-成本优化或时间-成本优化，是寻求工程总成本最低时的工期安排或按照要求工期寻求最低成本的过程。通常情况下，网络计划的最佳工期大于要求工期或

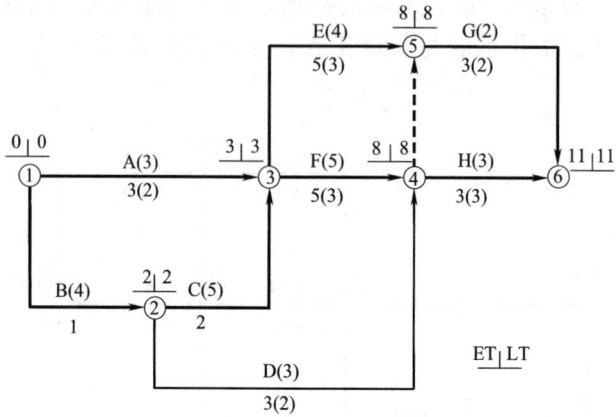

图 4.7-6 第四次压缩后的网络计划

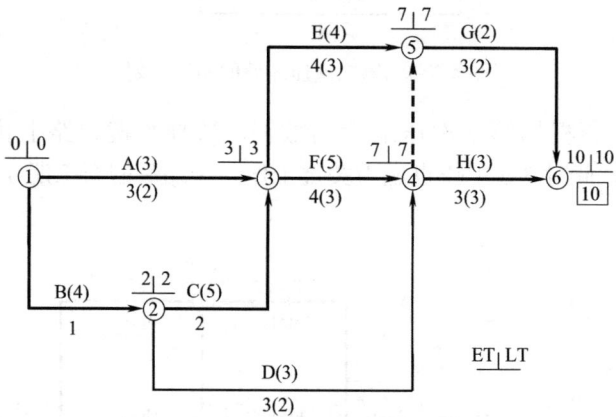

图 4.7-7 优化后的网络计划

施工过程中需要加快施工进度时，则需要进行工期-费用优化。

1. 工期与费用的关系

工程项目的总费用包括直接费用和间接费用。直接费用是指人工费、材料费、机械使用费等与各项施工活动直接相关的费用。施工方案不同，则直接费用不同，施工方案相同而工期不同，则直接费用也不相同。间接费用是指管理费用、规费等，往往与各项施工活动无直接关系，而与工期长短相关。

一般情况下，缩短工期会引起直接费用增加和间接费用减少，而延长工期会引起直接费用减少和间接费用增加。在考虑工程总费用时，还应考虑工期变化带来的其他损益，如拖延工期而被建设单位索赔或提前竣工而得到的奖励等。

工期和费用的关系如图 4.7-8 所示，图中总费用曲线是由直接费用曲线和间接费用叠加而成，曲线上的最低点就是工程计划的最优方案，此方案成本最低，相应的工程持续时间就是最优工期。

1）直接费用曲线

直接费用曲线通常是一条下凸的曲线，其与工作持续时间关系如图 4.7-9 所示。如果缩短工期，即加快施工速度，要采取加班或多班作业，改用先进的施工方法或机械设备等，

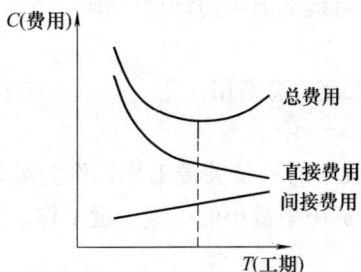

图 4.7-8 工期-费用关系图

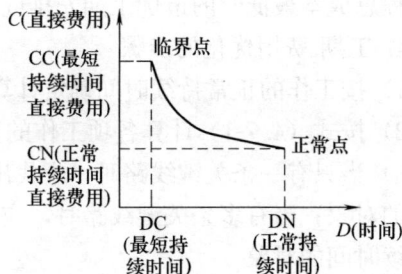

图 4.7-9 持续时间-直接费用关系图

导致直接费用增加。然而当工作持续时间缩短至某一极限，则无论增加多少直接费用也不能再缩短工期，这个极限就是临界点。临界点所对应的时间称为最短持续时间，此时的费用称为最短持续时间直接费用。反之，如果延长持续时间，则可以减少直接费用。然而时间延长至某一极限，则无论将工期延长多少，直接费用也不会再减少，这个极限就是正常点。正常点对应的时间称为正常持续时间，此时的费用称为正常持续时间直接费用。工程实践中的直接费用曲线往往是由一系列线段组成的折线，且越接近最高费用（极限费用）其曲线越陡。为了计算方便，一般将其简化成直线，其斜率代表因缩短工作持续时间每一单位时间所增加的直接费用，简称直接费用率，按式（4.7-1）进行计算。

$$\Delta C_{i\text{-}j} = \frac{CC_{i\text{-}j} - CN_{i\text{-}j}}{DN_{i\text{-}j} - DC_{i\text{-}j}} \tag{4.7-1}$$

式中　$\Delta C_{i\text{-}j}$——工作 $i\text{-}j$ 的直接费用率；

　　　$CC_{i\text{-}j}$——将工作 $i\text{-}j$ 的持续时间缩短为最短持续时间后，完成该工作所需要的直接费用；

　　　$CN_{i\text{-}j}$——正常持续时间下完成工作 $i\text{-}j$ 所需要的直接费用；

　　　$DN_{i\text{-}j}$——工作 $i\text{-}j$ 的正常持续时间；

　　　$DC_{i\text{-}j}$——工作 $i\text{-}j$ 的最短持续时间。

从式（4.7-1）可以看出，直接费用率越大，则缩短工作持续时间所增加的费用就越多。故在进行工期费用优化时，应优先缩短关键线路上 ΔC 值最小工作的持续时间。

2）间接费用曲线

如图 4.7-8 所示，间接费用曲线表示间接费用与工期成正比关系，其斜率表示间接费用在单位时间内的增加或减少值。间接费用与施工单位的管理水平、施工条件和施工组织等因素有关。

2. 工期-费用优化的原则

1）关键线路上的工作优先。

2）直接费用率小的工作优先。

3）逐次压缩工作的作业时间以不超过最短时间为限。

3. 工期-费用优化的方法

工期-费用优化的基本方法是不断在网络计划中找出直接费用率（或组合直接费用率）最小的关键工作，缩短其持续时间，同时考虑间接费用随工期缩短而减少的数值，把在不同工期下的直接费用和间接费用分别叠加，计算出工期与工程总成本之间的关系，最后求得工程总成本最低时的最优工期安排或按要求工期求得最低成本的计划安排。

4. 工期-费用优化的步骤

1) 按工作的正常持续时间确定计算关键线路、工期、总费用。

2) 按式（4.7-1）计算各项工作的直接费用率。

3) 当只有一条关键线路时，应找出直接费用率最小的一项关键工作，作为缩短持续时间的对象；当有多条关键线路时，应找出组合直接费用率最小的一组关键工作，作为缩短持续时间的对象。

4) 对于选定的压缩对象（一项关键工作或一组关键工作），首先比较其直接费用率或组合直接费用率与工程间接费用率的大小：

(1) 如果被压缩对象的直接费用率或组合直接费用率小于工程间接费用率，说明压缩关键工作的持续时间会使工程总费用减少，应压缩关键工作的持续时间。

(2) 如果被压缩对象的直接费用率或组合直接费用率等于工程间接费用率，说明压缩关键工作的持续时间不会使工程总费用增加，应压缩关键工作的持续时间。

(3) 如果被压缩对象的直接费用率或组合直接费用率大于工程间接费用率，说明压缩关键工作的持续时间会使工程总费用增加，此时应停止缩短关键工作的持续时间，在此之前的方案即为优化方案。

5) 当需要缩短关键工作的持续时间时，其缩短值的确定必须符合下列两条规则：

(1) 缩短后工作的持续时间不能小于其最短持续时间。

(2) 缩短持续时间的工作不能变成非关键工作。

6) 逐步压缩选择对象的作业时间，计算持续时间压缩后相应的总费用变化。

7) 每次优化后，会引起关键线路的变化，故需要重新绘制网络计划，寻找关键线路。

8) 重复3)～7)步，直至计算工期满足要求工期，或被压缩对象的直接费用率大于工程间接费用率为止。优化过程，详见表4.7-1。

工期-费用优化过程表　　　　　　　　　　　　表 4.7-1

压缩次数	被压缩工作代号	压缩时间(d)	直接费用率或组合直接费用率	总费用	工期	备注

【例 4.7-2】 根据表 4.7-2 所示资料求该网络计划最低成本与相应最优工期。间接费用：工期在 25d 以内为 60 万元，若工期超过 25d，每天增加 5 万元。

某网络计划基本资料　　　　　　　　　　　　表 4.7-2

工作	正常工作时间		极限工作时间	
	持续时间(d)	直接费用(万元)	持续时间(d)	直接费用(万元)
1-2	20	60	17	72
1-3	25	20	20	30
2-3	10	30	8	44
2-4	12	40	6	70
3-4	5	30	2	42
4-5	10	30	5	60

【解】 （1）绘制正常工作时间和极限工作时间下的网络计划，如图 4.7-10 所示，确定计算工期、关键线路，计算正常工作时间下的总费用。正常工作时间下计算工期为 45d，关键线路为①→②→③→④→⑤；极限工作时间下计算工期为 32d，关键线路为①→②→③→④→⑤。

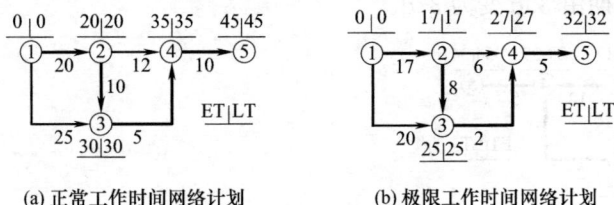

(a) 正常工作时间网络计划   (b) 极限工作时间网络计划

图 4.7-10   某工作网络计划

正常工作时间下的总费用：$\sum CN = 60+20+30+40+30+30 = 210$（万元）。

极限工作时间下的总费用：$\sum CC = 72+30+44+70+42+60 = 318$（万元）。

（2）计算各项工作的直接费用率，计算结果如表 4.7-3 所示。

各工作直接费用率计算表   表 4.7-3

工作	正常工作时间		极限工作时间		直接费用率 ΔC_{i-j}
	持续时间 (d)	直接费用 (万元)	持续时间 (d)	直接费用 (万元)	（万元/d）
1-2	20	60	17	72	4
1-3	25	20	20	30	2
2-3	10	30	8	44	7
2-4	12	40	6	70	5
3-4	5	30	2	42	4
4-5	10	30	5	60	6

（3）不断压缩关键线路上有压缩可能的工作，直接费用率最小关键工作优先。从表 4.7-3 可以看出，关键工作中 1-2 和 3-4 的直接费用率最小（均为 4），故可以先选其中一项工作进行压缩。若先压缩 1-2 工作 3d（20d 压缩至 17d），增加的直接费用为 $4 \times 3 = 12$（万元），总直接费用为 $\sum CN_1 = 210+12 = 222$（万元），关键线路不发生变化，第一次压缩后的网络计划如图 4.7-11 所示，工期由 45d 变为 42d。

（4）从图 4.7-11 可以看出，第一次压缩后的网络计划中关键工作 3-4 的直接费用率最小，应优先被压缩。将 3-4 工作压缩 3d（5d 压缩至 2d），增加的直接费用为 $4 \times 3 = 12$（万元），总直接费用为 $\sum CN_2 = 222+12 = 234$（万元），此时 2-4 工作也变成关键工作，第二次压缩后的网络计划如图 4.7-12 所示，工期由 42d 变为 39d。

（5）从图 4.7-12 可以看出，第二次压缩后的网络计划中增加了一条关键线路，应进行压缩方案组合：

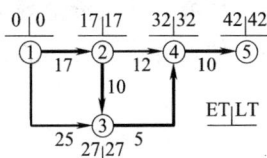

图 4.7-11   第一次压缩后的网络计划   图 4.7-12   第二次压缩后的网络计划

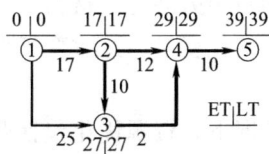

① 同时压缩 2-3 工作和 2-4 工作，组合直接费用率为 7＋5＝12 万元/d；

② 压缩 4-5 工作，直接费用率为 6 万元/d。

经比较可知，应压缩 4-5 工作 5d，增加直接费用 $6×5＝30$（万元），总直接费用为 $\sum CN_3＝234＋30＝264$（万元），此时关键线路不发生变化，第三次压缩后的网络计划如图 4.7-13 所示，工期由 39d 变为 32d。

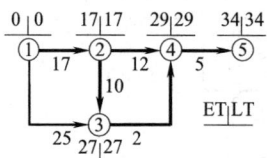

图 4.7-13　第三次压缩后的网络计划　　　　图 4.7-14　第四次压缩后的网络计划

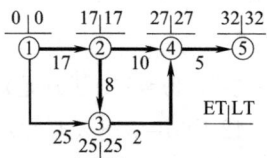

（6）从图 4.7-13 可以看出，第三次压缩后只有一个方案可进行压缩，即 2-3 工作和 2-4 工作均压缩 2d，则工期由 39d 变为 32d，已经达到了最短工期，网络计划已经不能再被压缩。第四次压缩增加直接费用为 $12×2＝24$（万元），总直接费用为 $\sum CN_4＝264＋24＝288$（万元），第四次压缩后的网络计划如图 4.7-14 所示。

（7）将上述工期和总费用进行计算，如表 4.7-4 所示。

工期与费用汇总表 　　　　　　　　　　　　　　　　　　表 4.7-4

工期(d)	直接费用(万元)	间接费用(万元)	总费用(万元)
45	210	60＋20×5＝160	370
42	222	60＋17×5＝145	367
39	234	60＋14×5＝130	364
34	264	60＋9×5＝105	369
32	288	60＋7×5＝95	383

由表 4.7-4 可知：

① 总费用最低时对应的总工期为 39d，即最优工期为 39d；

② 工期共缩短 45－32＝13d，增加直接费用为 288－210＝78（万元）。按照极限工作时间工期为 32d，所需直接费用为 318 万元，采用优化方案所需要的直接费用为 234 万元，可节约 318－234＝84（万元）。

4.7.3　资源优化

工程项目中劳动力、材料、机械设备、施工方法、施工环境、建设资金等统称为工程资源。资源优化就是通过改变工作的开始时间和结束时间，使资源按照时间的分布符合优化目标。

通常情况下，资源优化包括两种情况：

1）在资源供应有限制的条件下，寻求网络计划的最短工期，即"资源有限，工期最短"的优化；

2）在工期一定的条件下，力求单位时间内资源消耗量均衡，即"工期固定，资源均衡"的优化。

由于"工期固定，资源均衡"的优化涉及现场管理和组织，影响因素多且未知，这里主要介绍"资源有限，工期最短"的优化。

1. "资源有限，工期最短"优化的前提条件

1）网络计划一经制订，在优化过程中不得改变各工作的持续时间。

2）各工作每天的资源需求量是均衡的、合理的，优化过程中不予改变。

3）除规定可以中断的工作外，其他工作均应连续作业，不得中断。

4）优化过程中不得改变网络计划各工作间的逻辑关系。

2. 资源动态曲线及特性

在资源优化时，一般需要绘制出时标网络图，根据时标网络图就可绘制出资源消耗状态图，即资源动态曲线。它一般为阶梯形，移动网络图中任何一项工作的起止时间，资源动态曲线就将发生变化。

3. "资源有限，工期最短"的优化步骤

1）"资源有限，工期最短"的优化宜对"时间单位"作资源检查，当出现第 t 个时间单位资源需求量 R_t 大于资源限量 R_a 时，应进行计划调整。

调整计划时，应对资源冲突的诸多工作做出新的顺序安排。顺序安排的选择标准是"工期延长，时间最短"，其值应按下列公式计算。

（1）对双代号网络计划：

$$\Delta D_{m'-n',\,i'-j'} = \min\{\Delta D_{m-n,\,j-j}\} \tag{4.7-2}$$

$$\Delta D_{m-n,\,i-j} = \mathrm{EF}_{m-n} - \mathrm{LS}_{i-j} \tag{4.7-3}$$

式中　$\Delta D_{m'-n',\,i'-j'}$——在各种安排中，最佳顺序安排所对应的工期延长时间的最小值。它要求将 $\mathrm{LS}_{i'-j'}$ 最大的工作 i'-j' 安排在 $\mathrm{EF}_{m'-n'}$ 最小的工作 m'-n' 之后进行。

　　$\Delta D_{m-n,\,i-j}$——在资源冲突的诸多工作中，工作 i-j 安排在工作 m-n 之后进行时工期所延长的时间。

（2）对单代号网络计划：

$$\Delta D_{m',\,i'} = \min\{\Delta D_{m,\,i}\} \tag{4.7-4}$$

$$\Delta D_{m,\,i} = \mathrm{EF}_m - \mathrm{LS}_i \tag{4.7-5}$$

式中　$\Delta D_{m',\,i'}$——在各种顺序安排中，最佳顺序安排所对应的工期延长时间的最小值；

　　$D_{m,\,i}$——在资源冲突的诸多工作中，工作安排在工作 m 之后进行时工期所延长的时间。

2）"资源有限，工期最短"的优化，应按下述规定步骤调整工作的最早开始时间：

（1）计算网络计划中每时间单位的资源需求量。

（2）从计划开始日期起，逐个检查每个时间单位资源需求量是否超过资源限量，如果在整个工期内每个时间单位均能满足资源限量的要求，可行优化方案就编制完成了，否则

必须进行计划调整。

（3）分析超过资源限量的时段（每时间单位资源需求量相同的时间区段），按式（4.7-2）计算 $\Delta D_{m'-n',i'-j'}$ 值或按式（4.7-3）计算 $\Delta D_{m-n,i-j}$ 值，从而确定新的安排顺序。

（4）对调整后的网络计划安排重新计算每个时间单位的资源需求量。

（5）重复上述步骤（2）～（4），直至网络计划整个工期范围内每个时间单位的资源需求量均满足资源限量要求为止。

【例 4.7-3】 已知某工程双代号网络计划如图 4.7-15 所示，图中箭线上方数字为工作的资源强度，下方数字为工作持续时间。假定该工程单日资源限量 $R_a = 12$，试进行"资源有限，工期最短"的优化。

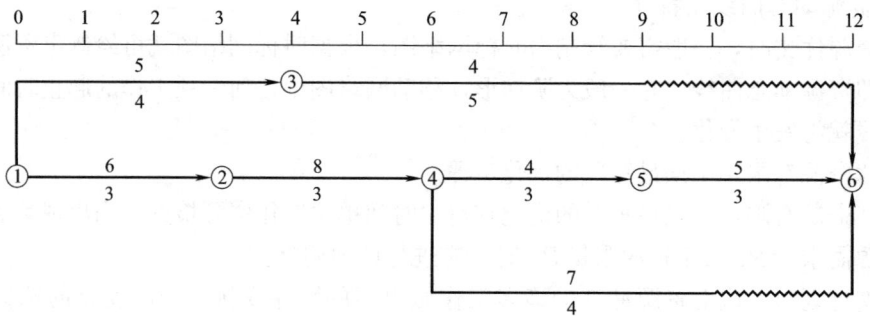

图 4.7-15 初始网络计划

【解】 该网络计划"资源有限，工期最短"的优化可按以下步骤进行：

（1）计算网络计划每个时间单位的资源需求量，绘出资源需求量动态曲线，如图 4.7-16 所示。

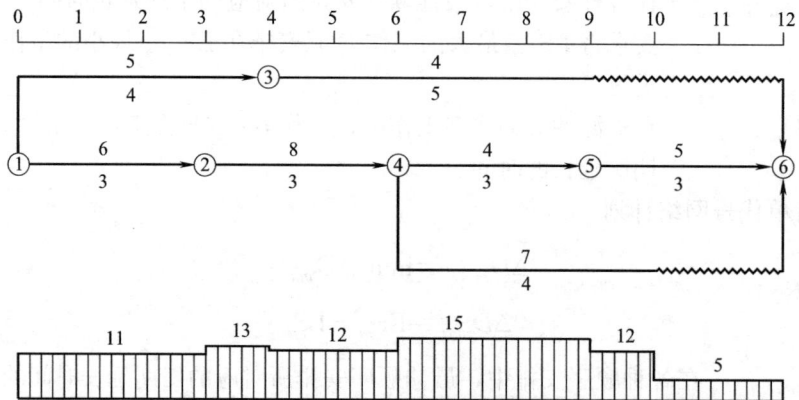

图 4.7-16 初始网络计划及资源需求曲线

（2）从计划开始日期起，经检查发现第二个时段 [3，4] 存在资源冲突，即资源需求量超过资源限量（13＞12），故应首先调整该时段。

（3）在时段 [3，4] 有 1-3 和 2-4 两项工作平行作业，利用式（4.7-2）和式（4.7-3）计算 ΔD 值，其结果如表 4.7-5 所示。

第一次优化中 ΔD 计算值   表 4.7-5

工作序号	工作代号	最早完成时间	最迟开始时间	$\Delta D_{1,2}$	$\Delta D_{2,1}$
1	1-3	4	3	1	—
2	2-4	6	3	—	3

由表 4.7-5 可知，$\Delta D_{1,2}=1$ 最小，说明将第 2 号工作（工作 2-4）安排在第 1 号工作（工作 1-3）之后进行，工期延长最短，只延长 1d，调整后的网络计划如图 4.7-17 所示。

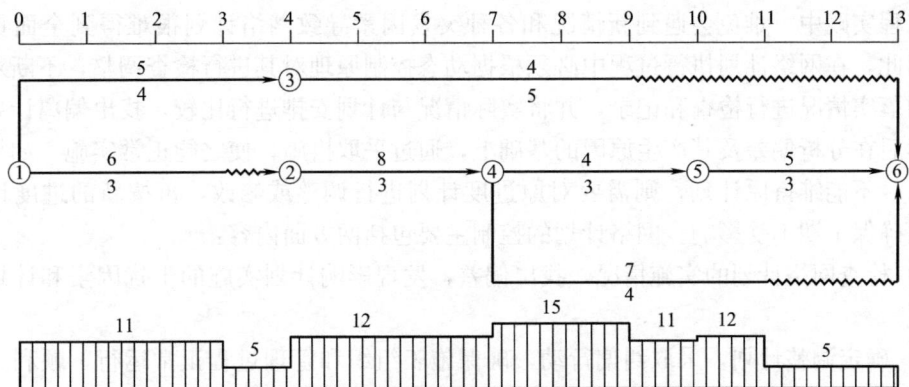

图 4.7-17 第一次优化后网络计划及资源需求曲线

（4）重新计算调整后的网络计划每个时间单位的资源需求量，绘出资源需求量动态线，如图 4.7-17 所示。从图中可知，在第四时段 [7，9] 存在资源冲突，故应调整该时段。

（5）在时段 [7，9] 有 3-6、4-5 和 4-6 三项工作正在作业，利用式（4.7-2）和式（4.7-3）计算 ΔD 值，其结果如表 4.7-6 所示。

第二次优化中 ΔD 计算值   表 4.7-6

工作序号	工作代号	最早完成时间	最迟开始时间	$\Delta D_{1,2}$	$\Delta D_{1,3}$	$\Delta D_{2,1}$	$\Delta D_{2,3}$	$\Delta D_{3,1}$	$\Delta D_{3,2}$
1	3-6	9	8	2	0	—	—	—	—
2	4-5	10	7	—	—	2	1	—	—
3	4-6	11	9	—	—	—	—	3	4

由表 4.7-5 可知，$\Delta D_{1,3}=0$ 最小，说明将第 3 号工作（工作 4-6）安排在第 1 号工作（工作 3-6）之后进行，工期不延长。调整后的网络计划，如图 4.7-18 所示。

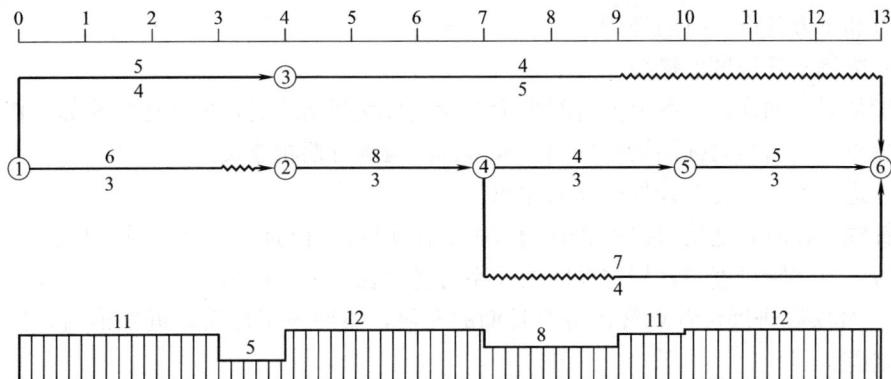

图 4.7-18 第二次优化后网络计划及资源需求曲线

重新计算优化后的网络计划每个时间单位的资源需求量，绘制资源需求量动态曲线，如图 4.7-18 所示。此时整个工期范围内的资源需求量均未超过资源限量，故图 4.7-18 所示方案即为最优方案，最短工期为 13d。

4.8　网络计划的检查与调整

工程实践中，难免会遇到新情况和各种突发因素导致网络计划很难得到全面贯彻执行。因此，在网络计划执行过程中必须根据动态控制原理对其进行检查调整，不断对网络计划的落实情况进行检查和记录，并将实际情况与计划安排进行比较，找出偏离计划的信息；然后在分析偏差及其产生原因的基础上，通过采取措施，使之能正常实施。如果采取措施后，不能维持原计划，则需要对原进度计划进行调整或修改，再按新的进度计划实施，以确保工期不受影响。网络计划的控制主要包括两方面内容：

1）检查网络计划的实施情况，找出偏差，发现影响计划实施的干扰因素和计划本身的不足。

2）确定调整计划，采取纠偏行动，确保施工组织和管理过程正常运行，顺利完成预定目标。

其中网络计划实施情况的检查是网络计划控制的重要环节，常用的检查方法有：前锋线比较法、S形曲线比较法以及列表比较法等。

4.8.1　网络计划的检查

1. 前锋线比较法

前锋线比较法是通过绘制某检查时刻工程项目实际进度前锋线，进行工程实际进度与计划进度比较的方法，主要适用于时标网络计划。所谓前锋线，是指在原时标网络计划上，从检查时刻的时标点出发，用点划线依次将各项工作实际进展位置点连接而成的折线。前锋线比较法就是通过实际进度前锋线与原进度计划中各工作箭线交点的位置来判断工作实际进度与计划进度的偏差，进而判定该偏差对后续工作及总工期影响程度的一种方法。

1）前锋线比较法的使用步骤

（1）绘制时标网络计划

工程项目实际进度前锋线在时标网络计划图上标示。为清楚起见，可在时标网络计划图的上方和下方各设一时间坐标。

（2）绘制实际进度前锋线

一般从时标网络计划图上方时间坐标的检查日期开始绘制，依次连接相邻工作的实际进展位置点，最后与时标网络计划图下方坐标的检查日期相连接。

（3）进行实际进度与计划进度的比较

前锋线可以直观地反映出检查日期有关工作实际进度与计划进度之间的关系。对某项工作来说，其实际进度与计划进度间的关系可能存在以下三种情况：

① 工作实际进展位置点落在检查日期的左侧，表明该工作实际进度拖后，拖后时间为二者之差。

② 工作实际进展位置点与检查日期重合，表明该工作实际进度与计划进度一致。

③ 工作实际进展位置点落在检查日期的右侧，表明该工作实际进度超前，超前的时间为二者之差。

（4）预测进度偏差对后续工作及总工期的影响

通过实际进度与计划进度的比较确定进度偏差后，还可根据工作的自由时差和总时差预测该进度偏差对后续工作及项目总工期的影响。由此可见，前锋线比较法既适用于工作实际进度与计划进度之间的局部比较，又可用来分析和预测工程项目整体进度状况。

【例 4.8-1】 某工程网络计划实际进度和计划进度如图 4.8-1 所示，运用前锋线比较法判断该工程进度情况。

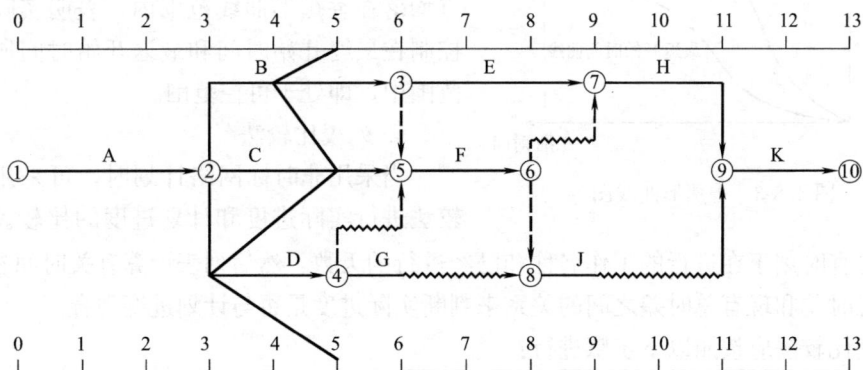

图 4.8-1 前锋线比较法

【解】 由图 4.8-1 所示的前锋线可知，在第 5d 对网络计划的实施情况进行检查，检查结果如下：

（1）工作 B 实际进度比计划进度滞后 1d；

（2）工作 C 实际进度与计划进度吻合；

（3）工作 D 实际进度比计划进度滞后 2d。

由于工作 B 在关键线路上，应进行调整，否则将影响工期。

2. S 形曲线比较法

S 形曲线是一个以横坐标表示时间，纵坐标表示任务完成量的曲线图。将计划完成和实际完成的累计任务量分别制成 S 形曲线，任意检查日期对应的实际完成任务量 S 形曲线上的点，若位于计划完成任务量 S 形曲线对应点左侧则表示实际进度比计划进度超前，右侧则表示实际进度比计划进度滞后，两者重合则表示实际进度与计划进度吻合。

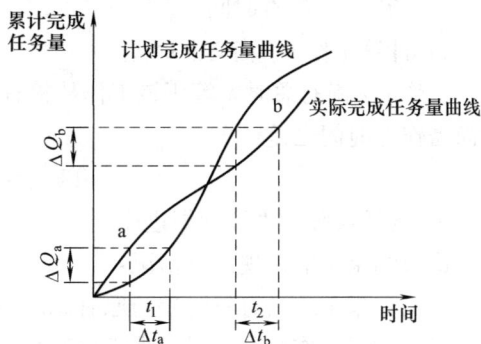

图 4.8-2 S 形曲线比较法

如图 4.8-2 所示，通过比较图中实际进度 S 形曲线和计划进度 S 形曲线，可得到以下信息：

1）网络计划实施过程中进行了两次进度检查，分别记为 a 和 b。其中 a 点处实际完成任务量曲线上的点在计划完成任务量曲线的左侧，表示实际进度比计划进度超前；b 点处实际完成任务量曲线上的点在计划完成任务量曲线的右侧，表示实际进度比计划进度滞后；

2）Δt_a 表示 t_1 时刻实际进度超前的时间，Δt_b 表示 t_2 时刻实际进度超前的时间；

3）ΔQ_a 表示 t_1 时刻超额完成的工程量，ΔQ_b 表示 t_2 时刻滞后未完成的工程量。

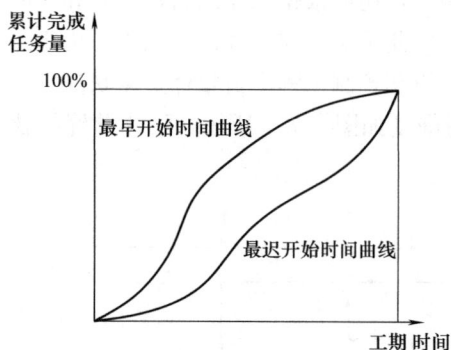

图 4.8-3　香蕉形曲线图

3. 香蕉形曲线比较法

香蕉形曲线是由具有同一开始时间和同一结束时间的 ES 曲线（最早开始时间）和 LS（最迟开始时间）两条曲线组成，如图 4.8-3 所示。将实际进度绘制在香蕉形曲线图上，若各点均落在香蕉形曲线范围内，表明实际进度被控制在最终开始时间和最迟开始时间所确定的范围中，即处于可控范围。

4. 列表比较法

当采用非时标网络计划时，可采用列表比较法进行实际进度和计划进度的比较。该方法是记录检查时刻正在进行的工作名称和已经进行的天数，然后列表计算有关时间参数，根据原有总时差和现有总时差之间的关系来判断实际进度是否与计划进度吻合。

列表比较法应按照以下步骤进行：

1）计算检查时刻正在进行的工作 i-j 尚需作业时间 $T_{i\text{-}j}^2$

$$T_{i\text{-}j}^2 = D_{i\text{-}j} - T_{i\text{-}j}^1 \tag{4.8-1}$$

式中　$D_{i\text{-}j}$——工作 i-j 的计划持续时间；

　　$T_{i\text{-}j}^1$——工作 i-j 检查时已经进行的时间。

2）计算工作 i-j 检查时至最迟完成时间的尚余时间 $T_{i\text{-}j}^3$

$$T_{i\text{-}j}^3 = LF_{i\text{-}j} - T_2 \tag{4.8-2}$$

式中　$LF_{i\text{-}j}$——工作 i-j 的最迟完成时间；

　　T_2——检查时间。

3）计算工作 i-j 尚有总时差

工作 i-j 尚有总时差等于该工作从检查时间到原计划最迟完成时间的尚余时间和该工作尚需作业时间之差：

$$TF_{i\text{-}j}^1 = T_{i\text{-}j}^3 - T_{i\text{-}j}^2 \tag{4.8-3}$$

4）比较实际进度和计划进度

比较结果可能出现以下情况：

（1）如果工作尚有总时差与原有总时差相等，则该工作实际进度和计划进度吻合。

（2）如果工作尚有总时差大于原有总时差，则该工作实际进度超前，超前时间等于两者之差。

（3）如果工作尚有总时差小于原有总时差，且仍为正值，则该工作实际进度滞后，滞后时间为两者之差，但是不影响总工期。

（4）如果工作尚有总时差小于原有总时差，且为负值，则该工作实际进度滞后，滞后时间为两者之差，此时工作实际进度偏差将影响总工期。

用列表比较法对图 4.8-1 进行实际进度和计划进度的比较，如表 4.8-1 所示。

列表比较法 　　　　　　　　　　　　　　　　　　表 4.8-1

工作代号	工作代号	检查时尚需作业天数 T_{i-j}^2	到计划最迟完成时间尚余天数 T_{i-j}^3	原有总时差 TF_{i-j}	尚有总时差 TF_{i-j}^1	情况判断
2-3	B	9	8	2	0	拖延工期 1d
2-5	C	10	7	—	—	正常
2-4	D	11	9	—	—	正常

4.8.2 网络计划的调整

在工程项目实施过程中，当实际进度与计划进度比较，发现有进度偏差时，应根据偏差对后续工作及总工期的影响，采取相应的调整方法和措施对原进度计划进行调整，以确保工期目标的顺利实现。

1. 分析进度偏差对后续工作及总工期的影响

进度偏差的大小及其所处的位置不同，对后续工作和总工期的影响程度是不同的，分析时需要利用网络计划中工作总时差和自由时差的概念进行判断。分析步骤如下：

1）分析出现进度偏差的工作是否为关键工作

如果出现进度偏差的工作为关键工作，则无论其偏差有多大，都将对后续工作和总工期产生影响，必须采取相应的调整措施；如果出现偏差的工作为非关键工作，则需要根据进度偏差值与总时差和自由时差的关系作进一步分析。

2）分析进度偏差是否超过总时差

如果工作的进度偏差大于该工作的总时差，则此进度偏差必将影响其后续工作和总工期，必须采取相应的调整措施；如果工作的进度偏差未超过该工作的总时差，则此进度偏差不影响总工期。至于对后续工作的影响程度，还需要根据偏差值与其自由时差的关系作进一步分析。

3）分析进度偏差是否超过自由时差

如果工作的进度偏差大于该工作的自由时差，则此进度偏差将对其后续工作的最早开始时间产生影响，此时应根据后续工作的限制条件确定调整方法；如果工作的进度偏差未超过该工作的自由时差，则此进度偏差不影响后续工作，因此原进度计划可以不作调整。

2. 进度计划的调整方法

1）缩短某些工作的持续时间

通过检查分析，如果发现原有进度计划已不能适应实际情况时，为了确保进度控制目标的实现或需要确定新的计划目标，就必须对原进度计划进行调整，以形成新的进度计划，作为进度控制的新依据。这种方法的特点是不改变工作之间的先后顺序，通过缩短网络计划中关键线路上工作的持续时间来缩短工期，并考虑经济影响，实质是一种工期费用优化。

一般来说，缩短某些工作的持续时间都会增加费用。因此，在调整施工进度计划时，应选择费用增加量最小的关键工作作为压缩对象。

2）改变某些工作间的逻辑关系

当工程项目实施中产生的进度偏差影响总工期，且有关工作的逻辑关系允许改变时，不改变工作的持续时间，可以改变关键线路和超过计划工期的非关键线路上的有关工作之间的逻辑关系，达到缩短工期的目的。例如，将依次进行的工作改为平行作业、搭接作业或者分段组织流水作业等方法来调整施工进度计划，有效地缩短工期。

3）其他方法

除采用上述方法来缩短工期外，当工期拖延得太多时，还可以同时采用缩短工作持续时间和改变工作之间逻辑关系的方法对同一施工进度计划进行调整，以满足工期目标要求。

4.9　本章思政教育元素

4.9.1　培养工匠精神，筑牢精品工程服务人民的行业之魂

网络计划技术包括双代号网络计划、单代号网络计划、单代号搭接网络计划和双代号时标网络计划等，是施工进度的重要表达方式，体现了施工活动的工艺要求和时间组织要求。读者应怀揣工程梦想，认真编制并严格落实网络计划，将"大国工匠"精神融进施工组织与管理中，筑牢"精品工程服务人民"的行业之魂。

4.9.2　培养创新精神和实践能力

网络计划的编制、实施及调整涉及因素多，对理论知识和工程应对能力要求严格。读者应夯实网络计划技术相关理论知识和工程实践技能，在施工进度计划编制和实施过程中强化创新意识和创新能力，提高理论与实践相结合的能力。

本 章 小 结

本章介绍了网络计划的基本知识，包括双代号网络计划的构成要素、绘制方法、时间参数的计算，单代号网络计划的绘制方法、时间参数的计算，双代号时标网络计划的参数计算及绘制方法，单代号搭接网络计划的时间参数计算及绘制方法等，并介绍了网络计划的优化方法，为施工组织和管理奠定了理论基础。通过本章的学习，应具备绘制网络计划和计算时间参数的能力，确定关键线路和关键工作的能力，能够科学制定施工进度计划表并进行优化。

习 题 及 答 案

一、填空题

1. 网络计划中一端带箭头的实线即为箭线，一般可分为 ＿＿＿＿＿＿＿＿ 和 ＿＿＿＿＿＿＿＿ 两种。

2. 某工作有两项紧后工作 C、D，最迟完成时间：C 为 20d，D 为 15d，工作持续时间：C 为 7d，D 为 6d，则本工作的最迟完成时间是 ＿＿＿＿＿ d。

3. 网络计划执行过程中，某工作实际进度比计划进度滞后 5d，影响工期 3d，则该工

作原有总时差为_____ d。

4. 某工作 D 有三项紧后工作 A、B、C，最早开始时间：A 为 12d，B 为 15d，C 为 18d，最早完成时间：D 为 8d，则 D 工作的自由时差为_____ d。

5. _____最小的工作就是关键工作，关键工作组成的线路就是_____。

6. 不影响紧后工作最早开始时间的机动时间称为本工作的_____；不影响总工期的机动时间称为本工作的_____。

7. 直接费用率表示单位时间内工作直接费用在增加值，工期-费用优化时直接费用率_____的工作优先优化。

8. 双代号时标网络计划中波形线表示工作的_____，没有波形线的线路就是_____。

二、选择题

1. 关于双代号网络计划绘制的基本原则，下列说法不正确的是（   ）

A. 可以出现循环回路

B. 严禁出现双向箭头或无箭头的箭线

C. 严禁出现没有箭尾节点或没有箭头节点的箭线

D. 绘制网络计划时，箭线不宜交叉

2. 某网络计划中 A 工作的持续时间为 5d，总时差为 8d，自由时差为 4d。如果该工作实际进度滞后 13d，则会影响计划工期（   ）d。

A. 3   B. 4   C. 5   D. 10

3. 在某工程网络计划中，已知工作 M 没有自由时差，但总时差为 5d，监理工程师检查实际进度时发现该工作的持续时间延长了 4d，说明此时工作 M 的实际进度（   ）。

A. 既不影响总工期，也不影响其后续工作的正常进行

B. 不影响总工期，但将其紧后工作的开始时间推迟 4d

C. 将使总工期延长 4d，但不影响其后续工作的正常进行

D. 将其后续工作的开始时间推迟 4d，并使总工期延长 1d

4. 对某网络计划在某时刻进行检查，发现工作 A 尚需作业天数为 4d，该工作到计划最迟完成时间尚需 3d，则该工作（   ）。

A. 可提前 1d 完成   B. 正常

C. 影响总工期 1d   D. 影响总工期 3d

5. 工程网络计划"资源有限，工期最短"优化的目的是寻求（   ）。

A. 资源有限条件下的最短工期安排

B. 资源均衡使用时的最短工期安排

C. 最低成本时的最短工期安排

D. 影响总工期 3d

6. A 工作的紧后工作为 B、C，A、B、C 工作持续时间分别为 6d、5d、5d，A 工作最早开始时间为 8d，B、C 工作最迟完成时间分别为 25d、22d，则 A 工作的总时差应为（   ）。

A. 0d   B. 3d   C. 6d   D. 9d

7. 已知甲、乙工作结束后丙工作开始，三项工作的持续时间分别为 5d、7d、9d，甲、

乙工作最早开始时间分别为 12d、11d，丙工作最迟完成时间为 29d，则甲工作的自由时差应为（ ）。

A. 0d B. 1d C. 2d D. 3d

8. A、B 工作完成后 C 工作开始，C 工作完成后 D、E 两项工作开始。已知 A、B、C、D、E 五项工作持续时间分别为 3d、2d、4d、3d、5d，A、B 工作最早开始时间分别为 8d、12d，D、E 工作最迟完成时间分别为 25d、26d，则 A 工作的最迟开始时间应为（ ）。

A. 11d B. 17d C. 19d D. 14d

9. 网络计划中利用工作的自由时差，其结果是（ ）。

A. 不会影响紧后工作，也不会影响工期

B. 不会影响紧后工作，但会影响工期

C. 会影响紧后工作，但不会影响工期

D. 会影响紧后工作和工期

10. 网络计划中，假设某工作的（ ）最小，那么该工作必然是关键工作。

A. 自由时差 B. 总时差 C. 持续时间 D. 搭接时间

三、计算题

1. 已知工作之间的逻辑关系见表习题 4-1，试绘制单代号网络计划和双代号网络计划。

工作逻辑关系表   习题 4-1

工作	A	B	C	D	E	F	G
紧后工作	C、D	E、G	—	—	—	D、G	—

2. 某工程由 9 项工作组成，各工作的持续时间和逻辑关系见表习题 4-2，试绘制双代号网络计划并计算时间参数，确定关键线路。

工作持续时间及逻辑关系表   习题 4-2

工作	A	B	C	D	E	F	G	H	I
紧前工作	—	—	—	A、B、C	B	C	C	B	D、H、G
持续时间	4	6	6	5	8	3	5	4	9

3. 计算如图习题 4-1 所示双代号网络计划的时间参数。

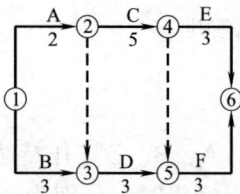

图习题 4-1 双代号网络计划

4. 将图习题 4-2 所示的单代号网络计划转换成双代号网络计划。

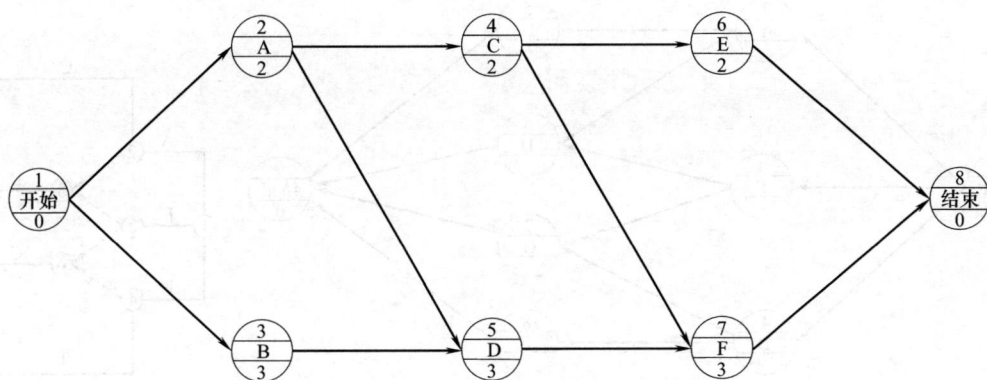

图习题 4-2　单代号网络计划

5. 将图习题 4-3 所示的双代号网络计划转换成单代号网络计划。

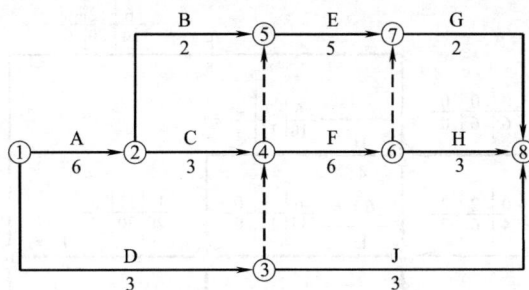

图习题 4-3　双代号网络计划

参考答案：

一、填空题

1. 实箭线、虚箭线

2. 9

3. 2

4. 4

5. 总时差、关键线路

6. 自由时差、总时差

7. 最小

8. 自由时差、关键线路

二、选择题

1-5：ACCCA　　　　6-10：BBDCB

三、计算题

1. 结果如图习题 4-4 和图习题 4-5 所示（过程略）。

2. 结果如图习题 4-6 所示，关键线路用粗线标出（过程略）。

3. 结果如图习题 4-7 所示（过程略）。

4. 结果如图习题 4-8 所示（过程略）。

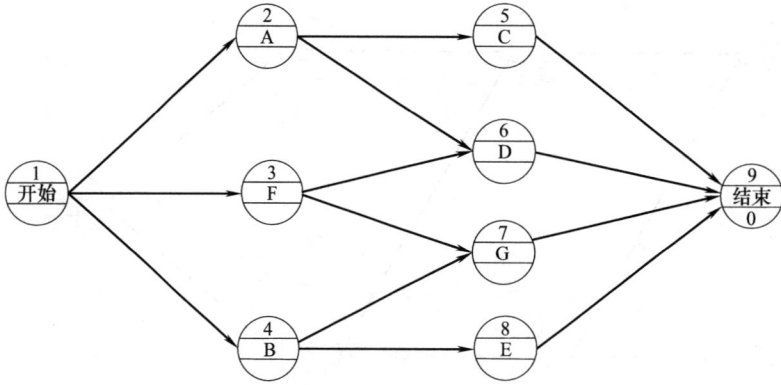

图习题 4-4　第 1 题结果（单代号网络计划）

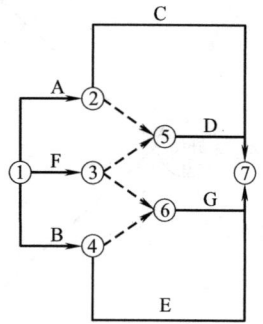

图习题 4-5　第 1 题结果
（双代号网络计划）

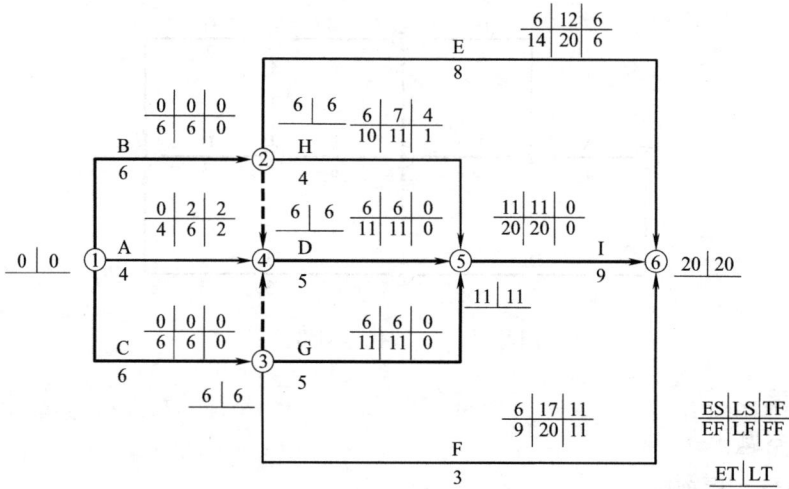

图习题 4-6　第 2 题结果

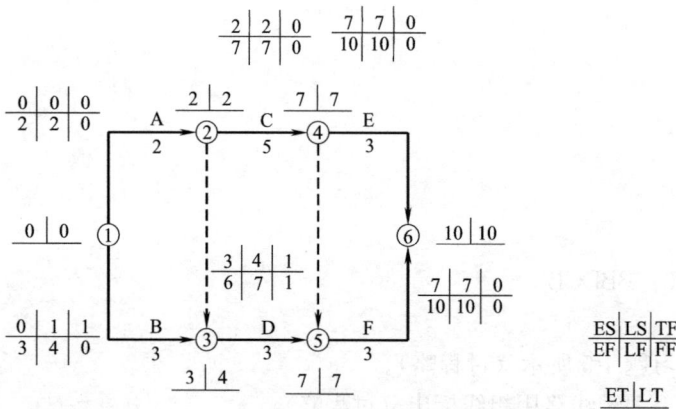

图习题 4-7　第 3 题结果

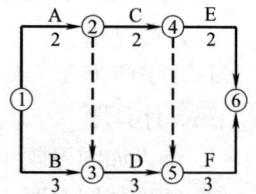

图习题 4-8　第 4 题结果

5. 结果如图习题 4-9 所示（过程略）。

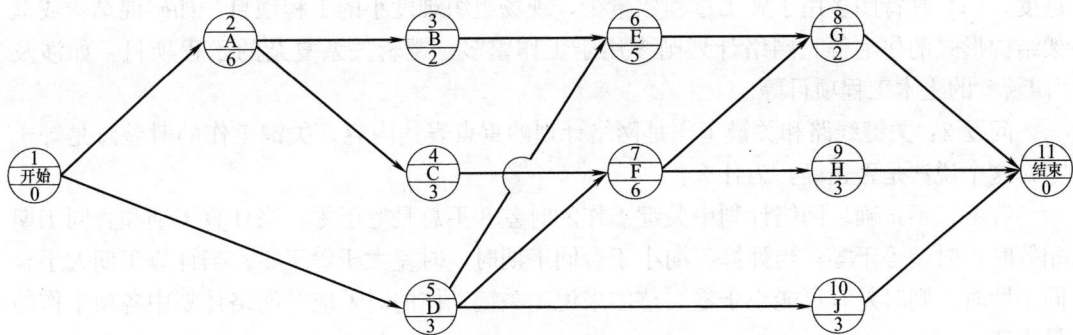

图习题 4-9　第 5 题结果

参 考 文 献

[1]　王利文. 土木工程施工组织与管理 [M]. 北京：中国建筑工业出版社，2021.

[2]　项林. 建筑工程施工组织 [M]. 南京：东南大学出版社，2019.

[3]　刘立新，贺志刚，余景良. 建筑施工组织与管理 [M]. 哈尔滨：哈尔滨工程大学出版社，2021.

[4]　梁培新，王利文. 土木工程施工组织 [M]. 北京：中国建筑工业出版社，2022.

[5]　华建民，姚刚. 土木工程施工技术与组织 [M]. 3 版. 重庆：重庆大学出版社，2023.

[6]　危道军. 建筑施工组织 [M]. 3 版. 北京：中国建筑工业出版社，2022.

[7]　赵乃志，陈兰英，王孙骏. 建筑工程施工组织 [M]. 北京：化学工业出版社，2024.

[8]　住房和城乡建设部. 工程网络计划技术规程：JGJ/T 121—2015 [S]. 北京：中国建筑工业出版社，2015.

[9]　国家质量监督检验检疫总局. 网络计划技术 第 1 部分：常用术语：GB/T 13400.1—2012 [S]. 北京：中国标准出版社，2012.

[10]　住房和城乡建设部. 建筑施工组织设计规范：GB/T 50502—2009 [S]. 北京：中国建筑工业出版社，2009.

[11]　国家质量监督检验检疫总局. 网络计划技术 第 3 部分：在项目管理中应用的一般程序：GB/T 13400.3—2009 [S]. 北京：中国标准出版社，2009.

[12]　国家质量监督检验检疫总局. 网络计划技术 第 2 部分：网络图画法的一般规定：GB/T 13400.2—2009 [S]. 北京：中国标准出版社，2009.

本章知识在求职和工作中的应用

问题 1：甘特图和网络计划在表示工程进度方面存在哪些差异？

答案：两者都是工程项目管理中常用的工具，可以表示工程进度，但在表现形式、图示内容侧重点等方面存在差异。

（1）甘特图以水平条形图表示施工过程的开始时间、结束时间和持续时间。横轴通常表示时间，纵轴表示施工过程。网络计划以节点和箭线的形式表示工作及其逻辑关系。

（2）甘特图直观表现了施工过程的进度和时间安排，简单易懂。网络计划能够清晰表现工作之间的先后顺序和逻辑关系，能够快速找到关键线路和关键工作，便于优化和调整施工进度。（3）甘特图多用于施工过程数量少，现场组织难度小的工程项目，如砖混结构或框架结构形式的住宅等。网络计划则多用于工作繁多、逻辑关系复杂的工程项目，如涉及"四新"的土木工程项目等。

问题2：关键线路和关键工作是网络计划的重点表达内容，关键工作的时差总是等于零，这个说法是否正确，为什么？

答案：不正确。网络计划中关键工作的时差并不总是等于零，当计算工期和合同工期相等时，时差等于零；当计算工期小于合同工期时，时差大于等于零；当计算工期大于合同工期时，则时差有可能小于零。整体来说，关键工作的时差应是网络计划中各项工作的最小值。

问题3：施工过程中当实际进度和计划进度相比时，出现滞后情况，是否必须进行网络计划优化，为什么？

答案：当实际进度滞后于计划进度时，不一定需要进行网络计划优化。施工过程中出现实际进度滞后于计划进度时，应对滞后情况进行分析，若滞后时间小于线路剩余工作时差之和时，则不需进一步处理，仅对后续工作加强管理，使实际工期不超过合同工期即可；当滞后时间大于线路剩余工作时差之和时，则应根据现场施工条件制定整改计划，使实际工期不超过合同工期，如将部分工作由单班制变成两班制或三班制等。

第 5 章

单位工程施工组织设计

学习目标:

◇知识目标

掌握单位工程施工组织设计的组成内容；掌握单位工程施工组织设计的编制依据及编制程序；掌握单位工程施工组织设计的编制方法和技巧。

◇能力目标

具备单位工程施工组织设计的编制能力，能够正确识读并贯彻实施单位工程施工组织设计。

◇素质目标

正确认识单位工程施工组织设计在现场管理中的理论价值和工程价值，具备贯彻落实单位工程施工组织设计所需要的科学态度和严谨作风。

5.1　单位工程施工组织设计概述

单位工程施工组织设计由施工单位编制，是用来指导单位工程（子单位工程）施工准备工作、现场施工组织和管理活动的技术、经济文件，是施工组织总设计的进一步细化，是联系设计文件与施工活动的桥梁。它的主要任务是根据施工组织总设计和其他相关工程资料，结合现场施工条件，从单位工程施工全局出发，制订科学合理的施工方案，合理安排施工顺序和进度计划，有效利用施工场地，优化配置和节约使用人力、材料、资金、技术等生产要素，协调各方面工作，使施工活动在合同规定的时间、空间和资源供应条件下，有组织、有计划、有秩序地进行，实现各项管理目标。

5.1.1　单位工程施工组织设计的内容

工程性质、规模、结构特点、技术复杂程度和施工条件等因素不同都会导致单位工程施工组织设计编制内容的深度和广度发生变化，其核心组成部分包括施工方案、施工进度计划表和施工平面布置图，简称"一案、一表、一图"。通常情况下单位工程施工组织设计应包括以下基本内容：

1. 编制依据

1）相关国家规定和标准。国家现行的有关建设法律、法规、技术标准、质量标准、操作规程、施工验收规范等文件。

2）工程所在地区行政主管部门的批准文件、建设单位的要求。

3）招标文件或施工合同。包括工程造价、进度、质量等方面的要求，建设单位和施工单位认可的协作事项、解决纠纷机制及违约责任等。

4）设计文件。包括全部施工图纸、图纸会审纪要、设计变更单、图集及其他设计资料。

5）工程施工范围内的现场条件，工程地质及水文、气象条件等，施工单位的施工能力和相关企业要求。

6）工程相关的资源供应情况。施工活动需要的劳动力、材料、预制构件等资源的来源和供应情况等。

7）施工组织总设计。单位工程施工组织设计是施工组织总设计的组成部分，应满足后者对该单位工程施工活动的要求。

2. 工程概况

拟建工程的基本情况：工程建设地点特征；各专业的主要设计介绍；施工条件及工程特点；工程施工的重点和难点分析等。工程概况可以采用文字或图表的形式编写。

3. 施工部署

单位工程施工部署是对整个单位工程的施工活动进行总体安排，其目的是通过合理部署顺利实现各项施工管理目标。主要包括：确定施工管理目标，确定施工部署原则，确定总体施工顺序，确定组织管理机构和岗位职责，明确各参建单位之间协调配合的范围和方式。

4. 施工准备工作与资源配置计划

施工准备工作重点包括技术准备和现场准备两个方面，不仅在开工之前要进行施工准备，施工过程中也需要做好相应工序的准备工作。而与施工组织总设计相比，单位工程施工组织设计的施工准备和资源配置计划应更具体，其劳动力配置宜细化到专业工种。

5. 施工方案

单位工程应按照质量管理的要求对主要分部分项工程质量施工方案，选择主要分部分项工程的施工顺序、施工方法和施工机械等。

6. 施工进度计划

单位工程的施工进度计划应根据施工组织总设计中的总进度计划编制，可选用横道图、网络计划技术等方式进行表达。

7. 施工平面布置图

在施工范围内，对各项生产、生活设施及其他辅助设施等进行规划和布置，包括已建和拟建土木工程设施的总平面图、确定起重机械的位置、布置施工道路、布置生产和生活临时设施、布置构配件的堆场和水电管线位置等。

8. 主要管理措施和技术经济指标

主要管理措施包括确保实现工程质量、工期、投资及安全目标，保护环境，文明施工及分包管理等各项措施。技术经济指标主要包括施工工期、劳动生产率、工程质量等级、降低成本、安全生产等指标。

5.1.2 单位工程施工组织设计的分类

根据单位工程施工组织设计所处的阶段，可以将其分为两类：投标前编制的施工组织设计，简称标前设计；签订工程承包合同后编制的施工组织设计，简称标后设计。

标前设计是为了满足编制投标书和签订承包合同需要而由经营管理层编制的规划性文件，是承包单位进行合同谈判，提出邀约和进行承诺的根据和理由，是拟订合同文件中相关条款的基础资料。标后设计是为了满足施工准备和指导施工全过程需要而由项目管理层编制的操作性文件，其编制目的是提高施工效益。

5.1.3 单位工程施工组织设计的编制程序

单位工程施工组织设计编制过程中不仅要充分做好现场资料的调研，尤其是施工重点和难点相关资料，而且要合理安排施工顺序，采用先进施工技术，各项施工活动应密切配合，尽可能相互搭接，交叉施工以达到缩短工期并降低工程成本的目的。此外，单位工程施工组织设计的编制应遵循如图 5.1-1 所示的程序。

5.1.4 单位工程施工组织设计审批及管理

单位工程施工组织设计是以单位（子单位）工程为主要对象编制的施工组织设计，对单位（子单位）工程的施工过程起指导和制约作用。单位工程施工组织设计应由施工单位项目负责人主持编制。编制完成后，首先进行施工单位内部审核，其次由项目监理机构进行审核并提出审查意见，施工单位整改完毕并经总监理工程师审核签认后报建设单位。对于一些重要、复杂或涉及重大安全风险的单位工程施工组织设计还需建设单位项目负责人签认。

工程施工前，应进行单位工程施工组织设计逐级交底，施工过程中，施工单位应严格按照已经审批的单位工程施工组织设计文件组织实施，并对实施情况进行检查。当单位工程施工组织设计需要调整时，应遵循动态管理的原则，经修改或补充的单位工程施工组织设计应重新审批后实施。

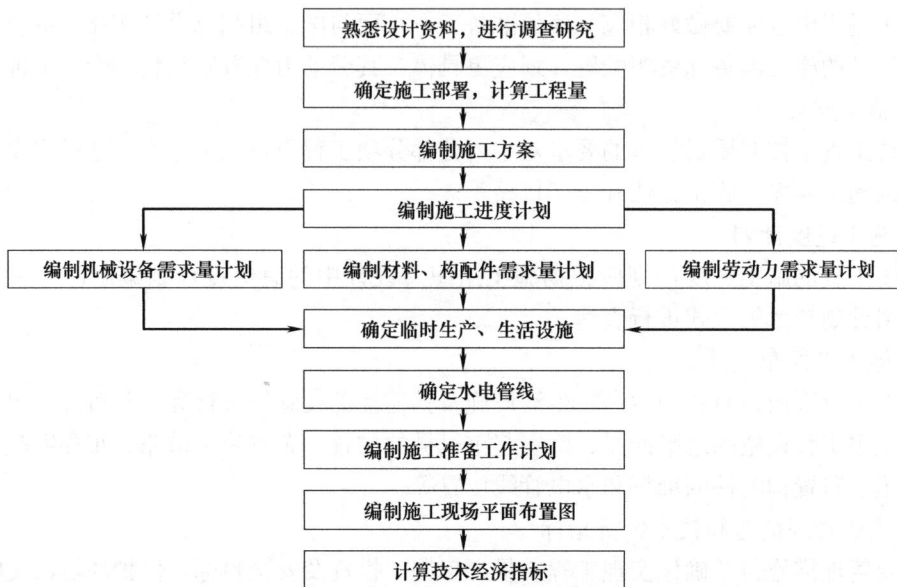

图 5.1-1　单位工程施工组织设计编制程序图

5.2　单位工程概况

单位工程概况是对单位工程基本情况、各专业设计简介、工程建设地点与环境特征、施工条件、工程施工特点等进行简要介绍，可采用文字、图表等方式进行说明。

5.2.1　单位工程基本情况

单位工程基本情况包括拟建单位工程的建设单位、名称、性质、用途、投资额、开竣工日期、地理位置；工程的勘察、设计、监理和总承包等相关单位信息；工程承包范围和分包工程范围；施工合同、招标文件、总承包单位对施工的要求；组织施工的指导思想等。

5.2.2　工程建设地点与环境特征

工程建设地点与环境特征包括拟建单位工程的位置、地形地貌、拆迁情况、障碍物清除情况、水文地质条件及环境情况、是否涉及冬（雨）期施工等。

5.2.3　设计文件

建筑施工图、结构施工图、设备施工图等设计资料及工程变更资料。

5.2.4　施工条件

施工条件包括工程建设地点气象情况；施工区域地形和工程水文地质状况；施工区域地上、地下管线及相邻的地上、地下建（构）筑物；与工程施工有关的道路、河流等状况；单位工程所在地建筑材料、设备供应和交通运输等服务能力状况；当地供电、供水、供热和通信能力状况；其他与施工活动相关的影响因素。

5.3　单位工程施工部署

5.3.1　明确单位工程施工目标

工程施工目标应根据施工合同、招标文件及本单位对工程管理目标的要求确定，包括工程质量、进度、投资、安全、环境保护等方面，各项目标应相辅相成，同时满足施工组织总设计中相关规定。

【例题 5.3-1】 某学校教学楼工程施工管理目标。

【解】 （1）工期目标

根据招标文件与我公司制定的网络计划，总进度计划控制在 280 日历天内，并在 2024 年 4 月底完成地下室顶板施工，6 月底完成主体结构封顶，9 月底前竣工验收。

（2）质量目标

本工程质量目标为省级"优质工程"。分部工程质量全部合格，观感质量评定得分率达到 95％以上；工程质量符合国家现行验收规范和招标文件的要求；工程质量事故实现零目标，质量缺陷在 5％以内。

（3）安全目标

确保无重大工伤事故，无引发不良社会影响的事故，杜绝死亡事故。

（4）投资目标

工程施工成本严格控制在合同价格以内，在此基础上力争节约资金 3％～5％。

（5）环境保护与文明施工目标

施工现场内外整洁，道路通畅，物料堆放有序，施工人员衣容整洁，做到"工完料净脚下清"，确保不发生环境保护方面事故。

本工程争创省级文明工地、标准化工地。

（6）绿色智能施工

施工过程积极贯彻落实国家绿色、智能施工相关标准、规程，引入混凝土工程智能施工管理系统，运用 BIM 技术实时推演施工活动，做到节约用水、节约用地、节约材料、节约能源、环境保护。

5.3.2 建立工程组织管理机构

根据工程规模、复杂程度、专业特点、人员素质等，按照合理分工与协作、精干高效、管理层次与管理跨度、才职相称与权责一致等原则组建项目组织管理机构，确定项目管理组织结构形式及岗位职责，并采用框图等形式进行表达。如大中型工程项目宜选择矩阵式管理组织或直线职能式管理组织，小型工程项目宜选择直线式管理组织或职能式管理组织。

5.3.3 确定单位工程施工程序

施工程序应体现施工步骤的客观规律性，是指单位工程中各施工阶段或分部工程的先后次序及其制约关系，主要解决时间衔接上的问题。确定施工程序的内容包括落实施工任务、签订施工合同；开工前的准备；施工作业；竣工验收及交工等环节。

1）一般建筑工程

一般建筑工程项目施工应遵循"先准备后开工""先地下后地上""先土建后设备""先主体后围护""先结构后装饰"的程序，最后安排竣工收尾工作。

先准备后开工：开展施工活动前，应先做好各项准备工作，保证施工活动顺利进行。

先地下后地上：顺作法施工中，应先完成管道（线）等地下设施、土方工程、基础工程，然后开始地上部分的施工。地下工程一般按照先深后浅的程序作业，管道（线）按照先场外后场内，先主干后分支等程序作业，为地上部分施工提供场地。逆作法施工则需考虑工程场地条件、施工机械、工期要求等因素，做出科学部署。

先土建后设备：一般情况下，土建部分施工应先于水、暖、电、卫等建筑设备的施工，后者也可适当穿插配合施工。

先主体后围护：多层及高层建筑中，应先进行主体结构施工，后完成围护工程，后者也可适当穿插配合施工。

先结构后装饰：一般情况下，装饰装修工程应在主体结构完成后进行，高层建筑中有时为了缩短工期，也可以有部分合理的搭接施工。

2）工业建筑

工业厂房的施工程序应根据厂房的类型、生产设备的性质、安装要求等因素合理安排土建和设备安装。一般有三种施工程序：

（1）先土建后设备。一般工业厂房应土建主体完成后进行设备安装，这种施工程序又称为"封闭式施工"，其优点在于土建施工方便。如精密仪器工业厂房的施工。

（2）先设备后土建。对于某些重型工业厂房，如冶金、发电厂房等，由于设备需要露天安装，一般先安装生产设备，然后再建造厂房。这种施工程序又称为"敞开式施工"。

（3）土建施工和设备安装同时进行。土建施工可以为设备安装创造必要的现场条件，同时又可以控制设备被污染，即可采用土建施工和设备安装同时进行。如建造水泥厂时，经济效益最好的施工程序就是两者同时进行。

5.3.4 绿色施工

根据《建筑与市政工程绿色施工评价标准》GB/T 50640—2023，绿色施工是指在保证质量、安全等基本要求的前提下，以人为本，因地制宜，通过科学管理和技术进步，最大限度地节约资源，减少对环境负面影响的施工活动。为了推进绿色施工，促进工程建设项目全寿命周期内的绿色建造，陆续出台了《建筑工程绿色施工规范》GB/T 50905—2014 等国家标准，强调了绿色施工的重要性和必要性。

1. 绿色施工总体框架

绿色施工是可持续发展理念在施工过程中全面落实的体现，涉及生态与环境保护、资源与能源利用、社会与经济发展等内容，总体框架由施工管理、环境保护、节材与材料资源利用、节水与水资源利用、节能与能源利用、节地与施工用地保护 6 个方面组成如图 5.3-1 所示。

图 5.3-1 绿色施工总体框架图

2. 绿色施工原则

1）减少施工区域环境干扰

施工活动会严重扰乱施工区域及周边场地环境，场地平整、土方开挖与运输、施工降排水、永久及临时设施建造、场地废弃物储存与处理等活动都会对施工区域及周边动植物资源、地形地貌、地下水位等造成影响。施工过程中减少场地干扰，保护施工区域及周边环境是建设单位、施工单位等工程项目参与单位应尽责任，应编制并落实施工区域场地使用计划及要求。

2）结合场地条件和气候条件

施工单位选择施工方法和施工机械、安排施工顺序、布置施工现场设施时应结合施工现场的场地条件和气候条件，以达到减少施工措施费，避免资源和能源过多消耗，有效降低施工成本的目的。如雨期来临之前完成土石方工程、基础工程施工，能够减少地下水位升高对施工的干扰；起重吊装作业应充分考虑风、雷电的影响等。

3）绿色施工要求节约

施工过程中应建立以项目经理为第一责任人的绿色施工管理体系，并加强管理减少资源消耗，提高效益。通过实时监测水资源使用量，安装节水设备和器具，尽可能重复利用等措施可减少施工阶段用水量；通过安装节能灯具、节能型施工机械、合理安排施工时间避免夜间施工等措施可降低用电量；通过有计划采购、现场合理保管、减少材料搬运次数和距离、限额领料和台账管理、改善施工工法降低材料消耗、增加周转材料的周转效率可节约材料用量；通过提高可回收资源利用率，可以减少能源消耗，减少施工单位运输和处理废料的成本。

4）减少环境污染

施工活动中易产生大量灰尘、噪声、废弃物甚至有毒有害气体，都会造成环境污染，有损现场施工人员的健康。

5）实施科学管理，保证工程质量

绿色施工必须实施科学管理，提高现场管理水平，提升工程质量，实现施工单位、建设单位共赢，促进绿色施工制度化、规范化。

3. 绿色施工组织管理

实现工程项目的绿色施工，离不开绿色施工组织管理，即以传统施工组织管理为基础，以文明施工、安全管理为辅助，实现绿色施工目标，完善包含绿色施工理念的管理体系和方法，用科学的组织管理手段实现绿色施工。

绿色施工创建项目应设置独立的绿色施工管理体系，将绿色施工纳入目标控制体系，在项目组织管理机构中以项目经理为绿色施工第一责任人，成立绿色施工管理部门，作为总体协调绿色施工相关事宜的机构。该部门以施工单位相关管理人员为主，可邀请建设单位、监理单位、设计单位的相关人员参与。绿色施工创建项目应设置绿色施工专职管理员，各分部分项工程设置绿色施工联络员，负责各项措施实施情况的监控和协调。

5.4 单位工程施工方案

单位工程应按照现行国家质量验收规范中分部、分项工程的划分原则，对主要分部分项工程制定施工方案，对脚手架工程、土方工程、起重吊装工程等危险性较大的分部分项工程编制安全专项施工方案，并进行必要的验算和说明，对超过一定规模的危险性较大的分部分项工程其安全专项施工方案还需经专家论证。

5.4.1 确定单位工程施工流程

施工流程即确定施工起点和流向，是指单位工程在平面或空间上施工活动的开始部位及其展开方向，主要取决于生产需要、缩短工期和保证质量等要求。通常情况下，单层建筑按其施工段、跨度分区分段确定平面上的施工流程；多层建筑物，除了确定每层平面上的施工流程外，还需要确定其层间的施工流程。

1. 确定施工流程需要考虑的问题

施工流程直接决定了各项施工过程的开展和进度，需要考虑以下因素：

1）施工方法是确定施工流程的关键因素，施工流程应在不违背施工方法和施工工艺的前提下确定。如基础工程采用顺作法或是逆作法，其施工流程是不相同的。

2）单位工程的性质及建设单位的要求。从生产工艺方面来看，要先试生产的施工段优先施工；从建设单位使用需求方面来看，进度要求高的施工段优先施工。如高层建筑中，在主体结构施工达到一定层数后，即可将设备安装及室内外装修穿插施工。

3）单位工程各分部分项工程的复杂程度。工程量大、技术复杂、施工进度慢的施工段优先施工。如高层建筑，应优先施工主楼，裙楼部分后施工。当有高低跨并列时，应从并列处开始，屋面防水施工应按照先低后高的顺序进行，同一屋面则由檐口到屋脊方向施工，基础埋深不同时应先深后浅。

4）工程现场条件和施工方案。施工场地大小、道路布置、施工方案所对应的施工方法和机械设备等也是施工流程的重要影响因素。如土方工程施工中，边开挖边外运余土，则施工起点应选在远离道路的位置，由远及近地开展作业。

5）划分施工过程、施工段、施工层等。工序的先后顺序、伸缩缝、沉降缝等都是确定施工流程时应考虑的因素，同时要兼顾工期要求和现场组织的要求。

6）分部工程或施工阶段的特点及其相互关系，充分考虑施工质量和安全的要求。如基坑回填土施工必须在基础工程验收完成后开始，混凝土浇筑施工必须在钢筋验收合格后开始。

2. 常见分部工程施工流程

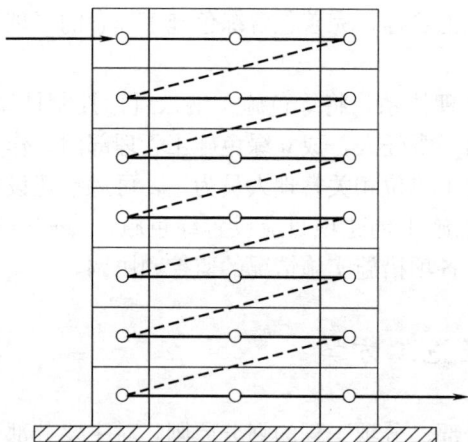

图 5.4-1 室外装饰工程自上而下的施工流程

通常情况下，单位工程包括地基与基础、主体结构、屋面工程、装饰装修等分部工程，其施工流程也不相同，这里以装饰工程为例进行说明。装饰工程按其部位不同可分为室内装饰和室外装饰，应根据项目装饰工程的工期、质量、安全要求及现场施工条件确定其施工流程。常见施工流程形式如下：

1）室外装饰工程。室外装饰工程一般采用自上而下的施工流程，屋面工程全部完成后，室外装饰从顶层开始至底层依次逐层向下进行，如图 5.4-1 所示。这种施工流程的优点在于确保主体结构完成后的沉降期，且屋面工程完成后有利于防止雨水渗漏，进而有利于提升装饰工程质量，同时便于脚手架及时拆除。

2）室内装饰工程。室内装饰工程的施工流程一般包括以下三种方式：

（1）自上而下的施工流程。室内装饰工程自上而下的施工流程可分为水平向下和垂直向下两种形式，如图5.4-2所示。自上而下指主体结构封顶，屋面工程完成后，从屋顶开始逐层向下施工。其优点是主体结构完成后有一定沉降期，且防水层已经做好，容易保证装饰工程质量免受主体沉降和雨水浸泡等不利影响，且工序之间交叉少，便于施工和成品保护。缺点是不能与主体结构交叉施工，工期相对较长，该方式多用于层数不多且工期比较充裕的工程项目。

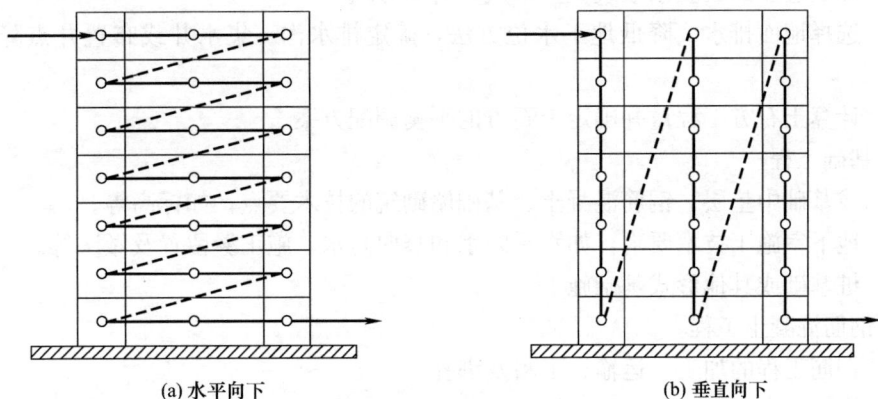

(a) 水平向下　　　　　　　　　　　(b) 垂直向下

图 5.4-2　室内装饰工程自上而下的施工流程

（2）自下而上的施工流程。主体结构施工至一定高度后，装饰工程从底层开始施工，上部主体结构与下部装饰工程交叉施工，如图5.4-3所示。这种施工流程可以缩短工期，但由于工序交叉多，成品保护困难，需增加措施费用，质量和安全不易保证。该方式适用于层数多、工期紧张的工程。

（3）自中部开始向上、向下同时施工。这种施工流程往往适用于高层建筑，兼具了前两种施工流程的优点。

5.4.2　选择主要施工方法

选择施工方法时需要从技术先进、工艺可行、经济合理的角度出发，以达到提高工程质量、降低工程成本、提高劳动生产率、加快工程进度的目的。

1. 选择施工方法的基本要求

施工方法的选择主要根据工程结构特点、质量要求、工期长短、资源供应条件、现场施工条件、施工单位的技术水平及管理水平等因素综合考虑。基本要求如下：

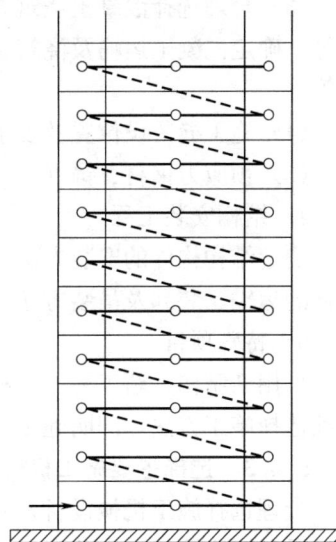

图 5.4-3　室内装饰工程自下而上的施工流程

1）重点考虑影响整个单位工程施工的分部分项工程的施工方法，即工程量大且在单位工程中占重要地位的分部分项工程，施工技术复杂或采用新技术、新工艺及对工程质量起关键作用的分部分项工程，特种结构工程。对于按照常规做法、技术非常成熟的分部分项工程，则加以说明，提出具体要求和注意事项即可，不必拟定详细的施工方法。

2）满足施工组织的要求。

3）工艺及技术可行，能够提升智能化施工、机械化施工水平。

4）多方案对比，择优选择，并与现场施工条件和施工单位技术特点等因素相吻合。

2. 常见分部分项工程的施工方法

1）土石方工程

（1）计算土石方工程的工程量，根据土石方特征及现场机械设备类型，确定土石方开挖或爆破方法，选择施工机械。

（2）确定边坡的放坡系数或支护形式，打桩方法。

（3）选择地面排水、降低地下水位方法，确定排水沟、集水井或布置井点降水所需设备。

（4）计算土石方工程量并确定土石方的平衡调配方案。

2）基础工程

（1）浅基础中垫层、钢筋混凝土、基础墙砌筑的技术要点，如标高等。

（2）地下室施工技术要求，如水平防水和竖向防水、施工缝留置及做法等。

（3）桩基础或其他形式基础施工。

3）钢筋混凝土工程

（1）钢筋工程的加工、运输、下料及绑扎。

（2）模板的类型和支模方法、拆模时间和有关要求，对于复杂工程的模板加工前尚需进行模板设计并绘制模板大样图。

（3）合理选择混凝土浇筑方法，如全面分层浇筑法、分段分层浇筑法、斜面分层浇筑法等，确定混凝土运输及浇筑要求，现场施工组织和管理要求。混凝土养护及质量评定要求等。

（4）施工缝留设位置及要求。

（5）预应力钢材、锚（夹）具、张拉设备的选择及施工要求。

4）结构安装工程

确定结构构件的安装方法、安装顺序，起重吊装设备的运行路线及工作面，工厂预制构件的运输、装卸及吊装方法。

5）特殊项目

采用新结构、新工艺、新材料、新技术的项目，大跨度、深基础、水下结构等项目应单独选择施工方法，阐明施工技术关键部分，加强技术管理，进行技术交底等。

5.4.3　选择主要施工机械设备

合理选择施工机械设备，有助于提高施工效率，实现专业化、工业化生产。选择施工机械设备时应注意以下几点：

1）结合工程特点和现场施工条件，首先选择主导工序的施工机械设备。如选择起重运输机械时，可根据工程量大小来决定。当工程量较大且又比较集中时，宜采用效率高的塔式起重机；反之，可采用无轨自行式起重机。确定起重机型号时，应使其性能满足起重量、安装高度、起重半径的要求。

2）各种辅助机械设备应与主导机械设备的生产能力相协调，以充分发挥主导施工机械设备的生产效率。如土方工程采用汽车运土时，汽车的载重量应为挖掘机斗容量的整数倍，汽车的数量应保证挖掘机连续工作。

3）同一个项目的施工机械种类和型号应尽可能少，一机多能，以利于现场施工机械的管理和维护，同时减少机械设备转场费用。如挖土机不仅可用于挖土，将工作装置改装后，也可用于装卸、起重和打桩。

4）施工机械选择应考虑充分发挥施工单位现有施工机械的能力，并力争实现综合配套，以减少资金投入，如现有机械设备不能满足施工需求，再根据实际情况进行购买或租赁。

5.4.4 确定技术组织措施

技术组织措施主要是指在技术、组织方面对保证工程质量、安全、成本等和进行季节性施工等所采取的方法与措施，主要内容如下：

1）保证工程质量措施。保证工程质量的关键是针对各分部分项工程质量通病制定防治措施，建立质量管理保证体系。例如，对采用新工艺、新材料、新技术和新结构的工程，需制定有针对性的技术措施；对确保基础工程、主体结构中关键部位和内外装修的质量制定有效的技术组织措施；对复杂或特殊工程的施工制定相应的技术措施等。

2）保证施工安全措施。施工安全措施应贯彻安全操作规程，对施工中可能发生安全问题的环节进行预测，其主要内容包括：预防自然灾害措施，包括防台风、防雷击、防洪水、防地震等；防火、防爆措施，包括大风天气严禁施工现场明火作业，氧气瓶防振、防晒等措施；劳动保护措施，包括安全用电、防暑降温、高空作业防滑防坠落等措施；特殊工程安全措施，如采用新结构、新材料或新工艺的分部分项工程，编制详细的安全施工措施；环境保护措施，包括禁止有害气体排放、现场生产污水和生活污水排放等措施。

3）冬、雨期施工措施。冬期施工的措施是：根据所在地区的气温、降雪量、工程特点、施工条件等因素，在保温、防冻、改善操作环境等方面，制定相应的施工措施，并安排好物资的供应和储备；对于不适宜在冬期进行或在冬期不容易保证质量的工作，可合理安排在冬期以前或以后进行。

雨期施工的措施是：根据工程所在地区的雨期时间、降雨量、工程特点和部位，制定出工程、材料和设备的防淋、防潮、防泡、防淹等各种措施，如进行遮盖、加固、排水等；做好道路的防滑措施，同时防止因进入雨期而拖延工期，如采取改变施工顺序、合理安排施工内容等措施。

4）降低成本措施。降低成本的措施包括：采用先进技术、改进作业方法以提高劳动生产率、节约劳动量的措施；综合利用材料、推广新材料以节约材料消耗的措施；提高机械利用率、发挥机械效能以节约机械设备费用的措施；合理进行施工平面图设计以节约临时设施费用的措施等。针对工程量大、有采取措施的可能、有条件的项目，提出措施，计算经济效果指标，最后加以分析、评价、决策。同时要正确处理降低成本、提高质量和缩短工期三者的关系。

5）保护环境、文明施工的措施。为了保护环境，防止在城市施工中造成污染，在编制施工方案时应提出保护环境、文明施工的措施，包括：防止施工废水污染环境的措施；防止废气污染环境的措施；防止垃圾、粉尘污染环境的措施；防止噪声污染的措施；防止光污染的措施。

5.4.5 评价施工方案的技术经济效果

施工方案技术经济评价是指从技术可行性、经济合理性两方面对施工方案展开评价，通过科学计算和分析，选择综合效果最佳的施工方案。

1. 施工方案技术经济评价的步骤

施工方案技术经济评价流程，如图 5.4-4 所示。

1) 确定评价目标

提出需要解决的具体问题和任务，如基坑边坡支护、现浇混凝土模板支设等，并明确预期目标或要达到的效果，如工期目标、质量目标、成本目标、安全目标、绿色施工目标等。

2) 设定施工条件，拟定初始方案

施工过程中同一个任务可采用不同施工方法，编制多种施工方案。因此，拟定施工方案时应明确施工条件，如可投入施工的作业人员、机械设备、材料资源、供应方式、作业条件等。

3) 施工方案技术分析

围绕施工方案预期实现的功能目标，采取定性分析和定量分析相结合的方法，综合判断施工方案的技术先进性、适用性和可行性。

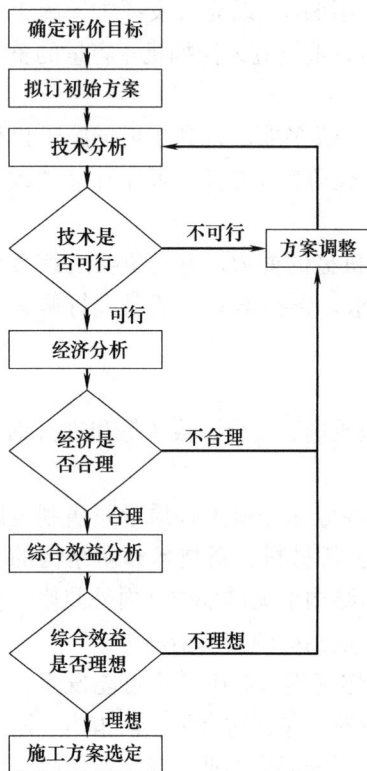

图 5.4-4 施工方案技术经济评价流程

4) 施工方案经济分析

对技术分析结果为可行的施工方案采用定量分析的方法进行经济分析，对其经济合理性进行判断。

5) 施工方案综合效益分析

在对施工方案进行技术分析和经济分析的基础上，进一步分析其综合效益。由于施工方案的技术分析和经济分析指标的性质不同、量纲不同，往往不能直接进行比较计算，需要对这些指标进行无量纲化处理，常用的方法有价值工程法，根据评价值择优选择最佳施工方案。

2. 施工方案的技术经济评价指标与计算

通常情况下，施工方案技术经济评价包括定性评价和定量评价两个方面，主要有费用指标和效益指标。其中费用指标包括施工方案实施过程中的人工、材料、机械等直接费用，现场管理及企业管理等间接费用等，效益指标则包括实施施工方案带来的效益，如工程利润、合同收入、工期提前奖、绿色施工等。

1) 静态指标评价法

静态指标评价法，是不考虑资金时间价值因素的评价方法。

(1) 工期指标。当建设单位要求工程尽快完成并投入生产或使用时，选择施工方案就要在确保工程质量、安全和成本的条件下，优先考虑缩短工期。如采用全工序穿插流水施工组织方式安排施工，采用两班制或三班制的方式加速施工，优先选用先进施工方法提升施工效率等。

（2）机械化指标。选择施工方案时应积极扩大机械化施工范围，降低人工劳动强度。

$$施工机械化 = \frac{机械完成的实物工程量}{全部实物工程量} \times 100\% \qquad (5.4\text{-}1)$$

（3）材料消耗指标。反映施工方案中主要材料消耗情况。

（4）成本降低指标。综合反映施工方案的经济效果，一般可以用降低施工成本额和降低成本率表示。降低成本额通过式（5.4-2）计算，而降低成本率则通过式（5.4-3）计算。

$$降低成本额 = 工程预算成本 - 计划成本 \qquad (5.4\text{-}2)$$

$$降低成本率 = \frac{工程预算成本 - 计划成本}{工程预算成本} \times 100\% \qquad (5.4\text{-}3)$$

（5）投资额指标。拟定施工方案需要增加新投资时，需要用增加投资额指标进行比较。如租赁或采购新施工机械设备。

2）动态指标评价法

动态指标评价法，即考虑资金时间价值因素的评价方法。净现值是考察施工方案在计算期内获利能力的动态评价指标。方案净现值是指用一个预定的基准收益率 i_c，把整个计算期内各时间点所发生的净现金流量都折现到计算期初的现值，其计算表达式如式（5.4-4）所示。

$$NPV = \sum_{t=0}^{n} (CI - CO)_t \times (1 + i_c)^{-t} \qquad (5.4\text{-}4)$$

式中　NPV——施工方案净现值；

$(CI - CO)_t$——第 t 个时间点的净现金流量；

i_c——基准收益率，可根据施工单位资金成本确定；

n——方案实施期，可以年或月为计算单位。

当 NPV＞0 时，说明该施工方案不仅能满足基准收益率对应的盈利，还可以得到超额盈利，该施工方案可行；

当 NPV＝0 时，说明该施工方案基本能满足基准收益率对应的盈利，该施工方案基本可行或有待优化；

当 NPV＜0 时，说明该施工方案不能满足基准收益率对应的盈利，该施工方案在经济上并不可行。

3）综合指标评价法

综合指标评价法是首先使用多个指标对施工方案进行评价，然后将多个指标转化成一个综合指标的评价方法，也可称为多指标综合评价法。综合评价法的计算方法有很多种，常用的计算方法是首先根据各个指标在评价中的重要性程度，分别确定其权重系数，重要性程度越高，权重系数越大；其次用同一指标依据其在各施工方案中的优劣程度，分别确定其量化值，往往需要进行无量纲化处理。设有 m 种施工方案 n 种评价指标，则第 i 个施工方案的综合指标值为：

$$A_i = \sum_{j=1}^{n} w_{ij} \times c_{ij} \qquad (5.4\text{-}5)$$

式中　A_i——第 i 个施工方案的综合评价值，$i = 1, 2, 3, \cdots, m$；

w_{ij}——第 j 项评价指标的权重系数，$j=1$，2，3，…，n；

c_{ij}——第 i 种施工方案的第 j 项评价指标量化值，$j=1$，2，3，…，n。

针对拟解决的问题和预期目标，确定施工方案的评价指标，根据式（5.5-5）计算施工方案的综合指标值，综合得分最高的方案就是最佳方案。

5.4.6 专项施工方案

为了加强和规范危险性较大的分部分项工程安全管理，住房和城乡建设部出台了《危险性较大的分部分项工程安全管理规定》《危险性较大的分部分项工程专项施工方案编制指南》《危险性较大的分部分项工程专项施工方案严重缺陷清单（试行）》等规章，明确了基坑工程、模板工程及支撑体系等属于危险性较大的分部分项工程，深基坑工程等属于超过一定规模的危险性较大的分部分项工程。危险性较大的分部分项工程施工前由施工单位组织工程技术人员编制专项施工方案，并由监理单位进行审核方可实施；超过一定规模的危险性较大的分部分项工程应由施工单位组织召开专家论证会对专项施工方案进行论证。施工单位应将专项施工方案及审核、专家论证、交底、现场检查、验收及整改等相关资料纳入档案管理。

1. 危险性较大的分部分项工程和超过一定规模的危险性较大的分部分项工程范围

危险性较大的分部分项工程（简称"危大工程"），是指房屋建筑和市政基础设施工程在施工过程中，容易导致人员群死群伤或者造成重大经济损失的分部分项工程。危大工程及超过一定规模的危大工程范围由国务院住房城乡建设主管部门制定，详见第1章相关内容。省级住房城乡建设主管部门可以结合本地区实际情况，补充本地区危大工程范围。

2. 危大工程专项施工方案的内容

1）工程概况：危大工程概况和特点、施工平面布置、施工要求和技术保证条件；

2）编制依据：相关法律、法规、规范性文件、标准、规范及施工图设计文件、施工组织设计等；

3）施工计划：施工进度计划、材料与设备计划；

4）施工工艺技术：技术参数、工艺流程、施工方法、操作要求、检查要求等；

5）施工安全保证措施：组织保障措施、技术措施、监测监控措施等；

6）施工管理及作业人员配备和分工：施工管理人员、专职安全生产管理人员、特种作业人员、其他作业人员等；

7）验收要求：验收标准、验收程序、验收内容、验收人员等；

8）应急处置措施；

9）计算书及相关施工图纸。

3. 专项施工方案的专家论证内容

1）专项施工方案内容是否完整、可行；

2）专项施工方案计算书和验算依据、施工图是否符合有关标准规范；

3）专项施工方案是否满足现场实际情况，并能够确保施工安全。

5.5 单位工程施工进度计划

单位工程施工进度计划是根据工期要求和各种施工资源供应条件，遵循合理的施工流程，将施工部署在时间上进行展现，反映了各施工过程在时间和空间上的安排和搭接关系。施工进度计划可采用横道图或网络计划表示，并附必要的说明；对于规模较大、工序比较复杂的工程宜采用网络计划表示。

5.5.1 单位工程施工进度计划的作用

施工进度计划的编制应内容全面、安排合理、科学实用，反映出各施工区段或各工序之间的搭接关系，施工期限和开始、结束时间。同时，施工进度计划应能体现和落实总体进度计划的目标控制要求；通过编制分部（分项）工程或专项工程进度计划进而体现总进度计划的合理性。施工进度计划的作用如下：

1）控制单位工程施工进度，确保在规定工期内完成符合质量要求的工程任务。

2）确定单位工程各施工过程的施工顺序、施工持续时间及相互搭接关系。

3）为编制季度、月度生产作业计划提供依据。

4）制定各项资源需求量计划和编制施工准备工作计划的依据。

5.5.2 单位工程施工进度计划编制依据

1）经过审批的建筑总平面图、地形图、单位工程施工图等设计资料和技术资料，水文、地质、气象等资料。

2）施工组织总设计对该单位工程的有关要求。

3）施工承包合同中开、竣工日期，工期及建设单位要求。

4）施工条件，如劳动力、材料、构配件及机械的供应条件，分包单位的情况等。

5）主要分部分项工程的施工方案。

6）施工定额、劳动定额及机械台班定额。

7）其他有关要求和资料。

5.5.3 单位工程施工进度计划编制程序

单位工程施工进度计划编制程序，如图 5.5-1 所示。

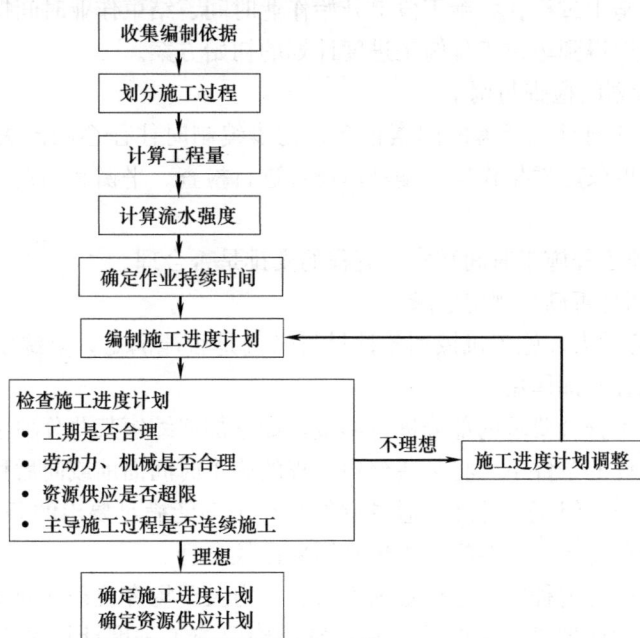

图 5.5-1 单位工程施工进度计划编制程序

5.5.4 单位工程施工进度计划编制步骤

1. 划分施工过程

施工过程是进度计划的基本组成单元，根据工程结构特点、施工方案及劳动组织划分该单位工程的施工过程，并确定主导施工过程，详见第 3 章相关内容。

2. 计算工程量

施工进度计划中的工程量应根据施工图和工程量计算规则进行。施工过程确定后可分别计算工程量，计算过程中应注意以下问题：

1）各施工过程的工程量计算单位应与现行定额手册中所规定单位一致；

2）计算工程量应与施工方案所确定的施工方法一致。

3. 划分施工段和施工层

根据工程量、工程结构特点、施工单位组织和管理水平等因素，将工程在平面上划分成若干个施工段，空间上划分成若干个施工层，详见第 3 章相关内容。

4. 确定劳动量和机械台班数量

确定劳动量和机械台班数量应综合施工现场资源数量、工作面大小、最小劳动组合等因素，可先按一班制，若计算的劳动量和机械台班数量超过现场所能容纳的数量，可增加工作班次或采取其他措施，减少每班投入的劳动量和机械台班数量。

5. 确定施工过程持续时间

确定施工过程持续时间，可采用定额计算法、经验估算法或工期倒排法，详见第 3 章相关内容。

6. 编制施工进度计划的初始方案

各施工过程的施工流程和持续时间确定后，应按照流水施工原理组织施工，找出并安排主导施工过程，使其尽可能连续施工，而其他施工过程根据工艺合理性尽量穿插、搭接或平行作业。将各施工过程在各施工段上开始作业时间、结束作业时间按照横道图或网络计划技术进行表达即得到单位工程施工进度计划的初始方案。

7. 施工进度计划的检查与调整

编制施工进度计划时需考虑的因素很多，初步编制时往往会顾此失彼，难以统筹全局。因此，初步进度仅起框架作用，编制后还应进行检查、平衡和调整。一般应检查以下几项：

1）各分部分项工程施工时间和施工流程的安排是否合理。

2）安排的工期是否满足规定要求。

3）所安排的劳动力、施工机械和各种材料供应是否能满足，资源使用是否均衡，主要施工机械是否充分发挥作用等。

经过检查，对不符合要求的部分进行调整，如增加或缩短某些分项工程的作业持续时间；在施工流程允许的条件下，将某些分项工程的施工时间向前或向后移动；必要时，可以改变施工方法或施工组织。总之，通过调整，在工期能满足要求的条件下，使劳动力、材料、设备需要趋于均衡，主要施工机械利用率比较合理。

施工进度计划执行过程中，往往会因人力、物力及现场客观条件的变化而打破原定计划，需要对施工进度计划进行实时检查和调整，确保施工进度计划对施工活动的指导作用。为了提高施工进度计划的可实施性，编制施工进度计划时需适当留有余地以应对各种不利因素。

5.5.5 施工进度计划分析

施工进度计划分析是提高其科学性、可行性和合理性的关键，可采用以下指标进行定量分析。

1. 工期提前时间

$$工期提前时间 = 要求工期 - 计算工期 \tag{5.5-1}$$

2. 工期节约时间

$$工期节约时间 = 定额工期 - 计算工期 \tag{5.5-2}$$

3. 劳动力不平衡系数

$$劳动力不平衡系数 = \frac{高峰期劳动力数量}{平均劳动力数量} \tag{5.5-3}$$

4. 单位工程单方用工数量

$$单位工程单方用工数量 = \frac{总用工数量（工日）}{建筑面积（m^2）} \tag{5.5-4}$$

5. 大型机械单方台班用量

$$大型机械单方台班数量 = \frac{大型机械台班用量（台班）}{建筑面积（m^2）} \tag{5.5-5}$$

5.5.6 单位工程资源需求量计划

单位工程资源需求量计划是根据单位工程施工进度计划编制的，根据各施工过程每天及作业持续期间的资源需求量编制出劳动力、材料、构配件与加工品、施工机械等资源需求量计划。它是组织物资供应与运输、调配劳动力和机械设备的依据，也是确定施工现场临时设施的依据，是落实施工进度计划的关键。

1. 劳动力需求量计划

劳动力需求量计划是安排劳动力，确定食堂和宿舍等临时生活设施的依据，体现单位工程施工所需要的各种技工、普工种类和数量。编制方法是将单位工程施工进度计划所列各施工过程按时间段（每旬、每月）所需要的人数按工种进行统计，得出每个时间段（每天、每旬或每月）所需工种及人数，按时间段进行汇总。表 5.5-1 为某单位工程每月劳动力需求量计划。

某单位工程每月劳动力需求量计划   表 5.5-1

序号	工种名称	总劳动量（工日）	每月劳动力需求量（工日）					
			1	2	3	4	5	6

2. 主要材料需求量计划

主要材料需求量计划是组织备料、确定仓库或堆场面积、组织运输材料的依据，体现各施工过程所需要的主要材料种类及需求量，供应时间等信息。编制方法是将施工进度计划或施工预算中所列主要材料按名称、规格、使用时间和供应时间等信息进行计算汇总，得出每个时间段（每天、每旬或每月）的材料需求量。表 5.5-2 为某单位工程每天主要材料需求量计划。

某单位工程每天主要材料需求量计划 表 5.5-2

序号	主要材料名称	规格	需求量		供应时间	使用时间	备注
			数量	单位			

3. 构配件和半成品需求量计划

构件和半成品需求量计划是根据施工图纸、施工方案和施工进度计划要求编制的，主要体现施工活动中各种预制构件和半成品的需求量、供应日期和使用日期，并作为落实加工单位、按所需规格和数量加工并组织进场的依据，也是实施构件和半成品台账管理制度的基础。某单位工程构件和半成品需求量计划，如表 5.5-3 所示。

某单位工程构件和半成品需求量计划 表 5.5-3

序号	构件、半成品名称	规格	图号、型号	需求量		使用部位	加工单位	供应时间	备注
				数量	单位				

4. 施工机械需求量计划

施工机械需求量计划主要用于确定施工机械类型、数量和进退场时间，是调配和组织施工机械，规划施工现场平面布置的基础。其编制方法是将施工进度计划中每个时间段（每天，每旬或每月）所需施工机械的类型、数量等信息进行汇总，得到施工机械需求量计划。某单位工程施工机械需求量计划，如表 5.5-4 所示。

某单位工程施工机械需求量计划 表 5.5-4

序号	机械名称	类型、型号	需求量		货源	进退场时间	责任人	备注
			数量	单位				

5.6 单位工程施工平面图

单位工程施工平面图是对一个建筑物或构筑物的施工现场进行平面规划和空间布置，它是根据工程规模、特点和施工现场的具体情况，对施工机械、原材料堆放、动力供应、场内运输、供应路线、临时设施等资源进行科学安排，对各种临时设施、永久性建筑、拟建工程之间的合理位置关系进行合理布局，是实现文明施工、节约并合理利用工地、减少临时设施费用的基础。

单位工程施工平面图是施工组织设计的重要组成部分，一般绘制比例为 1：200～1：500，不同施工阶段的施工内容、现场条件不尽相同，施工现场布置也各有侧重并不断变化，因此可根据施工内容分阶段绘制单位工程施工平面图。

5.6.1 单位工程施工平面图的设计依据

单位工程施工平面图是施工单位在施工现场原始资料的基础上，依据有关资料并按施工方案和施工进度计划的要求进行设计的，其设计依据包括：

1）建筑总平面图，现场地形图，已有建筑和拟建建筑及地下设施的位置、标高、尺寸（包括地下管网资料）。

2）施工组织总设计文件及气象资料。

3）各种材料、构件、半成品构件需求量计划。

4）各种生活、生产所需的临时设施和加工场地数量、形状、尺寸及建设单位可为施工提供的生活、生产用房等情况。

5）现场施工机械、施工设施及运输工具的型号与数量。

6）水源、电源及建筑区域内的竖向设计资料。

7）在建项目地区的自然和技术经济条件。

8）有关法律法规对施工现场管理的要求及建设单位的合理要求等。

5.6.2 单位工程施工平面图的内容

单位工程施工平面图的内容包含以下几点：

1）建筑总平面图上已建和拟建的地上和地下一切房屋、构筑物及其他设施的位置和尺寸，工程施工现场的场地状况。

2）材料、加工半成品、构件和机具的仓库或堆场。

3）生产、生活用临时设施。如搅拌站、钢筋棚、木工棚、仓库、办公室、安全设施、消防设施、道路以及其他需建造的设施。

4）塔式起重机或起重机轨道和行驶路线，塔轨的中线与建筑物的距离、轨道长度、塔式起重机型号、立塔高度、回转半径、最大起重量、最小起重量，以及固定垂直运输工具或井架的位置。

5）施工现场必备的安全、消防、保护和环境保护等设施。

6）临时给水排水管线、供电管线、供气供暖管道及通信线路位置。

7）场内施工道路及其与场外交通的联系。

8）必要的图例、比例、方向及风向标记。

单位工程施工平面图侧重于划分施工现场区域、交通运输安排、各种施工资源和条件的组织安排，为现场施工活动提供条件和服务。

5.6.3 单位工程施工平面图的设计原则

1）施工现场平面布置科学合理，尽量减少施工用地。

2）合理组织运输，减少二次搬运。

3）施工区域的划分和场地的临时占用应符合总体施工部署和施工流程的要求，避免相互干扰。

4）充分利用既有建（构）筑物和既有设施，降低临时设施的费用。

5）各项施工设施布置都要满足方便生产，有利于生活、消防和文明施工，环境保护和劳动保护要求。

6）遵守施工现场所在地的当地主管部门和建设单位关于施工现场安全、文明施工的相关规定。

5.6.4 单位工程施工平面图的设计步骤

单位工程施工平面图的设计步骤，如图 5.6-1 所示。

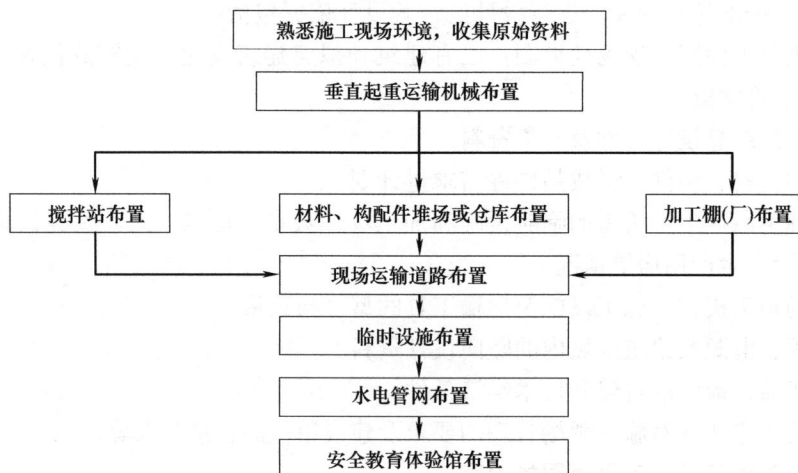

```
熟悉施工现场环境，收集原始资料
            ↓
      垂直起重运输机械布置
            ↓
搅拌站布置   材料、构配件堆场或仓库布置   加工棚(厂)布置
            ↓
        现场运输道路布置
            ↓
        临时设施布置
            ↓
        水电管网布置
            ↓
       安全教育体验馆布置
```

图 5.6-1　单位工程施工平面图的设计步骤

1. 确定垂直起重运输机械布置

垂直起重运输机械的位置直接影响仓库、堆场等要素的位置，场内道路、水电管网的布置，应首先予以考虑。

1）垂直起重运输机械种类

（1）塔式起重机

塔式起重机包括附着式塔式起重机、内爬式塔式起重机、外挂式塔式起重机、轨道式塔式起重机等类型。

（2）其他固定式垂直运输机械

其他固定式垂直运输机械设备类型众多，如物料提升机（井架、龙门式起重机）、桅杆、施工电梯等。其中施工电梯是现代土木工程施工中的常用垂直运输机械。

选择垂直运输机械时主要依据机械性能、建筑物平面形状和大小、施工段划分情况、起重高度、材料和构件的重量、材料供应和运输道路等情况来确定。

2）确定垂直运输机械数量

垂直运输机械数量可由式（5.6-1）确定：

$$N = \frac{\sum Q}{S} \tag{5.6-1}$$

式中　N——垂直运输机械台数；

　　$\sum Q$——垂直运输高峰期每班要求运输总次数；

　　　S——每台垂直运输机械每班运输次数。

3）确定垂直运输机械位置

（1）塔式起重机

塔式起重机是集起重、垂直提升和水平运输三种功能于一体的机械设备，有行走式和固定式两种形式。行走式塔式起重机在轨道上灵活移动，工作范围大，多用于结构安装或材料装卸。固定式塔式起重机应根据土木工程设施平面形状及尺寸、施工现场条件及垂直运输要求确定其位置。轨道通常布置方式有单侧布置、双侧布置、跨内单行布置和跨内环形布置等，如图5.6-2所示。

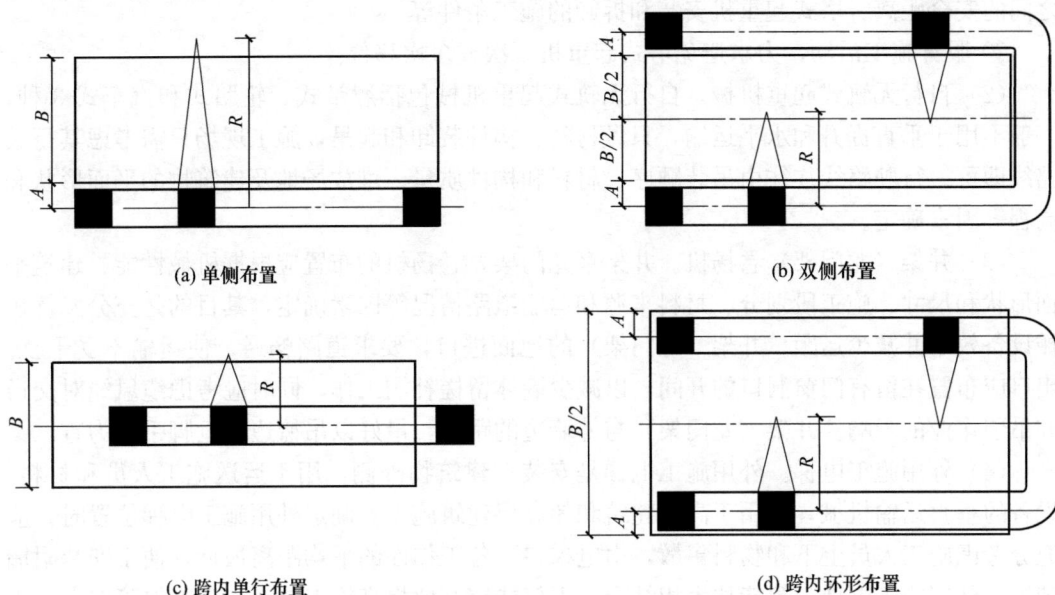

图 5.6-2 塔式起重机布置方案

单侧布置塔式起重机时回转半径 R 应满足式（5.6-2）：

$$R \geqslant B + A \tag{5.6-2}$$

式中　R——塔式起重机最大回转半径（m）；

　　　B——建筑物平面的最大宽度（m）；

　　　A——轨道中心线与外墙的距离（m）。

双侧布置或环形布置塔式起重机时，回转半径应满足式（5.6-3）：

$$R \geqslant B/2 + A \tag{5.6-3}$$

当塔式起重机的位置和尺寸确定后，要复核起重量、起重高度和回转半径三项工作参数是否满足吊装要求，保证起重机能将材料和构件直接运送到工作面上，避免"起重死角"。塔式起重机宜选择在场地较宽一侧，以便吊装运输。如果工作参数不满足要求，则应按照式（5.6-2）［或式（5.6-3）］进行调整。施工时应注意塔式起重机基础的平整、坚实，必要时还需增加转弯设备，保证其安全性和稳定性。

当建筑物平面尺寸或运输量较大，需要多台塔式起重机时，应保证相交塔式起重机的臂杆有不小于5m的安装高差，并规定各自转动方向和角度，防止相互干扰和发生安全事故。

附着式塔式起重机占地面积小且起重量大，可自行升高，但对于建筑物有附着力要求；内爬式塔式起重机布置在建筑物的中间，有效工作范围大，适用于高层建筑施工；外挂式塔式起重机适用于结构复杂的高层钢结构建筑，在核心筒外侧通过悬挑支撑固定在建筑结构上，整体性能好，能够有效提高施工效率。轨道式塔式起重机是可在轨道上行走的起重机，可以负荷行走，多用于高度不大的工业与民用建筑。

布置塔式起重机时，应满足以下注意事项：

① 保证起重机械利用最大化，即覆盖半径最大化并能充分发挥机械设备的各项性能。

② 保证起重机械使用安全，其位置应考虑塔式起重机与建筑物间的安全距离、群塔之间的安全距离、塔式起重机安装和拆卸的施工条件等。

③ 服务施工活动，力求避免塔式起重机二次或多次移位。

（2）自行无轨式起重机械。自行无轨式起重机械包括履带式、轮胎式和汽车式 3 种，一般不用于垂直提升和水平运输，只做材料、构件装卸和起吊，施工现场只需考虑其行驶路线即可。行驶路线往往由吊装顺序、材料和构件质量、堆放场地及建筑物的平面形状和高程等因素确定。

（3）井架（龙门架）卷扬机。井架（龙门架）卷扬机的布置应根据机械性能、建筑平面形状和尺寸、施工段划分、材料来源和运输道路情况等因素确定，其目的是充分发挥机械设备效率并减少运距。井架（龙门架）的地面进口，要求道路畅通，使运输不受干扰。出口应布置在留有门窗洞口的开间，以减少墙体留槎补洞工作，同时应考虑缆风绳对交通和吊装作业的影响。井架（龙门架）与外墙边的距离，最好以吊篮边靠近脚手架为宜。

（4）外用施工电梯。外用施工电梯是安装在建筑物外侧，用于运送施工人员和材料、设备的垂直运输机械，多用于高层建筑和超高层建筑施工。确定外用施工电梯位置时，应充分考虑施工人员上下和物料集散，由电梯口至各工作面的平均距离最近，便于安装附墙装置。外用施工电梯与智能技术相结合，不仅能够有效提高施工效率，还能保障安全、文明施工。

2. 搅拌站、加工棚、各种材料堆场及仓库的布置

搅拌站、加工棚、各种材料堆场及仓库的位置应尽量靠近使用地点或在起重机械工作范围内，并考虑运输和装卸料方便。布置时，应根据用量大小分出主次。

1）搅拌站的布置。搅拌站常用砂浆搅拌机，其型号、规格、数量通常在选择施工方案与施工方法时确定。搅拌站的位置取决于垂直运输机械的，布置时应考虑以下主要因素：

（1）搅拌站应设置在施工道路附近，以便砂及拌合物等材料的运输和装卸。

（2）搅拌站应尽量布置在垂直运输机械回转半径内，以减少运距。

（3）搅拌站尽量与砂堆场、水泥仓库一起参考布置。

（4）搅拌站场地四周应设置排水沟，以利于清洗机械和排除污水，避免造成现场积水。

（5）砂浆搅拌台所需面积约 $15m^2$，混凝土搅拌台所需面积约 $25m^2$，冬期施工还应考虑保温与供热设施等，相应地增加其面积。

2）混凝土输送泵的布置。随着商品混凝土应用范围越来越广，采用泵送方式浇筑混凝土，可以一次性将混凝土送到指定的浇筑地点，加快施工进度，广泛应用于中、高层建筑施工。混凝土输送泵的输送量与运输距离及混凝土的砂、石级配有关。混凝土输送泵的位置应设置在供料方便、配管短、水电供应方便处，与混凝土搅拌站、砂石堆场、水泥仓库一起参考布置。当采用搅拌运输车供料时，混凝土输送泵应布置在大门附近，周围可同

时停放两台及以上搅拌车，以保证供料的连续性。

3）加工棚的布置。木材、钢筋、水电等加工棚宜设置在建筑物四周稍远处，并有相应的材料及成品堆场，尽量搭设防护棚。各种加工棚的原料堆场应考虑来料方便而靠近道路，而成品堆场则应便于吊装和运输。石灰及淋灰池可根据情况布置在砂浆搅拌机附近。沥青灶应选择较空的场地，远离易燃品仓库和堆场，并布置在下风向。产生较大噪声的加工棚（电锯房等）应采取隔声封闭措施，产生电火花等易引发火灾事故的加工棚应采用相应安全防护措施并与其他类型加工棚保持安全距离。现场常见加工棚所需面积参考指标，见表 5.6-1。

现场常见加工棚所需面积参考指标 表 5.6-1

序号	名称	单位	面积（m²）	备注
1	电锯房	m²	80	34～36in 圆锯 1 台
2	电锯房	m²	40	
3	水泵房	m²/台	3～8	
4	发电机房	m²/台	10～20	
5	搅拌棚	m²/台	10～18	
6	卷扬机棚	m²/台	6～12	
7	木工加工棚	m²/人	2	
8	钢筋加工棚	m²/人	3	
9	烘炉房	m²	30～40	
10	焊工房	m²	20～40	
11	电工房	m²	15	
12	白铁工房	m²	20	
13	油漆工房	m²	20	
14	机、钳工修理房	m²	20	
15	立式锅炉房	m²/台	5～10	
16	空压机棚（移动式）	m²/台	18	
17	空压机棚（固定式）	m²/台	9	

4）材料及构件仓库、堆场布置。材料及构件堆场应靠近使用地点，减少或避免二次搬运，并考虑运输及卸料方便。各种仓库及堆场所需的面积，可根据施工进度、材料供应情况等，确定分批分期进场，根据式（5.6-4）进行计算：

$$F = \frac{Q}{nqk} \tag{5.6-4}$$

式中　F——材料堆场或仓库所需面积（m²）；

　　　Q——材料在施工现场的总用量；

　　　n——材料分期分批进场的次数（次）；

　　　q——该材料每平方米储存定额；

　　　k——堆场和仓库面积的利用系数。

水泥仓库应选择地势较高、排水方便、靠近道路或搅拌站的位置；各种易燃、易爆品仓库的布置要符合防火、防爆安全距离的要求，同时远离锅炉房；木材、金属、水电气材仓库应与加工厂结合布置；各种钢、木门窗及构件和较贵重的材料，不宜露天堆放，可放置在建筑物底层室内或另设仓库。建筑物基础和第一层施工所用的材料应该布置在建筑物周围，并根据基槽（坑）的深度、宽度和边坡坡度确定，与基槽（坑）边缘保持一定距离，以免造成土壁塌方事故；第二层以上施工材料布置在起重机附近。砂石等大宗材料尽量布置在起重机附近。多种材料同时布置时，对大宗的、质量大的和先期使用的材料，尽可能靠近使用地点或起重机附近布置；而对少量的、质量小的和后期使用的材料，则可布置得远一些。

按不同施工阶段使用不同材料的特点，在同一位置上可布置不同的材料。例如，砖混结构基础施工阶段，建筑物周围可堆放毛石；而在主体结构施工阶段，在建筑物周围可堆放砖、砌块。

常用材料仓库或堆场面积计算指标，如表 5.6-2 所示。

常用材料仓库或堆场面积计算指标　　　　表 5.6-2

序号	材料、半成品名称	单位	每平方米储存定额 q	面积利用系数 k	备注	库存或堆场
1	水泥	t	1.2~1.5	0.7	堆高 12~15 袋	封闭库存
2	生石灰	t	1.0~1.5	0.8	堆高 1.2~1.7m	棚
3	砂（人工堆放）	m³	1.0~1.2	0.8	堆高 1.2~1.5m	露天
4	砂（机械堆放）	m³	2.0~2.5	0.8	堆高 2.4~2.8m	露天
5	石（人工堆放）	m³	1.0~1.2	0.8	堆高 1.2~1.5m	露天
6	石（机械堆放）	m³	2.0~2.5	0.8	堆高 2.4~2.8m	露天
7	块石	m³	0.8~1.0	0.7	堆高 1.0~1.2m	露天
8	卷材	卷	45~50	0.7	堆高 2m	露天
9	木模板	m²	4~6	0.7	—	露天
10	砌块	千块	1.8~1.2	0.8	堆高 1.2~1.8m	露天
11	泡沫混凝土	m³	1.5~2.0	0.7	堆高 1.5~2.0m	露天

3. 现场运输道路的布置

施工现场运输道路应按材料和构件运输的需要，沿着仓库和堆场进行布置，使之畅通无阻。布置运输道路时，应遵循下列原则：

1）现场运输道路应尽可能利用已有道路或永久性道路，或先建好永久性道路路基，在土建工程结束之前再铺设路面。

2）为提高车辆的行驶速度，应将道路布置成直线形；为了提高道路的通行能力，尽量将道路布置成环形或 U 形，否则应在尽端处留设车辆回转场地。

3）为满足消防的要求，应使道路靠近建筑物、木料场等易燃地点，以便消防车辆直接开到消火栓处。

4）道路布置应满足施工机械的要求。道路宽度应满足要求，单行道应不小于 4m，双行道不小于 6m，消防车道净宽和净空高度均不小于 4m。道路的转弯半径应满足最长车辆转弯要求，一般单车道不小于 9~12m，双车道不小于 7~12m。设置环形车道确有困难时，端头处应有 12m×12m 回车场。

5）道路路面要平整坚实，做到雨期不泥泞不翻浆，路面材料要选择透水性好的材料，保证雨后车辆能够安全通行。道路两侧要结合地形设置排水沟，深度不小于 0.4m，底宽不小于 0.3m。

6）道路应避开拟建工程和地下管道等地方，避免干扰施工。

4. 出入口及现场围挡的布置

施工现场宜布置两个及以上出入口，主要入口处应设置工程概况牌、消防保卫牌、安全施工牌、文明施工牌、管理人员名单及监督电话牌、施工现场总平面图等。出入口处应设置大门、门卫室、企业形象标志、车辆冲洗设施等。

施工现场周围必须设置封闭围挡，围挡材料应选择砌体、彩钢板等硬性材料，并做到坚固、稳定整洁和美观，围挡高度应满足要求。

5. 临时设施的布置

施工现场临时设施可分为生产类临时设施（如钢筋加工棚、模板加工棚等）和非生产类临时设施（如办公室、工人休息室、食堂、宿舍等）。布置临时设施应考虑施工现场组织和管理需求，不妨碍交通，并符合防火安保要求。若工程有文明工地、绿色施工等要求，还需满足相关标准和规范的要求。

1）确定临时设施面积

各种临时设施面积，可参照表 5.6-3 和表 5.6-4 确定。

生产类临时设施房屋面积参考指标（部分）　　　　　表 5.6-3

序号	名称	单位	面积(m²)	备注
1	木工作业棚	m²/人	2	占地为面积的 3~4 倍
2	钢筋加工棚	m²/t	0.15~0.35	根据年产量确定，包括原材料、半成品、成品加工棚和废料堆放区四个功能分区
3	混凝土搅拌棚	m²/台	10~18	400L 搅拌机
4	烘炉房	m²	30~40	铁工
5	卷扬机棚	m²/台	6~10	100t
6	焊工房	m²	20~40	

非生产类临时设施房屋面积参考指标（部分）　　　　　表 5.6-4

序号	名称	单位	面积(m²)	备注
1	办公室	m²/人	3.5	使用人数按干部人数的 70% 计算
2	单身宿舍	m²		
	单层通铺	m²/人	2.6~2.8	
	双层床	m²/人	2.1	
	单层床	m²/人	2.3	
3	家属宿舍	m²/户	3.2~3.5	
4	食堂	m²/人	16~25	不小于 30m²
5	医务室	m²/人	0.9	

续表

序号	名称	单位	面积（m²）	备注
6	浴室	m²/人	0.1	
7	开水室	m²	10~40	
8	卫生间	m²/人	0.02~0.07	
9	工人休息室	m²/人	0.15	

2）临时设施布置要求

（1）临时设施在满足使用要求且不妨碍施工的前提下，应尽可能利用现有房屋和设施，并尽可能采用活动式、装拆式或就地取材，降低施工成本。

（2）临时设施不得布置在拟建工程、拟建地下管沟、取土等地点。生产类临时设施要便于施工，非生产类临时设施要便于管理和工人生活，功能分区要明确。施工现场范围内应按要求设置围挡。

（3）木工和钢筋加工棚应设置在建筑物四周较远的地方，且周围应有一定的场地堆放原材料、半成品、成品及废料，且便于吊装和运输。木工加工棚要布置在施工区域的下风向。

（4）办公室应靠近施工现场出入口处，工人临时休息室和开水房等应设在施工作业区附近，门卫、收发室宜布置在施工现场出入口处。

6. 临时设施及供水管网的布置

1）现场总用水量的计算

施工现场用水包括生产（工程施工用水和施工机械用水）、生活（施工现场生活用水和生活区用水）和消防三个方面。

（1）工程施工用水量可按式（5.6-5）计算：

$$q_1 = K_1 \times \frac{\sum Q_1 \times N_1}{T_1 \times t} \times \frac{K_2}{8 \times 3600} \tag{5.6-5}$$

式中 q_1——工程施工用水量（L/s）；

K_1——未预计的施工用水系数，取 1.05~1.15；

Q_1——年（季）度工程量（以实物计量单位表示）；

N_1——施工用水参考定额，见表 5.6-5；

T_1——年（季）度有效作业日（d）；

t——每天工作班数（班）；

K_2——用水不均衡系数，见表 5.6-6。

施工用水参考定额 　　　　　　　　　　　　　　　　　　表 5.6-5

序号	用水对象	单位	耗水量
1	浇筑混凝土全部用水	L/m³	1700~2400
2	搅拌普通混凝土	L/m³	250
3	搅拌轻质混凝土	L/m³	300~500
4	搅拌泡沫混凝土	L/m³	300~400
5	搅拌热混凝土	L/m³	300~350

序号	用水对象	单位	耗水量
6	混凝土自然养护	L/m³	200~400
7	混凝土蒸汽养护	L/m³	500~700
8	冲洗模板	L/m²	5
9	搅拌机清洗	L/台班	600
10	人工冲洗石子	L/m³	1000
11	机械冲洗石子	L/m³	600
12	洗砂	L/m³	1000
13	砌筑工程全部用水	L/m³	150~250
14	砌石工程全部用水	L/m³	50~80
15	抹灰工程全部用水	L/m²	30
16	耐火砖砌体工程	L/m³	100~150
17	浇砖	L/块	200~250
18	浇抹面硅酸盐砌体	L/m³	300~350
19	抹面	L/m²	4~6
20	楼地面	L/m²	190
21	搅拌砂浆	L/m³	300
22	石灰消化	L/t	3000
23	上水管道工程	L/m	98
24	下水管道工程	L/m	1130
25	工业管道工程	L/m	35

施工用水不均衡系数　　　　　　　　　　表 5.6-6

系数号	用水名称	用水不均衡系数
K_2	现场施工用水	1.50
	附属生产企业用水	1.25
K_3	施工机械、运输机械	2.00
	动力设备	1.05~1.10
K_4	施工现场生活用水	1.30~1.50
K_5	生活区生活用水	2.00~2.50

（2）施工机械用水量可按式（5.6-6）计算：

$$q_2 = K_1 \times \sum Q_2 \times N_2 \times \frac{K_3}{8 \times 3600} \qquad (5.6\text{-}6)$$

式中　q_2——施工机械用水量（L/s）；

　　　K_1——未预计的施工用水系数，取 1.05~1.15；

　　　Q_2——同一种机械台数（台）；

　　　N_2——施工机械台班用水定额，见表 5.6-7；

　　　K_3——用水不均衡系数，见表 5.6-6。

施工机械台班用水定额　　　　　　　　表 5.6-7

序号	用水机械名称	单位	耗水量	备注
1	内燃挖土机	$m^3 \cdot$ 台班	200～300	以斗容量 m^3 计
2	内燃起重机	$t \cdot$ 台班	15～18	以起重机吨数计
3	蒸汽起重机	$t \cdot$ 台班	300～400	以起重机吨数计
4	蒸汽打桩机	$t \cdot$ 台班	1000～1200	以锤重吨数计
5	内燃压路机	$t \cdot$ 台班	15～18	以压路机吨数计
6	蒸汽压路机	$t \cdot$ 台班	100～150	以压路机吨数计
7	拖拉机	台·昼夜	200～300	—
8	汽车	台·昼夜	400～700	—
9	空压机	$(m^3/min) \cdot$ 台班	40～80	以压缩空气机排气量 m^3/min 计
10	锅炉	$t \cdot h$	10～50	以小时蒸发量计
11	锅炉	$t \cdot m^2$	15～30	以受热面积计
12	点焊机 25 型	台·h	100	
13	点焊机 50 型	台·h	150～200	
14	点焊机 75 型	台·h	250～300	
15	对焊机、冷拔机	台·h	300	
16	凿岩机 01-30(CM56)	$m^3 \cdot min$	3	—
17	凿岩机 01-45(TN-4)	$m^3 \cdot min$	5	—
18	凿岩机 01-38(K Ⅱ M-4)	$m^3 \cdot min$	8	—
19	凿岩机 YQ-100 型	$m^3 \cdot min$	8～12	—
20	木工场	台班	20～25	—
21	锻工场	$m^3 \cdot$ 台班	40～50	以烘焙数计

（3）施工现场生活用水量可按式（5.6-7）计算：

$$q_3 = \frac{P_1 \times N_3 \times K_4}{t \times 8 \times 3600} \tag{5.6-7}$$

式中　　q_3——施工现场生活用水（L/s）；

P_1——施工现场高峰昼夜人数（人）；

N_3——施工现场生活用水定额，见表 5.6-8；

K_4——用水不均衡系数，见表 5.6-6；

t——每天工作班数（班）。

施工现场生活用水定额　　　　　　　　表 5.6-8

序号	用水对象	单位	耗水量
1	生活用水	L/人	25～40
2	食堂	L/人	10～20
3	浴室（淋浴）	L/人	40～60
4	淋浴带大池	L/人	50～60

序号	用水对象	单位	耗水量
5	洗衣房	L/(人·斤)	40~60
6	理发室	L/(人·次)	10~25
7	施工现场生活用水	L/人	20~60
8	生活区全部生活用水	L/人	80~120

（4）生活区生活用水量可按式（5.6-8）计算：

$$q_4 = \frac{P_2 \times N_4 \times K_5}{24 \times 3600}$$ （5.6-8）

式中 q_4——生活区生活用水（L/s）；

P_2——生活区居住人数（人）；

N_4——生活区昼夜全部生活用水定额，见表5.6-8；

K_5——用水不均衡系数，见表5.6-6。

（5）消防用水主要供应工地消火栓用水，消防用水量用q_5表示，见表5.6-9。

消防用水量 表5.6-9

用水名称		火灾同时发生次数	单位	用水量
居民区 消防用水	5000人以内	1	L/s	10
	10000人以内	2	L/s	10~15
	25000人以内	2	L/s	15~20
施工现场 消防用水	施工现场面积在 $25 \times 10^4 m^2$内	1	L/s	10~15
	每增加$25 \times 10^4 m^2$	2	L/s	5

（6）施工现场总用水量Q

按上述方法计算各项用水量后，即可计算施工现场总用水量。

① 当 $(q_1 + q_2 + q_3 + q_4) \leqslant q_5$ 时，则

$$Q = q_5 + (q_1 + q_2 + q_3 + q_4) \times 0.5$$ （5.6-9）

② 当 $(q_1 + q_2 + q_3 + q_4) > q_5$ 时，则

$$Q = q_1 + q_2 + q_3 + q_4$$ （5.6-10）

③ 当工地面积小于$5 \times 10^4 m^2$，且 $(q_1 + q_2 + q_3 + q_4) < q_5$ 时，则

$$Q = q_1$$ （5.6-11）

最后计算出的总用水量，还应增加10%，以补偿不可避免的水管漏水损失。

2）供水管径计算

总用水量确定后，可按式（5.6-12）计算供水管径：

$$d = \sqrt{\frac{4Q}{\pi \times v \times 1000}}$$ （5.6-12）

式中 d——配水管直径（m）；

Q——施工现场总用水量（L/s）；

v——管网中水流速度（m/s），一般生活及施工用水取 1.5m/s，消防用水取 2.5m/s。

3）供水管网及设施的布置

施工现场水源往往由建设单位提供，供水管网一般由建设单位的干管或施工单位自行布置的干管接到用水地点，可采用枝状、环状和混合状等布置方式，布置时力求管网的总长度最小，管径大小和水龙头数量需视工程规模大小通过计算确定。一般 5000～10000m^2 的建筑物，其施工用水干管直径为 100mm，支管直径为 25～40mm。管线应布置在拟建建筑物或室外管沟处，最好铺设在地下安全深度内，尤其是寒冷地区，应置于冰冻层以下，防止管道冻裂，同时防止与机械设备布置、施工活动发生干扰。

施工现场要按消防要求布置消火栓，直径大于 100mm，消火栓距离建筑物不小于 5m，也不大于 25m，距路边不大于 2m，并设明显标志。消火栓应沿道路设置，相邻消火栓之间距离不大于 120m，其周围 2m 以内不得堆放建筑材料和其他物品。

高层建筑施工需设置蓄水池、高压水泵、施工输水立管和消防竖管等，高压水泵不少于 2 台（1 台备用），以满足高空施工用水的需要；消防竖管直径不应小于 65mm，不少于 2 根，并便于消防人员操作；当结构封顶时，应将消防竖管设置成环状；每两个楼层应设一个临时消火栓，每个消火栓的服务半径不大于 25m。

施工现场应布置排水设施，并结合现场地形在建筑物周围设置排水沟渠、沉淀池等设施，达到排放标准后应排入城市排水系统。

7. 临时用电设施的布置

1）用电量计算

施工现场用电包括动力用电和照明用电。

（1）土木工程动力用电通常包括土建用电、设备安装工程用电和备用设备试运转用电。

（2）照明用电指施工现场和生活区的室外照明用电。

（3）施工现场总用电量可按式（5.6-13）计算：

$$P = 1.1 \times (K_1 \sum P_c + K_2 \sum P_a + K_3 \sum P_b) \tag{5.6-13}$$

式中　P——计算用电量，即供电设备总需求量（kW）；

$\sum P_c$——全部施工动力用电设备额定用电量之和，见表 5.6-10；

$\sum P_a$——室内照明设备额定用电量之和，见表 5.6-10；

$\sum P_b$——室外照明设备额定用电量之和，见表 5.6-10；

K_1——全部施工用电设备同时使用系数，总数 10 台以内时，$K_1 = 0.75$；10～30 台时，$K_1 = 0.7$；30 台以上时，$K_1 = 0.6$；

K_2——室内照明设备同时使用系数，一般取 $K_2 = 0.8$；

K_3——室外照明设备同时使用系数，一般取 $K_3 = 1.0$。

一般情况下，土木工程项目采用单班制作业，少数因工序配合或工期原因采用两班制作业。综合考虑施工用电量约占总用电量的 90%，室内外照明用电量约占总用电量的 10%。故式（5.6-13）进一步简化为：

$$P = 1.1 \times (K_1 \sum P_c + 0.1P) = 1.24 K_1 \sum P_c \tag{5.6-14}$$

常用电力变压器性能表　　　　　　表 5.6-10

型号	额定容量(kV·A)	型号	额定容量(kV·A)
SL_7-30/10	30	SL_7-50/10	50
SL_7-63/10	63	SL_7-80/10	80
SL_7-100/10	100	SL_7-125/10	125
SL_7-160/10	160	SL_7-200/10	200
SL_7-250/10	250	SL_7-315/10	315
SL_7-400/10	400	SL_7-500/10	500

2）临时用电设施的布置

施工现场用电量计算后，根据所需最大用电量选择变压器、导线和配电设备；然后进行线路布置，单位工程的临时供电线路可采用环状、枝状、混合式 3 种布置方式，并满足以下要求：

（1）尽量利用原有的高压电网及已有变压器。

（2）变压器应布置在现场边缘高压线接入处，离地应大于 3m，四周设有高度大于1.7m 的铁丝网防护栏，并有明显的标志，不要把变压器布置在交通通道出入口处。

（3）为了维修方便，施工现场一般采用架空配电线路，且要求现场架空线与施工建筑物水平距离不小于 10m，架空线与地面距离不小于 6m，跨越建筑物或临时设施时，垂直距离不小于 2.5m。

（4）现场线路应架设在道路一侧，距建筑物应大于 1.5m，垂直距离应在 2m 之上，电线杆间距一般为 25～40m。

（5）线路应布置在起重机械的回转半径之外，否则必须搭设防护栏，其高度要超过线路 2m，机械运转时还应采取相应措施，以确保安全。现场机械较多时，可采用埋地电缆代替架空线路，以减少相互干扰。

（6）供电线路跨过材料、构件堆场时，应有足够的安全架空距离。

（7）各种用电设备的闸刀开关应单机单闸，不容许一闸多机使用，闸刀开关的安装位置应便于操作。

（8）配电系统应设置配电柜或总配电箱、分配电箱、开关箱，实行三级配电。总配电箱下可设若干个分配电箱（分配电箱也可设置多级）；一个分配电箱下可设若干个开关箱；每个开关箱只能控制一台设备。开关箱距用电器位置不得超过 3m，距分配电箱不超过30m。固定式配电箱等在室外时，应有防雨措施，严防漏电、短路及触电事故。

8. 施工现场安全教育体验馆的布置

安全生产是施工现场各项工作的重中之重，为了提高施工人员的安全意识，施工现场多采用"仿真安全教育培训体验馆"，简称"安全教育体验馆"。通过视、听、体验相结合的三维立体式安全教育，让安全走进施工人员心中。

1）安全教育体验馆的构成

（1）安全教育体验区

通常情况下，安全教育体验馆分为体验区和展示区两个部分，可涵盖多个项目，如安全帽撞击体验、安全带体验、洞口坠落、用电及消防体验等。

① 安全帽撞击体验。熟知安全帽的正确佩戴方法，体验佩戴安全帽对物体打击所减轻的效果，切实感受到佩戴安全帽的重要性和必要性。

② 安全带体验。熟知安全带的使用环境，正确佩戴方法和使用方法，充分认识高空作业无安全措施的危险性，杜绝高空坠落事故。

③ 洞口坠落体验。认识洞口坠落的危险性，增强自我保护意识，做到不违章指挥，不违章作业，不违反安全劳动纪律。

④ 综合用电体验。学习各类开关、开关箱的使用要求和使用方法，触电急救措施，增强施工现场触电事故的应急处理能力。

⑤ 消防体验。掌握消防器材的使用方法，增强消防意识，提高自救能力和消防安全管理水平。

⑥ 土体倾倒体验和操作平台倾倒体验。通过模拟增强现场人员的安全意识，做到安全第一，预防为主！

（2）安全教育体验馆展示区

① 钢丝绳展示。正确认识钢丝绳的使用方法、使用钢丝绳的注意事项和钢丝绳断丝后的处理方法。

② 马道对比体验展示。正确认识马道的构造要求，正确使用马道。

③ 镝灯架展示。正确使用镝灯及预防镝灯对人体的伤害。

④ 劳保用品展示。展示各种劳保用品，让工人熟知其正确使用方法。

2）安全教育体验馆的布置

安全教育体验区和展示区均应设置在施工现场主要入口处，与安全教育大讲台同步设置，便于开展安全教育。可采用回形或长方形布局，四周设置透视蓝色标准围栏，在体验区的一角，配备投影仪、音响等设备，有防雨需求的设施，安装美观大方的防雨棚。体验馆内部可根据不同功能分区进行合理划分，确保各体验区之间互不干扰，同时方便人员流动和疏散。

在体验区周围设置明显的安全警示标志，如"注意安全""严禁打闹"等。对于一些危险性较高的体验项目，如高空坠落体验区、综合用电体验区等，要设置防护栏或隔离带，防止人员误入危险区域。

5.6.5 单位工程施工平面图的评价指标

为评价单位工程施工平面图的设计质量可计算以下技术经济指标并加以分析，以确定施工平面图的最终方案。

（1）施工场地利用率

$$施工场地利用率 = \frac{施工设施占用面积(m^2)}{施工用地面积(m^2)} \times 100\% \qquad (5.6\text{-}15)$$

（2）施工占地系数

$$施工占地系数 = \frac{施工占用面积(m^2)}{施工用地面积(m^2)} \times 100\% \qquad (5.6\text{-}16)$$

（3）临时设施投资率

$$临时设施投资率 = \frac{临时设施费用总和(元)}{工程总造价(元)} \times 100\% \qquad (5.6\text{-}17)$$

5.6.6 单位工程施工平面图的管理

加强施工现场管理对合理使用场地，保证现场运输道路、供水、供电、排水，建立连续均衡的施工秩序具有重要意义。通常可采用下列管理措施：

1) 建立科学的施工平面图管理制度，划分施工平面图的使用管理范围。各区安排专人管理，严格控制各种材料、构件等的位置、占用时间和占用面积。需要临时调整时应遵循"谁审批谁负责"的制度，并及时恢复原状。

2) 道路、水电管线应有专人管理维护。不准随意挖断道路、不准擅自拆迁建筑物，大型临时设施和水电线路不得随意更改和移位。

3) 各施工活动结束后应做到料净场清。

4) 施工平面图必须随着施工进度及时调整。定期召开施工平面图动态管理会议，奖优罚劣，协调各分部工程施工；对施工平面图落实情况进行复核，修正不合理之处；随着施工活动的改变，对施工平面图进行动态管理。

5.7 单位工程施工组织设计实例

以某单位工程施工组织设计为例。

5.7.1 单位工程施工组织设计的编制依据和原则

略。

5.7.2 工程概况

1) 工程名称：某职工住宅楼工程。

2) 建筑面积：本工程占地 $1116.9m^2$（$51m \times 21.9m$），地上 15 层，地下 2 层，总建筑面积约 $19000m^2$，不上人屋面，SBS 改性沥青防水卷材防水。

3) 结构类型：框架结构。

4) 抗震要求：建筑抗震设防类别为乙类，建筑结构安全等级为二级，抗震设防烈度为 7 度，抗震等级为三级。

5) 合同工期：366 天。

6) 工程建设地点及环境特征：某市郊区，交通便利，无高压电路等需要保护的地上和地下设施。

7) 施工条件

(1) 气候条件

当地年平均气温 12.9℃，最高气温约为 37℃，最低气温约为 −10℃。6 月下旬至 9 月为雨期，降雨量：现有暴雨最大记录为 100mm。主导风向：南偏东，无飓风记录。

(2) 地质条件

施工区域地形平坦，地貌形态单一，整体地质构造稳定性好，无滑坡等不良地质作用。地下水类型为孔隙潜水，赋存于第四系松散堆积层中，受季节性降水影响明显。

(3) 生产条件

公司对施工技术方案、施工质量、施工进度及施工工艺流程等均作出了严格规定，制定了工程项目的质量、进度、投资和安全等管理体系，对施工机械设备的选用、各工种劳动力安排等都做了详细部署和安排，为施工活动的开展奠定了基础。

5.7.3　工程施工部署

1. 施工管理目标

略。

2. 项目组织管理机构

根据本工程的性质和规模，选用直线职能式管理模式，组织结构如图 5.7-1 所示。

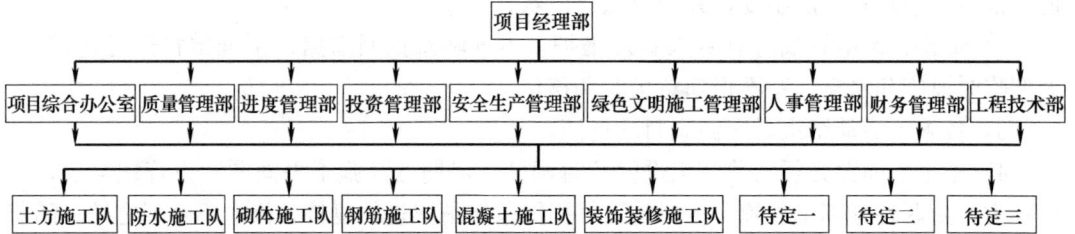

图 5.7-1　项目组织结构图

3. 项目经理部人员构成

略。

4. 文明施工

略。

5. 绿色施工

略。

5.7.4　施工方案

1. 工程整体施工流程

本工程按先地下后地上、先结构后装饰的施工顺序进行。本工程分为桩基工程、地下及地上主体工程、屋面工程、装饰工程 4 个施工阶段。给水排水、防雷、电气照明等设备安装与以上各施工阶段进行交叉作业。

工程总体施工顺序：施工准备→业主交点及初步定位、场地平整及土方开挖→测量管桩定位→桩施工→桩基试验及验收→地下室工程施工→地下一层剪力墙结构→回填土方夯实→一层剪力墙结构→二层剪力墙结构→顶层剪力墙结构→地下一层砌体结构→一层砌体结构→顶层砌体结构→屋面工程→室内外装饰工程→散水→完工。其中水电、空调、消防等安装工程穿插进行。

2. 各分部分项工程主要施工方法及施工要点

1）基础工程

基础工程施工避开雨期，不安排夜间施工。

（1）施工顺序。场地平整→测量放线→土方开挖及地坑排水→清槽、验槽→桩基→土方修挖→砖胎膜、垫层混凝土浇捣→防水施工→基础验收→地下室底板钢筋、混凝土施工→养护→验收。

（2）施工方法及施工要点

① 基础土方开挖及地坑排水。基础土方分两次开挖完成，第一次采用机械开挖至-3.7m，待桩基完成后机械配人工二次开挖至设计标高。因本工程为机械成孔桩基，必须在房屋四周预留机械、施工工作面及泥浆排放沟位置，根据成孔机械设备情况，机械施

工工作面及泥浆排放沟预留宽度为从房屋周边轴线分别向外 2.5m。由于本工程孔桩基施工时间较长，为了保证施工安全，边坡放坡按地勘建议稳定边坡取值为 1∶1.30。本工程基础土方全部外运出场。开挖后认真落实基坑内的排水措施，在基坑四周挖设宽度×深度为 1000mm×1000mm 的泥浆及排水沟，同时设置 4 个 3000mm×3000mm×3000mm 的泥浆池，泥浆排入坑内沉淀，再挖运出场。

② 桩基工程。开挖支护完成后对施工场地用推土机或平地机进行平整处理，其承载力一般不宜低于 100kPa，能保证机械在场内正常运行。根据施工总平面图、施工范围等进行施工总平面规划，安排钻孔施工顺序。根据轴线放出桩位线，用短木或短钢筋打好定位桩，并用白灰做出标记，便于施工。正式施工前要做成孔试验，按设计及规范要求数量进行试验，且不少于 3 根。

③ 地下室防水工程。

a. 基础底板防水混凝土：基础底板防水混凝土按后浇带分块连续浇筑，不留施工缝，外围剪力墙与底板交接处留出高于底板 300mm 墙体与底板混凝土同时浇筑；并在底板混凝土的中间设置膨胀橡胶止水条。

b. 地下室外墙竖向施工缝防水措施：由于地下室结构要分段进行流水施工，所以会产生竖向的混凝土施工缝，且图纸设计有后浇带，在此部位设置膨胀橡胶止水条。

c. 地下室墙身及底板防水层施工：施工前用钢丝刷将混凝土表面的浮浆、返碱、尘土等杂物清除干净，用清水或稀盐酸清洗基面。穿墙孔、结构裂缝（缝宽大于 0.3mm）、施工缝等缺陷均应加强防水处理后再进行防水层施工。基层混凝土强度应符合设计要求，混凝土表面平整，无油污、灰尘及影响粘结的杂物，无明显积水。

④ 底板施工。底板为大体积混凝土，Ⅱ级防水，采用低水化热的普通硅酸盐水泥或矿渣硅酸盐水泥，掺磺酸钙减水剂和补偿收缩的 HEA 膨胀剂，控制砂率和用水量，分块施工，分两层浇筑，采用双层麻袋覆盖等综合蓄热措施并做好测温记录。底板砖胎膜在砌筑过程中要严格控制其尺寸及轴线位置，保证与设计相吻合。钢筋必须按设计施工，钢筋大小、间距、数量不得随意更改，混凝土必须按配合比投料，其原材料必须经检验合格后方可使用。浇筑混凝土时，由一端开始向另一端进行，用赶浆法呈阶梯形向前推进，与另一段合拢。一般成斜向分层浇灌，分层用插入式振动棒与混凝土面成斜角斜向插入振捣，直至上表面泛浆，用木抹子压实、抹平，表面不得有松散混凝土，不得用砂浆抹面。

⑤ 土方回填工程。在土料下基坑前，应对土料的含水量进行检测，以手握成团、落地即散为宜。在摊铺土料前，应做好水平标高的控制标志，即从基坑底算起，沿边坡向上每 1m 钉木桩，作为虚铺土层厚度的控制标高。基坑回填应分层铺摊，每层虚铺厚度为 250mm，用蛙式打夯机从坑边按回形路线夯向中间，夯打 3～4 遍。夯打时应一夯压半夯、夯夯相接、夯夯相连，不得漏夯。基坑回填时，应沿建筑物四周同时进行。在施工段相接处做成阶梯形，即于夯实部分做出一个高 100mm、宽 500mm 的台阶，然后虚铺土找平一起夯实。在每层回填土夯实后，必须按规范规定进行环刀取样，测定土的干密度，若达不到设计要求的干重度应根据测验情况补夯 1～2 遍，再测验合格后方可进行上层的铺土工作。整个土方回填完成后，应进行资料整理。试验报告要注明土料种类、设计要求的土干密度、试验日期、试验结论，并由试验人员签字归档。

2）主体结构工程

严格按照施工方案要求，原则上不安排夜间施工。

（1）施工顺序。投点放线→复核→绑扎框架墙柱钢筋→支框架柱模板→支梁、板模板→浇筑柱混凝土→混凝土养护→绑扎梁板钢筋、预埋构造柱钢筋→浇筑梁、板混凝土→养护→清理→放线→上一层施工→拆模→投点放线→围护墙砌筑→构造柱钢筋、混凝土→清理。

（2）施工要点。

① 模板工程。根据工程构件特征及质量要求，现浇楼板主要采用钢管架支撑，底模采用胶合板，板底垫枋采用木枋（60mm×100mm），接触面刨光滑、平整。柱子模板下端靠紧垫平，四侧模板用柱箍或钢楞与对拉螺栓拉结牢固。

② 钢筋工程。钢筋进场时，应附有厂家的质量证明书，并且按规定取样复试和外观检查，包括规格、直径公差，有无裂纹、气孔，表面锈蚀情况。所有钢筋必须在质量证明书齐全及复试合格后才能使用。钢筋的调直、截断、连接等加工都应按照施工方案和操作规程要求，做到定仪器设备、定操作人、定检查人，确保钢筋工程质量验收合格，才能进行后续各工序。

③ 混凝土工程。本工程全部采用商品混凝土。混凝土的输送采用泵送方式，在现场布置1台HBT60固定式混凝土输送泵。混凝土浇筑前应将模板内的垃圾和钢筋上的油污等清除干净，木模板要充分洒水湿润。浇筑混凝土层段的模板支设、钢筋绑扎、预埋件及管道埋设等工序全部施工完成，经检查验收合格，并办完隐蔽验收记录。浇筑混凝土应分段分层进行，每层浇筑高度应根据结构特点、钢筋疏密而定，一般为振动器作用部分长度的1.25倍，最大不超过50cm。采用插入式振动器振捣应快插慢拔，插点应均匀排列，逐点移动，依次进行，均匀振实，不得遗漏。移动间距不大于振捣棒作用半径的1.5倍，一般为30～40cm。振捣上一层时应插入下层50cm，以消除两层间的接槎；平板振动器的移动距离，应能保证振动器的平板覆盖已振实部分的边缘。浇筑应连续进行，如有间歇，应在混凝土初凝前接缝，否则应按施工缝处理。对于梁柱接点间不同强度等级的混凝土浇筑，在分界处用插拦钢丝网的方式在规定位置进行混凝土间的过渡衔接。浇筑梁板混凝土时，墙、柱节点区按高强度等级混凝土施工，分界面在墙柱边500mm处。卫生间的泛边须与楼板混凝土同时浇筑，支设模板时将卫生间的泛边模板一并支设，操作时注意控制轴线精度，圈梁、构造柱采用60mm×100mm木枋作为横楞，用对拉螺栓@600进行拉结加固；在封模板之前，先采用双面胶粘条顺模板与墙接合处粘贴，之后进行模板安装封压并加固，以防止漏浆。

④ 砌筑工程。砌筑部位墙根处的混凝土表面清扫干净，用1∶2水泥砂浆找平，拉线时用水平尺检查平整度。本工程采用钻孔灌植筋胶后植筋的形式进行墙体拉结筋设置，水平拉结钢筋与主体（柱）可靠拉结，拉结筋植入柱或混凝土墙内100mm，进入砌体长度不小于砌体墙长的1/5并大于700mm，并应理直、平铺在砌体水平灰缝内。墙应在主体结构施工完毕后由上而下砌筑填充，防止下层梁承受上层梁以上的荷载。砌块墙应从转角处或交接处开始，内外墙同时砌筑，纵横墙交错搭接。尽量采用主规格砌块，只有在不够主规格处才可采用辅规格砌块，但不得用砌块与黏土砖混砌，墙体内尽量不设脚手眼。墙体的临时间断处应砌成斜槎，斜槎长度不应小于墙体高度的2/3。砌体的灰缝应做到横平

竖直，全部灰缝均应填铺砂浆。水平灰缝的砂浆饱满程度不低于 90%，竖直灰缝的砂浆饱满程度不低于 80%。砌体水平缝的厚度和竖直缝的宽度应控制在 8～12mm，对墙体表面的平整度和垂直度、灰缝的均匀程度及砂浆饱满程度等，应随时检查并校正所发现的偏差。

⑤ 脚手架工程。地下室外脚手架沿建筑物四周落地式搭设，立杆落在地下室顶板上（加 2000mm×200mm×50mm 木垫板）或已硬化的混凝土垫层上。主楼从第 2 层开始采用工字钢加钢丝绳进行悬挑卸荷，每 6 层设一道。脚手架的拆除应统一指挥，按后装先拆、先装后拆的顺序进行，连墙件、通长水平杆和剪刀撑等必须在脚手架拆卸到相关的门架时方可拆除。工人必须站在临时设置的脚手板上进行拆卸作业，并按规定使用安全防护用品。拆除工作中，严禁使用榔头等硬物击打、撬挖，拆下的连接棒应放入袋内，锁臂应先传递至地面并放室内堆存。当脚手架拆至下部时，应用临时抛撑加固后再拆除连墙件。

3）屋面工程

严格按照施工方案要求，原则上不安排夜间施工，防水工程应避免雨期施工和冬期施工，减少施工缝。

（1）施工顺序。找坡层施工→保温层施工→找平层施工→防水层施工→保护层施工→检查验收。

（2）施工要点。

① 找坡层施工。找坡层施工前，应对基层进行清理，确保基层平整、干燥、无杂物。找坡层的坡度应符合设计要求，不得出现倒坡现象。按设计文件要求进行找坡，坡度准确，排水方向正确。找坡层与基层结合牢固，无起壳、空鼓，厚度均匀，表面压实抹光。找坡层施工完成后，应进行检查，发现不符合要求的地方应及时整改。

② 保温层施工。根据设计文件选择保温材料，保温材料应具有良好的保温性能和防水性能，施工前应对保温材料进行检查，确保材料质量符合要求。保温层应与找坡层紧密结合，铺设平整、牢固，拼缝严密，不得有空隙，厚度应符合设计要求，不得出现薄厚不均现象。保温层施工时，应避免在雨天或潮湿环境下进行，以免影响保温效果。施工完成后，应及时进行保护，避免受到损坏。

③ 找平层施工。找平层施工前，应对基层进行清理，确保基层平整、干燥、无杂物。分层铺设，每层厚度不宜超过 10mm，表面应压实抹光。与保温层紧密结合，铺设牢固。设置分格缝，分格缝间距不宜大于 6m，缝宽宜为 20mm。找平层施工完成后及时进行养护，保持湿润，不得出现干缩裂缝，坡度符合设计要求，排水方向正确，不得出现积水现象。

④ 防水层施工。本工程选用 SBS 改性沥青防水卷材，选用热熔法施工。清理基层表面，去除浮浆、杂物等，确保基层平整、牢固、无起砂、无凹坑，表面清洁干燥，含水量符合要求，均匀涂刷基层处理剂。施工时先将卷材打开释放应力，按弹线位置平铺；然后用喷灯加热基层与卷材交界处，喷灯距交界处约 300mm，往返加热，使卷材表面沥青层液化，边烘烤边滚铺卷材，随后用压辊滚压，使卷材与基层粘结牢固。对阴阳角、管根、檐沟、变形缝等部位进行附加层处理，可预先裁剪卷材成合适尺寸、形状。搭接宽度应为 100mm，卷材搭接区应单独封边，采用热熔法施工，上下卷材搭接处以溢出热熔的改性沥青为度。施工结束后按施工方案要求进行闭水试验，检查防水层的施工质量和防水效

果，确保无渗漏现象。

⑤ 保护层施工。保护层应与防水层紧密结合，铺设牢固，不得出现空鼓、脱落现象。厚度应符合设计要求，表面应平整、光滑。设置分格缝，分格缝间距不宜大于 6m，缝宽宜为 20mm。坡度应符合设计要求，排水方向正确，不得出现积水现象。

⑥ 检查验收。施工后要认真检查整个工程的各个部位，管件、阴阳角等薄弱环节是否已做了重点处理，防水层是否保持完好，发现问题应查明原因并及时修补。涂膜防水层做完后不应有裂纹、脱皮、流淌、鼓泡、皱皮等现象。

4）装饰工程

装饰工程应在基体或基层质量检验合格后方可施工，其施工流程原则上应从上往下、先内后外。本工程室内装饰的顺序是天棚——墙面——地面，考虑水电安装交叉配合，同时还兼顾卫生间、走道、楼梯的施工顺序。外装饰则从上往下进行。

（1）室内装饰工程。

① 抹灰工程。本工程天棚和墙面按中级抹灰控制，主要工序为阴阳角找方→设置标筋→分层赶平→修整，表面要求压光、洁净、颜色均匀、线脚平直、清晰美观、无抹纹，不能有砂粒外露、表面粗糙现象。抹灰前，应检查门窗框位置是否正确，与墙连接是否牢固，连接处按设计要求嵌塞密实。应将过梁、圈梁、构造柱等表面凸出部分凿平，对蜂窝、麻面、露筋等应剔到实处，刷素水泥浆一道，再用 1：3 水泥砂浆分层补平。脚手架眼应堵严，管道穿越墙洞和楼板洞应及时安放套管，并用 1：3 水泥砂浆填嵌密实。墙体表面的灰尘、污垢和油渍等应清除干净，并洒水湿润。抹灰时采用三遍成活工艺，做好工序质量检验记录。抹灰工程要求做到表面光滑、洁净、着色均匀，线脚和灰线平直方正，清晰美观。

② 楼地面工程。本工程厨房、卫生间采用防滑耐磨地砖，客厅、卧室及走廊、楼梯间、阳台等位置采用抛光砖。楼地面装饰工程施工前，相应楼层的各种穿楼板管道、门框及地漏等应安装完毕，并经检查合格，施工前应进行全面的抄平测量并在距地面 600mm 高位置处弹出水平基准通线，并将基层上的尘土、砂浆、杂物清理干净，施工前一天应对地面喷水润湿，且刷水灰比为 0.4～0.6 的水泥浆，随刷随铺找平层砂浆和贴面砖，楼地面所使用的水泥采用同品种普通硅酸盐水泥，砂子质量符合质量要求。卫生间地砖铺面必须在闭水试验后进行。地砖施工时，应待干硬性砂浆结合层施工 24h 后方可上人作业，并按地砖大小及设计排砖铺贴最高点，非整砖应排在不显眼或墙角边缘部位。地砖铺贴要求平整度一致，缝宽一致，板块无裂无抽角和掉角等现象。

（2）室外装饰工程

本工程室外装饰采用面砖，外墙选用白色面砖，阳台选用暗红色面砖，注重观感质量控制。面砖粘贴前确保基层平整、洁净、含水率符合要求，保温层施工完毕。粘贴过程中首先以各层结构施工时测设的标高为依据，分别弹出层高线、窗台水平线和窗上口水平线，结合排砖方式弹出粘贴网格线；其次严控粘贴过程管理和安全生产管理，做到面层干净平整、密实无空鼓、观感效果好。

5）水电及零星工程

根据设计文件和现场条件的要求，综合考虑安全文明施工等因素统筹安排，尽可能穿插作业。

5.7.5 施工进度计划

1. 施工进度安排原则

1）施工进度安排必须满足合同文件的工期要求。

2）考虑施工活动的连续均衡，尽可能使劳动力、机械设备、资金、材料分配均衡，尽可能做到工种、工序合理衔接，干扰少、工效高、经济效益好。

3）本工程耗用劳动量大，合理组织内外、上下平行交叉流水施工，能加快进度，保证工程质量，提高经济效益。

4）受雨期影响，对施工干扰比较大、难度大的工序应先做，加强施工管理，采取相应措施安排好施工。

5）材料的需用量应根据施工进度提前核算和准备，必须保证工程的连续施工，杜绝因材料短缺而出现窝工现象。

6）编制施工进度计划时，综合考虑现场施工条件、安全文明施工、绿色施工等相关要求。

2. 施工进度计划

本工程合同工期为 366 天，各分项工程开、完工时间，进度计划具体安排如图 5.7-2 所示。本工程在开工令等文件规定时间内择机开工并按照施工进度计划表组织施工，如需调整应履行审批程序。

3. 各项资源需求量计划

1）主要施工机具需求计划

本工程主要施工机具需求计划，如表 5.7-1 所示。

主要施工机具需求计划表 表 5.7-1

序号	机械设备名称	型号规格	数量	现场施工用途	备注
1	塔式起重机	QTZ-80	1	材料运输	驾驶员持证上岗
2	液压挖掘机	龙工 LG-6245H	2	基坑开挖	驾驶员持证上岗
3	自卸汽车	EQ-3140S8GDD	20	土方和材料运输	定人定车
4	混凝土泵车	HBT-60 固定式混凝土输送泵	1	混凝土输送	定人定设备
5	插入式振动器	ZDN-50	20	混凝土施工	定人定设备
6	平板式振动器	ZB-11	8	混凝土施工	定人定设备
7	两光轮静碾压路机	LG-521J	2	基础施工	定人定设备
8	钢筋弯直机	GW-40	2	钢筋加工	按期检测设备性能
9	钢筋切断机	GQ40-1	2	钢筋加工	按期检测设备性能
10	钢筋对焊机	UN-100	2	钢筋加工	按期检测设备性能
11	打夯机	HWR180	2	土方打夯	定人定设备
12	水泵	$\phi 50 \sim \phi 100$	2	降排水施工	
13	发电机	C1400D5-PB	1	备用资源	

2) 主要劳动力需求计划

本工程主要劳动力需求计划，如表5.7-2所示。

主要劳动力需求计划表 表 5.7-2

序号	工种	劳动力人数（人）	是否特种作业	备注
1	泥工	30	否	
2	木工	50	否	
3	钢筋工	30	否	
4	混凝土工	80	否	
5	抹灰工	60	否	
6	电焊工	8	是	
7	起重工	5	是	按工作组配置
8	防水工	16	否	
9	油漆、腻工	16	否	
10	电工	16	是	
11	水工	16	否	
12	架子工	30	是	
13	普工	80	否	
14	其他	20	否	

3) 主要材料需求计划

略。

5.7.6 施工平面图

1. 施工道路布置

场内两个主入口，施工道路宽度6m，进行硬化处理，基层夯实，150mm厚砂石垫层，150mm厚C20混凝土压光抹面，做好排水坡度，并保持道路畅通无阻。沿路边一侧设置300mm×300mm临时排水沟。

2. 施工供电及供水布置

临时供电线路安装及供水布置必须符合规范要求，施工现场要满足消防要求。

3. 施工机械、加工厂、仓库和堆料场布置

1) 本工程布置塔式起重机（QTZ-80）1台，最大服务半径60m，布置在拟建建筑物南侧，尽可能避免运输盲区；施工电梯1部，布置在拟建建筑北侧，方便材料和人员上下，应与塔式起重机在高度上保持安全距离。

2) 本工程混凝土全部采用泵送商品混凝土，优先选择地泵以确保施工安全；砌筑砂浆为现场搅拌。

3) 钢筋加工厂的布置。钢筋加工厂布置1个，位于拟建建筑物南侧，与道路、拟建建筑物等保持安全距离，确保施工安全。

4) 材料仓库布置在西侧，有防潮措施，避免材料露天存放。

5) 水泥库布置在北侧，大宗水泥采用散装，零星用料采用袋装（按种类分垛存放），有防潮措施，与搅拌站相邻，方便施工。

6) 砂石集料堆场的布置。砂石就近堆放在搅拌机旁边，进场砂石要分类堆放，堆放

场地做成混凝土面，并砌栏高 1m 的砂石池，布置在北侧。

7）周转材料堆场的布置。所需用的钢管、钢模等周转材料堆场设在北侧。

4. 办公、生活临时设施布置

本工程办公区在南侧、生活区在东侧，采用活动板房搭设，混凝土地面，矿棉板吊顶。根据绿色、文明施工要求，现场设置了安全教育体验区、建筑垃圾处理区、水资源处理区等，分布在施工区域内。

施工现场平面布置，如图 5.7-3 所示。

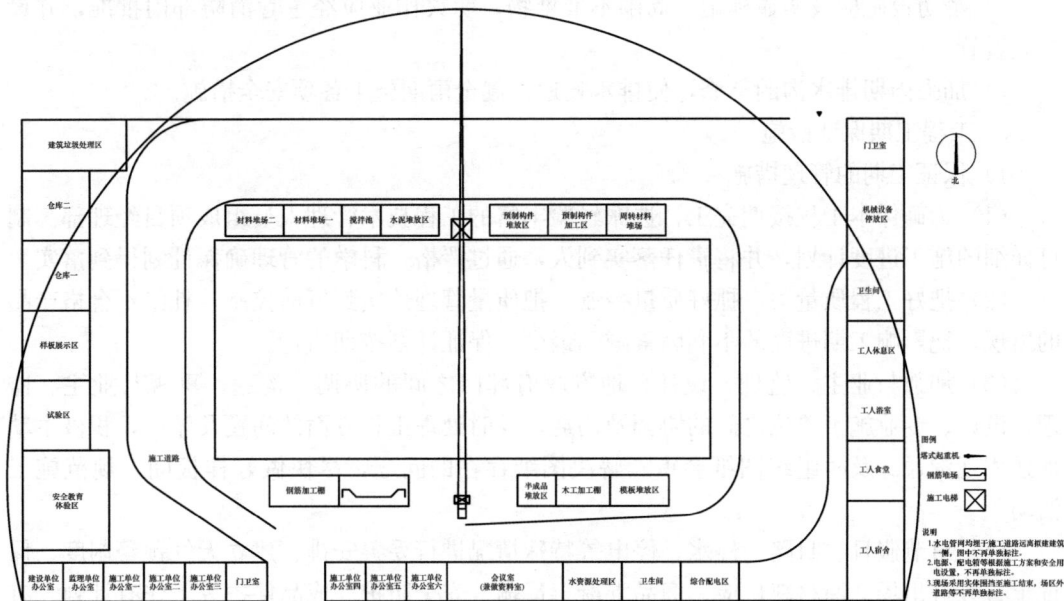

图 5.7-3 施工平面图

5.7.7 施工组织措施

1. 工程质量保证措施

1）施工前认真做好技术交底，各分部分项工程均应严格执行施工及验收规范。

2）严格执行各项质量检验制度，认真开展施工队自检、互检，交接检，分层分段验收评定质量、及时办理隐蔽工程验收手续。

3）严格执行原材料检验及试配制度，做到材料配合比准确。

4）做好半成品及成品的保护工作，防止下一道工序对已有成品（半成品）造成破坏。

5）做好施工技术日志，及时做好各种工程技术资料的签发、签证、核查、索取、收集、整理、归档等，确保工程技术资料及时、准确、齐全，符合要求。

6）建立质量方面的奖罚制度。

7）做好施工收尾工作，施工最后阶段应逐层、逐间检查，发现问题及时返修。

2. 工程安全保证措施

1）建立安全生产保障体系，落实各级各类人员的安全生产责任制，坚持贯彻安全第一、预防为主、综合治理的方针。

2）凡新工人、临时工、换岗工人进入岗位作业前，必须由公司、施工现场及所在班组进行"三级"安全教育，合格后方能持证上岗操作。

3）现场施工员、质安员每天督促作业人员对自己的作业环境进行认真检查，发现问题，立即报告，待隐患彻底消除后方能上岗作业。

4）建筑物外墙四周安全网、脚手架、塔式起重机应按规定技术要求搭设；进入施工现场的人员一律戴安全帽。

5）现场各种机械、电气设施要完善，严禁非机电人员开动机具设备；实行专人专机管理。

6）消防设施应设明显标记，周围不准堆物。明火作业应经主管消防部门批准，并设专人看管。

7）加强雨期排水沟的整修，使排水畅通；健全雨期施工各项安全措施。

3. 工程工期保证措施

1）保证工期的管理措施

（1）为确保本工程按期完工，选派经验丰富的工程技术管理人员组成项目经理部。制订详细的施工进度计划，并将责任落实到人，通过严格、科学的管理确保计划得到落实。

（2）把好工程质量关，抓好质量控制，把质量管理落实到事前控制，杜绝不合格产品的出现，把影响工期进度的不利因素减到最少，保证计划按期执行。

（3）加强与业主、监理、设计、地方政府部门之间的协调及沟通，重视与业主、监理、设计、专业施工单位之间的协调及沟通，及时处理工程方面的问题及矛盾，积极主动加强相互沟通。及时组织图纸会审、解决图纸存在的问题，尽快做好样板间，规范施工活动。

（4）对节假日、封路、停水、停电等特殊情况进行妥善安排、建立天气预警制度，保证土石方进出场、原材料供应、商品混凝土运输、安全防护、成品保护等工作有计划、有组织地开展，降低恶劣天气或特殊情况对施工造成的不利影响。

（5）分项工程施工前由施工员对班组进行详细的交底（安全、质量、技术、进度），施工中实行班组自检和施工员、质安员验收制度，避免不合格产品进入下一道工序，使工程施工有序进行。

2）保证工期的技术措施

（1）事前预防、减少设计变更因素带来的不利影响。设计变更因素是进度计划实施的重大干扰因素，包括改变部分工程功能引起大量变更施工工作量，以及因设计图纸本身欠缺而变更或补充造成增量、返工，打乱施工流水节奏，致使施工减速、延期甚至停顿。针对这些现象，项目经理部要通过理解图纸与业主意图，进行自审、会审，完善 BIM 模型，并与设计院交流，最大限度地实现事前预防，把影响降到最低。

（2）保证资源配置满足要求。

① 劳动力配置。在保证劳动力的条件下，优化工人的技术等级和思想、身体素质的配备与管理。以流水施工为主，对关键工序、关键环节和必要工作面根据施工条件及时组织抢工期及实行多班作业。

② 材料配置。按照施工进度计划要求及时供货，做到既满足施工要求，现场又无太多的积压，以便有更多的场地安排施工。

③ 机械配置。为保证本工程的按期完成，将配备足够的中小型施工机械，不仅要满

足正常使用，还要保证有效备用。另外，要做好施工机械的定期检查和日常维修，保证施工机械处于良好状态。

④ 资金配备。根据施工实际情况编制月进度报表，根据合同条款申请工程款，并将预付款、工程款合理分配于人工费、材料费等各个方面，使施工能顺利进行。

⑤ 后勤保障。后勤服务人员要做好生活、服务工作，解决吃、住两大问题，让工人无后顾之忧，提升劳动生产效率。

⑥ 技术保障。发挥技术力量雄厚的优势，推广网络计划技术、计算机等现代化的管理手段或工具为本工程的施工服务。

4. 工程节约材料、降低成本措施

1）节约材料措施

（1）加强材料计划采购管理工作，按计划采购价格合理、质量优良的材料，减少材料浪费，必要时可通过招标完成。

（2）加强对现场材料的管理，对进场材料严格把关，不合格材料严禁进场。

（3）采用承重钢柱模，混凝土墙、电梯井配置定型钢木大模板，利用塔式起重机支拆；梁、板支模采用早拆系统，工程配置三层模板反复周转使用，以节约木材及人工，缩短工期，提高综合效益。

（4）积极探索金属模板和塑料模板的循环使用，提升周转材料利用率。

（5）加强施工质量管理和过程规范化管理，减少因返工、材料浪费造成的成本增加。

（6）提高节约型、可循环使用型构配件利用率，如使用节水马桶、集成式办公室等，降低临时设施费用。

2）降低成本措施

（1）做好科学规划，避免设备、材料重复移位和相互干扰。如土方工程施工前应结合施工方案，规划好施工机械及运行路线、土方临时存放地点等。

（2）采用机械化施工，提高机械使用率，做到人停机不停，加快施工进度，通过科学管理降低措施费。

（3）加强合同成本管理，产—学—研—用并举，将生产活动与技术研发、工程推广相结合，提升工程质量效益、经济效益和社会效益。

5. 消防、保卫措施

1）建立消防组织，配备专职消防人员，对施工现场内的消防工作进行全面检查，发现隐患及时处理。对职工进行安全防火教育，普及消防知识，提高职工防火警惕性。

2）在现场显著位置设立消防标牌，并按消防规定在现场、生活区、办公室、仓库设立消防器材。特别是在易燃物比较集中的部位，如木工车间等要专门配备灭火器材及灭火工具。

3）严格执行各项消防制度、易燃易爆物品管理制度、用火申请制度等。

4）建立工地门岗保卫制度，配备专职保安员检查进出场人员及流入流出的物资。

5）对进入现场施工的人员进行消防、保卫教育，依靠广大职工维护治安秩序，严密防范，确保施工过程及公共财产的安全。

6. 文明施工与环保措施

1）施工现场应做到封闭施工，施工围挡应采用实体式，高度不低于 2.5m，且结构坚固，造型美观。

2）在施工现场的主要出入口设置"五牌一图"、绿色文明施工宣传牌等，并做好企业文化和企业精神展示。

3）现场道路通畅、场地平整，材料及构件按总平面图堆放，做到散料成方、型材成垛，并配有标示牌。

4）围墙外无建筑垃圾、无积水、无建筑材料。库存袋（箱）装材料码放成垛，小、散材料上架存放，易燃易爆物品设专库隔离存放，墙上悬挂材料管理制度和材料员职责。各作业面的材料堆放整齐，做到"工完料尽脚下清"。

5）固定的机械设备及时清洗保养，搭棚防护，设备旁悬挂操作规程牌、设备标牌。做到"有轴必有套，有轮必有罩，有台必有栏，有洞必有盖"。搅拌机旁悬挂各类砂浆标牌，且内容完整清晰，配备计量必须齐全、准确，并有计量记录。

6）加强施工现场用水、用电管理，严禁乱拉、乱接电线，无长流水、长明灯。各种临时设施做到结构坚固，室内宽敞明亮，照明充足、通风好、防雨、防潮，现场办公室、仓库、宿舍、厨房、厕所做到室内粉刷白、地面硬化，且室内高度不得低于2.9m。

7）临时用房应规范化，做到办公室整洁干净、生活区环境幽雅。现场办公室各项管理制度齐全并全部上墙。岗位责任制、施工网络计划图，施工总平面布置图及工程质量、安全、文明施工保证体系图，工程量实际完成进度图，工程施工天气晴雨表均规范制作并公示。

8）工人宿舍按照文明工地的相关要求布置，无地铺、通铺、室内应设双人床铺、职工衣被及其他日用品排放整齐，宿舍门前悬挂宿舍管理制度，值日牌明确，室内卫生打扫及时，干净整洁。

9）所有进场材料必须按规定堆放整齐、设专人负责，施工、生活垃圾应分类处理并及时清理运走，卫生间选用水冲式节能马桶和感应出水系统，保持施工现场卫生。环境保护设专人负责，并定期进行检查。

10）施工过程中混凝土浇筑、钢筋加工、木材加工等易产生噪声、粉尘污染，尽可能安排在白天进行，避免夜间施工。加工厂尽可能布置在施工区域中心，与居民区保持一定距离，避免扰民。

7. 冬、雨期施工措施

1）冬期施工

本工程工期366天，横跨该地区的冬期和雨期，需对冬期和雨期施工进行科学规划和安排。

（1）进入冬期施工前应建立冬期施工技术责任制和安全防火责任制，组织有关施工人员学习冬期施工有关规范及规定，并向施工班组进行冬期施工任务、特点、质量要求和安全防火的全面交底。现场负责人应组织工长及有关人员关注寒潮变化，认真做好各项防寒准备工作。

（2）冬期施工之前，应对现场试验员、质检人员进行外加剂和测温、保温的技术业务培训，安排专人进行气温观测并做好记录。

（3）施工现场准备足够数量的塑料膜、草苫等保温材料和抗冻外加剂及冬期施工有关机具。临时供水管道应用草绳或其他保温材料包扎以保温防冻。冬期施工相关机械设备应编制并落实防冻措施，做到机机有防护，责任到人。

(4) 要采取防滑措施，及时清除脚手架上的积雪和冰层。运输道路应采取防滑措施以确保施工安全。加强施工现场防火教育。现场生产及生活用火设施，必须检查验收合格后方可使用，并由专人定期进行检查。室内使用炉火要注意通风换气，防止煤气中毒，严禁私自设置用火设施。防冻剂应严格管理，防止误食。

2) 雨期施工

(1) 在施工进度安排上，要尽量把雨期无法施工的施工活动与雨期影响不大的施工活动合理排开，尤其是混凝土浇筑等易受雨期影响的施工活动。

(2) 降雨量足以影响混凝土浇捣和墙体砌筑时，应立即停止施工，用雨布保护好已浇筑的混凝土和墙体。适当控制烧结普通砖的浇水量，必要时采取防雨、防水措施，防止烧结普通砖吸水过量。

(3) 严格控制砂浆水灰比，避免砂浆、石灰膏受雨水泡、淋，否则应重新调整水灰比。屋面工程应尽量不安排在雨期施工，雨期到来之前，应将防水层施工完毕，以保证室内装饰活动正常进行。室内装饰施工前，应先安装好外门窗及玻璃，以免雨水淋湿装饰面层。

(4) 外装饰工程应尽量避开风、雨天气施工。忌日晒、雨淋的材料应及时放在材料仓库保管，结合材料性质、存放时间等因素合理制定存放和保管措施。加强安全施工管理，结合安全生产教育，提升工人安全生产意识，严禁出现"三违"现象，安全生产责任到人。

8. 绿色施工措施

1) 节能措施

(1) 选用节能型施工设备和机具，并对设备定期维护保养，保持良好运行状态，避免因设备故障导致能源浪费。同时，采用先进的施工工艺进行技术创新，降低能源消耗。施工现场的临时设施布置应考虑节能，施工活动按照最低照度原则安排照明设施。合理规划施工用电，装设电表，对生活区和施工区分别计量，建立用电节电台账，加强用电管理。

(2) 科学安排施工活动，制定施工设备的使用、停歇计划，避免设备长时间空转，减少不必要的能源消耗；尽量利用自然采光进行施工作业，减少白天施工时的人工照明使用时长；利用自然通风改善施工现场的作业环境，减少通风设备的使用频率。

2) 节水措施

(1) 施工现场可设置雨水收集系统，将雨水收集后用于道路洒水、绿化灌溉等。同时，对施工现场的污废水等非传统水源进行综合处理，提高水循环利用率，减少污废水的排放量。

(2) 施工现场的洗漱池、卫生间等应使用节水器具，如节水型水龙头、节水型马桶等。

(3) 强化施工现场用水管理。结合施工活动设定用水指标，在施工用水、生活用水、消防用水等部位安装水表，定期统计分析用水量，及时发现用水异常情况并采取管控措施，实行超量用水预警机制。

3) 节地措施

(1) 合理规划施工总平面布置，充分利用场地及周边现有道路、给水、排水、供电等设施，减少临时设施的搭建。施工现场的临时设施建设应避免使用黏土砖，优先选择可重复利用的活动板房，减少对土地资源的破坏。

(2) 土方开挖施工应采用先进的技术措施，对施工现场内的原有植被、树木等尽可能原地保护，同时减少土方开挖量，最大限度地减少对土地的扰动，土方回填时尽可能利用开挖出来的原土，避免对周边未开发土地造成破坏和污染。

4）节材措施

（1）在材料采购时，应优先选择环保可再生型建筑材料，合理安排材料的采购、进场时间和批次，减少库存，避免因材料积压导致的损耗。

（2）施工过程中优化施工方案，推行限额领料制度，明确各施工班组在不同施工阶段的材料用量限额，减少材料的浪费。施工活动产生的废旧材料，应进行分类回收和再利用。提高施工质量，减少因返工等造成的材料浪费。

5）环境保护措施

针对易出现扬尘、噪声、"三废"等影响环境的施工环节和施工活动进行系统研究，并制定相应措施进行预防。

（1）扬尘控制：施工现场主要道路应进行硬化处理，并定期洒水降尘。对于易散落、易飞扬的细颗粒散体材料，应在封闭的库房贮存，运输时应采取覆盖等措施，车辆离开施工现场应进行清洁处理。在土方开挖等易扬尘工序施工阶段，可采用洒水、覆盖等措施控制扬尘，配备雾炮车辅助降尘，尤其在干燥、多风的天气。

（2）噪声控制：选用低噪声、低振动的施工设备和机具，如低噪声振动棒、混凝土输送泵等。合理安排施工时间，避免在夜间或居民休息时间进行高噪声作业。对于产生高噪声的设备，可采取隔声、隔振等措施，降低噪声对周边环境的影响。

（3）"三废"处理。废水处理：施工现场配备污水处理设施，对污水进行沉淀处理后，再排入市政管网。食堂、餐厅等生活污水应经过隔油池处理，防止油污污染水体。对施工过程中产生的固体废弃物进行分类收集和处理，可回收利用的材料应进行回收再利用。对于不能回收利用的废弃物，应按照相关规定妥善处理，避免对环境造成污染。

5.8　本章思政教育元素

5.8.1　厚植家国情怀，树立行业担当，弘扬工匠精神

单位工程施工组织设计不仅涉及工程项目建设的顺利开展，而且涉及打造精品工程服务人民的时代要求，对区域生态文明、环境保护也有深刻影响。读者应具有行业主人翁精神，形成大局意识，以工匠精神将单位工程施工组织设计的编制和落实融入工程建设、城市发展和文化传承中。

5.8.2　筑牢质量、安全底线，恪守土木工程职业操守

工程质量和施工安全管理是土木工程行业的生命线，工程实践中不乏因违规操作、责任缺失引发的严重事故。读者应从施工中汲取教训，科学编制并落实单位工程施工组织设计，严守国家标准、规范，筑牢工程质量、安全底线，恪守土木工程人的职业操守。

本 章 小 结

本章重点介绍了单位工程施工组织设计的主要内容、编制程序及方法，并通过工程案例阐述了单位工程施工组织设计的编制过程及工程应用。通过本章的学习，应具备编制单

位工程施工组织设计的能力，运用单位工程施工组织设计指导单位工程施工的能力，能够通过单位工程施工组织设计梳理、反演施工组织总设计的关系、单位工程与土木工程项目的关系。

习题及答案

一、填空题。

1. 单位工程施工组织设计是针对_____编制的施工技术与组织文件。

2. 工程概况中应包括工程的规模、特点、施工条件、_____和施工期限。

3. 施工进度计划通常采用_____或网络图的形式表示。

4. 主要施工方法应针对单位工程中的各个_____进行详细说明。

5. 施工安全管理计划中应制定安全管理制度，包括安全教育培训制度、安全检查制度和_____。

6. 施工现场平面布置应考虑施工现场的合理利用，尽量减少施工过程中的_____。

7. 施工方案的技术经济评价方法包括_____和_____。

8. 施工平面布置中应首先确定_____的位置。

9. 单位工程施工进度计划按其作用不同，可分为控制性施工进度计划和_____。

10. _____是施工组织设计的重要组成部分，为施工活动提供空间布置方案。

二、选择题

1. 下列不属于施工部署内容的是（　　　）。

A. 施工目标　　　　　　　　B. 施工任务划分

C. 施工顺序　　　　　　　　D. 施工图纸会审

2. 施工现场平面布置图中，临时设施的布置应考虑（　　　）。

A. 施工方便　　　　　　　　B. 安全环保

C. 节约成本　　　　　　　　D. 以上都是

3. 材料配置计划中，材料的进场时间应根据（　　　）确定。

A. 施工进度计划　　　　　　B. 施工图纸

C. 施工预算　　　　　　　　D. 施工合同

4. 施工现场平面布置应动态调整，主要根据（　　　）变化进行。

A. 施工阶段　　　　　　　　B. 施工人员

C. 施工设备　　　　　　　　D. 施工材料

5. 施工总平面图设计时，办公区宜布置在（　　　）。

A. 噪声大的区域　　　　　　B. 靠近材料堆场

C. 施工现场入口附近　　　　D. 塔式起重机覆盖范围内

6. 施工方案技术经济评价的定量方法是（　　　）。

A. 专家评分法　　　　　　　B. 价值工程法

C. 头脑风暴法　　　　　　　D. 德尔菲法

7. 施工组织设计中，不属于"四节一环保"的是（　　　）。

A. 节能　　　　　　　　　　B. 节材

C. 节地   D. 节时

8. 施工进度计划调整的主要方法是（   ）。

A. 增加资源   B. 压缩关键工作持续时间

C. 减少施工段   D. 延长工期

9. 施工组织设计交底应由（   ）组织。

A. 项目经理   B. 技术负责人

C. 施工员   D. 安全员

10. 下列关于单位工程施工平面图设计原则的说法，错误的是（   ）。

A. 尽量减少施工用地，少占农田

B. 临时设施应尽量靠近拟建工程，缩短运距

C. 施工材料应按施工顺序堆放，尽量一次到位

D. 生产、生活设施应严格分开，保证安全距离

三、简答题

1. 简述单位工程施工组织设计的主要内容。

2. 简述施工总平面图的设计原则。

3. 简述单位工程施工进度计划的编制步骤。

4. 施工方案选择的基本要求有哪些？

参考答案：

一、填空题。

1. 单位工程

2. 施工范围

3. 横道图

4. 分部分项工程

5. 安全事故处理制度

6. 相互干扰

7. 定性分析、定量分析

8. 垂直运输机械

9. 实施性施工进度计划

10. 施工平面图

二、选择题。

1. D；2. D；3. A；4. A；5. C；6. B；7. D；8. B；9. B；10. D

三、简答题。

略。

参 考 文 献

[1] 陈蓓，陆永涛，李玲. 基于 BIM 技术的施工组织设计 ［M］. 武汉：武汉理工大学出版社，2021.

[2] 项林. 建筑工程施工组织 ［M］. 南京：东南大学出版社，2019.

[3] 刘立新，贺志刚，余景良. 建筑施工组织与管理 ［M］. 哈尔滨：哈尔滨工程大学出版社，2021.

［4］ 梁培新，王利文. 土木工程施工组织［M］. 北京：中国建筑工业出版社，2022.

［5］ 华建民，姚刚. 土木工程施工技术与组织［M］. 3 版. 重庆：重庆大学出版社，2023.

［6］ 危道军. 建筑施工组织［M］. 3 版. 北京：中国建筑工业出版社，2022.

［7］ 住房和城乡建设部. 施工现场临时建筑物技术规范：JGJ/T 188—2009［S］. 北京：中国建筑工业出版社，2009.

［8］ 王利文. 土木工程施工组织与管理［M］. 北京：中国建筑工业出版社，2021.

［9］ 赵乃志，陈兰英，王孙骏. 建筑工程施工组织［M］. 北京：化学工业出版社，2024.

［10］ 住房和城乡建设部. 建筑施工组织设计规范：GB/T 50502—2009［S］. 北京：中国建筑工业出版社，2009.

［11］ 住房和城乡建设部. 建筑施工安全检查标准：JGJ 59—2011［S］. 北京：中国建筑工业出版社，2011.

［12］ 住房和城乡建设部. 建筑工程施工质量验收统一标准：GB 50300—2013［S］. 北京：中国建筑工业出版社，2013.

［13］ 申金山. 智能建造概论［M］. 北京：化学工业出版社，2024.

［14］ 住房和城乡建设部. 建筑施工安全技术统一规范：GB 50870—2013［S］. 北京：中国计划出版社，2013.

［15］ 住房和城乡建设部. 建筑与市政工程绿色施工评价标准：GB/T 50640—2023［S］. 北京：中国计划出版社，2023.

［16］ 刘剑，李福勇，谢诚. 绿色建筑施工技术与管理研究［M］. 长春：吉林科学技术出版社，2023.

［17］ 住房和城乡建设部. 建设工程监理规范：GB/T 50319—2013［S］. 北京：中国建筑工业出版社，2013.

本章知识在求职和工作中的应用

问题 1：简要介绍单位工程施工组织设计的主要作用。

答案：单位工程施工组织设计是对单位工程施工全过程进行科学管理的重要手段。它的主要作用包括指导施工，使施工人员明确施工顺序、方法、进度安排等；合理配置资源，确保人力、物力、财力等资源得到有效利用；协调各施工环节和各专业之间的关系，保证施工的顺利进行；还能作为控制施工进度、质量、成本和安全的依据，同时也是施工企业进行施工准备和工程管理的重要文件，有助于提高施工效率和经济效益，实现工程项目的预期目标。

问题 2：如何根据工程特点选择合适的施工机械？

答案：选择合适的施工机械需要综合考虑多个因素。首先，要根据工程的规模和工程量来确定机械的型号和数量，例如大型土方工程可能需要选用大型挖掘机和装载机。其次，要结合工程的施工条件，如场地的大小、地形地貌等，像狭窄的场地可能更适合小型灵活的机械。工程的施工工艺也是关键因素，如混凝土浇筑需要根据浇筑方式选择混凝土搅拌机、输送泵等设备。还要考虑机械的经济性，包括购置成本、运行成本和维修成本等，选择性价比高的机械。同时，要考虑机械的可靠性和安全性，以及与其他施工机械的配套性，确保整个施工过程的高效、安全进行。

问题 3：简要陈述单位工程施工进度计划与施工总进度计划的关系。

答案：施工总进度计划是对整个建设项目的施工进度进行总体安排，它确定了各个单位工程的开工、竣工时间以及相互之间的逻辑关系和搭接顺序。单位工程施工进度计划则是在施工总进度计划的基础上，对单个单位工程的施工过程进行详细的时间安排。单位工程施工进度计划是施工总进度计划的细化和分解，是实现施工总进度计划目标的具体步骤和保障。它要服从施工总进度计划的总体要求，同时又要根据单位工程的特点和实际情况，合理安排各分部分项工程的施工顺序和时间，确保单位工程按时完成，从而保证整个建设项目能够按照施工总进度计划顺利推进。

问题4：在施工过程中，发现实际进度与单位工程施工进度计划不符，应该如何处理？

答案：首先，要分析实际进度与计划进度不符的原因，可能是资源供应不足、施工技术问题、天气影响或者施工组织不合理等。其次，根据具体原因采取相应的措施。如果是资源供应问题，应及时调整资源配置，增加人力、物力或调整资源供应计划；若是施工技术问题，需组织技术人员进行研究，改进施工方法或采用更有效的技术措施；因天气等不可抗力因素影响的，要及时调整施工计划，在天气条件允许时增加施工班次或延长作业时间，尽量弥补延误的工期。同时，要对调整后的进度计划进行跟踪检查，确保其有效执行，使工程进度回到正常轨道。

问题5：单位工程施工组织设计中怎样体现绿色施工理念？

答案：单位工程施工组织设计中体现绿色施工理念，可以从多个方面入手。在节材方面，优化施工方案，减少材料浪费，采用可循环利用的材料，提高材料的利用率。在节能方面，合理选择施工设备，采用节能型设备和灯具，优化施工顺序，避免设备空转，降低能源消耗。在节水方面，设置节水器具，对施工用水进行循环利用，如将混凝土养护用水、洗车用水等经过处理后用于降尘等。在环境保护方面，采取有效的防尘、降噪措施，减少施工对周边环境的污染，妥善处理施工废弃物，避免对土壤和水体造成污染。同时，合理规划施工场地，保护周边的生态环境，尽量减少对自然环境的破坏。

第6章

基于BIM技术的施工组织设计

教学目标：

◇**知识目标**

掌握 BIM 技术在施工组织设计编制及指导施工中的应用方法，掌握 BIM5D 技术的内涵及其对施工组织设计编制、施工活动、施工组织与管理的影响。熟悉 BIM 技术的发展历程。

◇**能力目标**

具备运用 BIM 技术、BIM5D 技术编制施工组织设计的能力，具备运用 BIM 技术、BIM5D 技术进行施工组织与管理的能力。

◇**素质目标**

形成主动学习、运用 BIM 技术、BIM5D 技术的专业素养，积极将土木工程行业发展新成果运用到工程实践的正确职业观。

6.1 BIM 技术简介

6.1.1 BIM 技术

1. BIM 技术的概念

BIM（Building Information Modeling，建筑信息模型）是以三维数字技术为基础，集成了各种相关信息的工程数据模型，这些模型和信息可应用于工程设计、施工管理、物业和运维管理等全寿命周期管理过程。BIM 技术实现了从二维图纸到三维模型的跨越，有效助力了我国建筑产业转型升级。

BIM 不仅是建筑设计平台，更重要的是，BIM 的创新应用一体化设计与协同工作方式相结合，可建立三维的建筑信息模型，并借助数字信息仿真模拟建筑物所有真实信息，具有可视化、协调性、模拟性、优化性、可出图性、一体化性、参数化性和信息完备性 8 大特征，并支持设计、施工、运维等各阶段的协同工作。

2. BIM 技术的主流软件

自问世以来，BIM 技术以其软件兼容性强、表达清晰、交互性好等优点广受用户喜爱。BIM 软件涵盖建模、分析、协同管理等多个领域，主要包括基础建模软件（核心平台）、专业领域工具和协同管理平台 3 部分。

建模软件是基于 BIM 基本原理开发的具有创建、修改三维模型等功能的软件，是 BIM 技术发展和应用的前提，其建立的三维信息模型为其他软件应用提供了信息交流的平台。目前常用的 BIM 建模软件主要为 AutoCAD 公司的 Revit、Bentley 公司的 AECO-sim 系列、Graphisoft 公司的 ArchiCAD、Dassult 公司的 Digital Project 等国外软件，北京构力科技有限公司的 BIMBase 平台、广联达科技有限公司的 BIMMAKE 等国产软件。

专业领域工具包括结构设计与分析软件，Tekla Structure 多用于钢结构详图设计，可进行复杂节点建模和施工图生成，PKPM 适配了我国的国家标准和规范，可进行结构计算和节能分析；异形建模与参数化设计软件，Rhino＋Grasshopper 多用于建筑概念设计，需配合其他 BIM 软件进行深化；协同与管理平台，Autodesk BIM 360/Bentley ProjectWise 可实现跨团队数据共享，支持冲突检测与进度管理。

6.1.2 BIM 模型

BIM 模型是 BIM 技术广泛应用的前提，所有操作和应用都是建立在模型的基础上。目前 BIM 模型的相关国家标准有《建筑信息模型应用统一标准》GB/T 51212—2016、《建筑信息模型分类和编码标准》GB/T 51269—2017、《建筑信息模型设计交付标准》GB/T 51301—2018、《建筑信息模型存储标准》GB/T 51447—2021 等。

1. BIM 模型构建原则

BIM 模型的构建与工程特点密切相关，需遵循以下原则：

1）一致性。如果采用二维图纸建模，则模型中无多余、重复、冲突的构件。不同建设阶段，模型应随着深化设计及时更新，体现构件的名称、材料等关键信息。

2）合理性。模型构建应符合实际情况，如施工阶段应用 BIM 时，模型需分层建立并加入楼层信息，不允许出现柱子从底层到顶层贯通等不符合实际的建模方式。墙体、柱子等跨楼层的构件均须按楼层断开建模，并按照实际起止标高构建。

3）准确性。梁、墙等构件横向起止坐标必须按照实际情况确定，避免出现梁、墙等构件与柱重合的情况，楼板与柱、梁等构件的重合关系应根据实际情况建模。所有墙、板等构件单元上的开洞都必须采用编辑边界的形式绘制出，并保证模型内容与工程实际一致。

2. BIM模型精细度

BIM模型精细度是衡量模型包含信息全面性、细致程度和准确性的指标，过低会导致信息不足，过高则会导致模型的操作效率低下，应在满足项目需求的前提下，采用较低的建模精细度。具体要求，如表6.1-1所示。

建筑工程各建设阶段模型精细度 表6.1-1

建设阶段	建模精细度	模型用途
项目决策阶段	100级精细度	项目可行性研究 项目用地审批及规划
方案设计	200级精细度	项目规划评审报批 建筑方案评审报批 设计概算
设计阶段	300级精细度	设计文件编制 建筑造价估算 建筑工程施工许可证 施工准备 招标文件编制
施工阶段	400级精细度	施工推演 施工阶段项目管理
运营维护阶段	500级精细度	竣工结算 建筑物运行维护

6.1.3　BIM技术在建筑工程领域的应用

1. 政策引领

2011年，住房和城乡建设部印发《2011—2015年建筑业信息化发展纲要》，明确提出"加快建筑信息模型（BIM）等新技术在工程中的应用，推动基于BIM技术的协同设计系统建设与应用"，推动了BIM技术在建筑工程行业中的应用。

2022年，《"十四五"住房和城乡建设科技发展规划》强调推动BIM技术在工程勘察设计行业的全过程应用。同年，《"十四五"建筑业发展规划》明确到2025年基本形成BIM技术框架和标准体系。《城乡建设领域碳达峰实施方案》提出利用BIM技术和城市信息模型（CIM）平台推动数字建筑、数字孪生城市建设，加快城乡建设数字化转型。

2023年，《质量强国建设纲要》提出加快建筑信息模型等数字化技术研发和集成应用，创新开展工程建设工法研发、评审、推广。

2024年，住房和城乡建设部提出"数字住建"建设整体布局规划，要求深化应用自主可控建筑信息模型（BIM）技术，加大在设计方案审查、施工图审查、竣工验收、档案移交、运营维护等环节的贯通和应用力度，提升建筑设计、施工、运营维护协同水平。

这些政策的出台和实施，为BIM技术在建筑工业化、数字化、智能化领域的发展指明了方向，推动了"数字住建"建设的发展。

2. BIM技术在建筑全寿命周期中的应用

迄今为止，BIM技术在可视化交底、碰撞检查、深化设计、施工方案模拟等基础应用方面基本得到了普及，并逐步扩展运用到建筑全寿命周期中，主要包括立项策划、设计、施工及运营维护阶段，如图6.1-1所示。

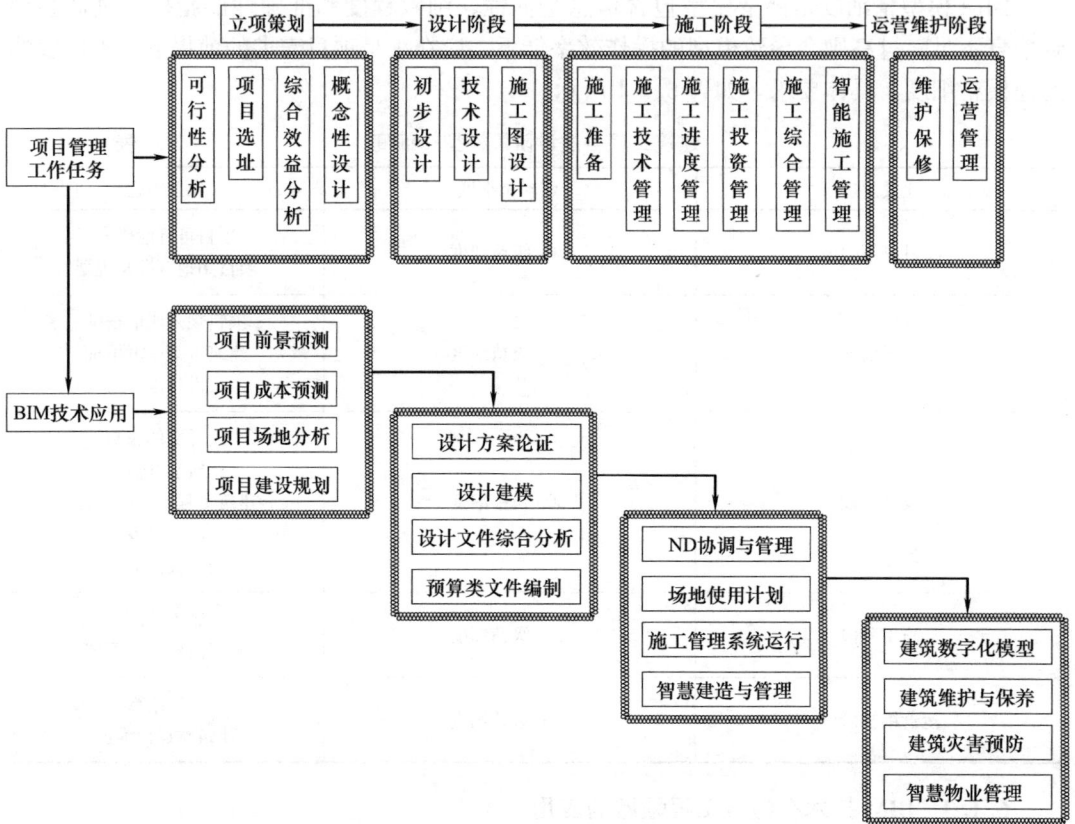

图 6.1-1　BIM 技术在建筑全寿命周期内的应用

3. BIM技术在建筑工程领域的应用案例

随着 BIM 技术基础理论的不断发展和完善，在建筑工程领域的应用也越来越多，取得了良好的工程效果和社会效益。部分成功实例，如表 6.1-2 所示。

BIM 技术在建筑工程领域成功应用实例（部分）　　　　表 6.1-2

案例名称	工程特点	主要应用成果
海门区科技馆项目	框架结构和钢结构网壳（异形建筑）、桩筏基础	深化设计效果显著 提升项目管理水平 降低返工率 经济效益明显
舜元科创园项目	深基坑、变形控制要求高、施工环境严格、安全隐患多	减少施工浪费和返工 节省施工成本和工期 提升施工组织与管理效率

案例名称	工程特点	主要应用成果
崇州万达广场项目	工程规模大、施工场地复杂、施工质量要求高	强化对设计、招标、施工和竣工运维阶段的造价管理 降低施工阶段工程设计变更风险 可视化实时管控各类管线的空间分布，提升施工效率
华信中心项目	机电系统交错穿插、工期和质量要求高	BIM系统平台搭建 信息化模型构建与数据共享 深化设计 施工现场综合管理
四川大剧院项目	结构形式复杂、总包管理难度大、施工组织协调要求高	形成系统的全过程BIM应用实施标准 搭建信息化施工组织协调平台 深化设计 施工阶段智能化管理 经济效益显著

6.2 BIM技术与建筑工程

6.2.1 BIM技术是建筑工程行业发展的必需

1. "数字住建"建设发展需要

2024年住房和城乡建设部发布了"数字住建"整体布局规划，明确了深入推进"数字住建"建设，打造宜居、韧性、智慧城市的任务，提出围绕建筑工业化、数字化、智能化，推行工程建设项目全寿命周期数字化管理，推进建筑市场与施工现场两场联动、智慧监管，深化应用自主可控建筑信息模型（BIM）技术，加大在设计方案审查、施工图审查、竣工验收、档案移交、运营维护等环节的贯通和应用力度，提升建筑设计、施工、运营维护协同水平。

2. 建筑工程行业技术创新发展需要

建筑工程项目涉及建设单位、设计单位、监理单位、施工单位等多个参与主体，数据共享和创新已经成为行业健康发展的必然选择，也是打通建设-运维的关键技术支撑。BIM技术以信息模型为基础，结合人工智能、物联网等新技术，可以实现建筑工程项目多维度管理（4D和5D技术，见二维码6-1），实现全寿命周期信息共享。BIM技术还可以进行风险预测、能耗分析，赋能智慧建筑与智慧城市。

3. 建筑工程行业可持续发展需要

建筑工程行业面临着工程项目越来越复杂、劳动力短缺现象愈发严重、建设成本居高不下、建筑物碳排放难以精准追踪、建筑运维阶段难以精准管理等困境，BIM技术通过数字化、协同化处理，将建设—运维—管理模块化，通过技术研发和升级可以打破建筑物信息"孤岛效应"，实现单体建筑全寿命周期管理、建筑群区域化管理，助力城市级数字孪生，推动建筑工程行业可持续性发展。

二维码 6-1

6.2.2 BIM 技术对建筑工程行业的促进

1. 促进工程项目决策的科学性

BIM 技术可以提供建筑模型信息，进行空间分析、结构分析、能耗指标分析、市场前景分析，有助于全面评估工程项目的可行性和潜在问题；BIM 技术支持多方案比选，通过创建并可视化展示不同方案，为决策者提供直观、量化的信息和数据支持，提升项目决策的科学性和可靠性。

2. 提升设计文件的严谨性

BIM 的深化设计包括土建结构、钢结构、幕墙、机电等专业，可对初步设计成果进行校核、集成、协调、修正及数字化设计优化，其碰撞检测、净高检查、洞口定位等功能极大弥补了传统二维图纸的缺陷，尤其在构件密集部位，提高了信息化模型的准确度。

3. 提高施工阶段项目管理的全局性

施工阶段涉及建设单位、施工单位、监理单位等主体，需要从质量、进度、投资、安全、合同等方面进行管理，需要大量的人力、物力和资金投入，影响因素多，管理难度大。BIM 项目管理以工程项目的各项相关信息数据为基础建立信息模型，通过数字信息仿真模拟施工活动，能够解决传统项目管理中的许多问题，使各参与主体围绕项目施工群策群力，提升问题沟通协调组织效率，从而提高施工阶段项目管理水平。

4. 增强运行维护阶段管理的精准性

BIM 技术服务工程项目运维阶段的实质是通过数字化手段提升运维效率、降低成本、灾害预警并延长建筑服役时间。BIM 技术可以将信息模型与运维阶段的各项指标进行集成，实时掌握建筑结构、设备设施、装饰装修等详细信息，通过对建筑构配件和设备进行实时监测和可视化管理，完成管理单位、建设单位、物业服务单位、建筑使用者之间的信息共享，使各方能够直观了解建筑、设施等详细情况，为建筑历史数据追溯、装修升级、智能化管理、协同管理、关键应用场景等精准管理提供技术支撑和信息保障。同时可将楼宇自动化系统、消防系统、安防系统等进行深度集成，实现信息共享和协同工作，提高应急响应速度和能力。利用 BIM 技术积累的运维阶段数据，可以归纳演绎建筑物运维规律，提升运维阶段管理水平。

6.3　BIM 技术在施工组织设计中的应用

6.3.1 BIM 技术与施工组织设计的深度融合

1. BIM 技术与施工管理

施工管理是施工单位对工程项目施工活动进行的全方位管理，也是全面履行施工承包合同，实现建设单位各项目标要求的关键，通常包括质量管理、进度管理、投资管理、安全文明施工管理、绿色智能施工管理等。施工管理的核心任务是通过施工组织与管理类文件（施工组织设计）编制和施工活动过程控制来实现各项管理目标。

随着工程项目功能越来越丰富、体量越来越大、结构越来越复杂、技术要求越来越高，施工管理难度也日益剧增。BIM 技术在国内许多大型工程项目中得到了成功应用，取得了良好的经济和社会效益，如表 6.3-1 所示。

典型工程项目施工阶段的 BIM 应用情况   表 6.3-1

项目名称	应用范围	应用功能							
		施工过程模拟	施工进度管理	施工资源管理	施工成本管理	施工场地管理	碰撞检测	施工安全与冲突分析	项目综合管理
国家体育场	结构工程	√	√	√	√	√		√	
珠江新城西塔	结构及部分机电设备	√	√	√			√	√	
上海国际金融中心	建筑全寿命周期	√	√	√	√	√	√	√	√
成都大魔方演艺中心	结构工程及设备管线	√	√	√	√		√		√

大量工程实践表明，BIM 技术能够有效提升工程项目管理效果，而施工组织设计是指导施工活动的技术、经济类文件，两者结合将提高施工组织设计的科学性和可实施性，完善工程项目管理机制，优化工程项目管理质量。

2. BIM 技术与施工组织设计

施工组织设计包括工程概况、施工部署、施工方案、施工进度计划表、施工平面布置图等内容，随着 BIM 技术、大数据技术、物联网技术等信息技术的不断发展，施工现场管理逐渐由人工方式向信息化、智能化转变，极大提高了工程质量、进度、安全等管理效率，节省了工程建设成本，对施工组织设计编制和应用也提出了更高要求。工程项目设计信息获取、不同专业图纸间的设计矛盾（构件和空间碰撞监测）、预制构件的数字化加工、现场施工资源统筹供给、施工活动的统筹及监测、施工过程各项管理目标等施工组织的重点和难点都可以借助 BIM 技术高效完成。

6.3.2　BIM 技术编写工程概况

工程概况是施工组织设计的基本内容之一，是对工程项目的各种基本情况进行表述，其编制依据包括勘察设计文件、招标文件、气象资料、资源供应资料等，运用 BIM 技术编写工程概况，不仅可以提升工程信息的准确性和实时性，还能通过技术优势减少错误，增强工程信息的内在连贯性和一致性。

6.3.3　BIM 技术编制施工部署

施工部署是在充分了解工程基本情况、施工条件和建设要求的基础上，对施工组织做总体的布置和安排。通常情况下，施工部署包括确定施工目标、建立项目的施工组织管理机构、明确重点和难点工程的施工要求等。BIM 技术对施工活动进行模拟，可提升施工单位与设计单位、总承包单位与分包单位的沟通效率，项目管理人员也可预测施工活动中的潜在问题和风险，科学组建项目管理机构并配备管理人员，及时调整完善施工部署。

6.3.4　BIM 技术编制施工方案

1. BIM 技术编制施工方案的优势

施工方案是指按照科学、经济、合理的原则，综合考虑工程特点、技术规范、施工机械、建设要求等因素，正确选择施工方法和技术措施。基于 BIM 技术建立信息模型能够对复杂建筑部位进行动态展示，有助于对施工方案进行分析和对比，及时发现潜在的施工难点并制定对策，施工开始前发现潜在问题并进行纠正，从而降低施工过程中的工程变更和返工。BIM 技术可以实时监控施工方案落实情况并按需调整，施工完成后可以进行复盘和总结，形成完整数据链。

通过 BIM 进行虚拟施工，模拟施工方案的实施过程，观察施工流程是否合理，各工序之间是否存在冲突；利用 BIM 的碰撞检查功能，发现施工方案中可能存在的空间碰撞问题，并进行调整；对施工方案中的资源配置进行模拟分析，如材料运输路径、机械设备运行路线等，优化资源使用；根据模拟结果，从施工进度、成本、质量和安全等方面综合评估施工方案，提出改进建议，不断完善施工方案。

2. BIM 技术编制施工方案的步骤

1）建立 BIM 信息模型并进行深度设计。根据图纸等设计资料建立工程项目的信息模型，对预制构件等半成品的生产、运输和施工进行统筹安排，对现场安全要求、施工条件、专业化施工等进行整合，梳理项目施工重难点（如复杂节点、高危工序、多专业协同等）。

2）将施工活动与 BIM 信息模型相融合。通过 BIM 技术多维度模拟施工活动，直观展示施工过程，优化施工顺序，对施工机械设备、施工现场运输道路等资源进行规划统筹。对施工难度比较大、安全风险高、技术要求复杂的施工活动进行专项施工方案模拟及优化，如塔式起重机运行时段冲突分析、基坑支护方案分析及优化、脚手架施工方案分析及优化等。

3）施工方案编制及优化输出。将 BIM 模型中的信息转化为文字描述（可辅以图表），包括施工方法、工艺流程、技术措施等，并根据监理单位的反馈意见调整优化。生成三维施工方案交底动画模型，标注关键节点作为交底材料；施工过程中实时检查模型，监控施工偏差；在设计单位、施工单位、监理单位、建设单位等工程项目参与单位之间实现信息共享，针对工程变更等做到提前沟通、信息同步、技术保障、精准施工。

6.3.5 BIM 技术编制施工进度计划

1. BIM 技术编制施工进度计划的优势

施工进度计划是为实现项目的工期目标而对各分部分项工程的施工顺序、起止时间和搭接关系做出统筹和安排，也是实现工程项目管理目标的关键。施工进度计划的编制需要结合工程实际，关注施工活动的连续性、均衡性，是现场施工与工程资源供给的综合。

BIM 技术通过参数化模拟施工过程，预测施工风险并制定解决方案，优化施工进度计划。BIM5D 技术以建筑信息模型（BIM3D）为基础，与时间、成本维度相融合，实现工程项目的全面管理和优化，为施工进度计划的编制和工程资源的供给搭建了信息平台，实现施工进度计划的可视化和精细化，大大提升施工进度管理效率。通过动态展示施工过程，可以清晰地看到各施工阶段的任务完成情况和资源分配情况。在模拟过程中，可以发现进度计划中的不合理之处，及时调整进度计划，优化施工顺序。实时更新施工进度信息，将施工现场的实际进度反馈到模型中，与计划进度进行对比分析。通过这种实时监控和对比，可以及时发现进度偏差，并采取相应的措施进行调整，确保施工进度的顺利进行。BIM 技术还可以与资源管理相结合，根据施工进度计划，合理安排人力、物力和财力资源，提高资源利用效率，进一步优化施工进度。

2. BIM 技术编制施工进度计划的步骤

1）数据收集及模型创建。根据设计文件、施工合同等工程资料完成工程项目信息数据收集并创建信息模型，包括分部分项工程构件信息、进度计划时间信息、施工资源配置信息及构件关系信息等。

2）施工活动分析及资源供给计算。施工活动与资源供给相辅相成，人力、材料、机械设备等资源供应环节出问题都会影响工程的实际进度，BIM 虚拟建造技术能够借助虚拟施工计算出工期时间段内的施工资源需求量，提高了资源需求量的实时性和准确性，且能够根据工程实际进展及时调整。

3）施工进度计划编制及调整。BIM5D 技术可以绘制施工进度计划并进行进度管理，对于施工环境、施工资源供给、自然气候条件等因素变化所导致的实际进度偏差也能够及时调整。BIM 技术还可以统筹各分部分项工程之间的交叉、协同作业，从施工进度总计划、二级进度计划、周进度计划、日常工作计划等多个层面进行进度管理。

6.3.6　BIM 技术编制施工平面布置图

1. BIM 技术编制施工平面布置图的优势

施工平面布置图可根据施工进度分阶段绘制，通常包括施工区域范围内已建和拟建的地上、地下建筑物及构筑物，垂直运输机械等大型机械设备位置，材料及构件堆场（仓库），办公、生产及生活临时设施，临时水电管网，施工运输道路等。施工平面布置应与施工部署、施工方案和施工进度计划等材料相匹配，确保现场布置有利于施工活动，并减少建设成本。

传统模式下施工平面布置往往由编制人员根据施工现场情况、工程经验等因素完成，施工前很难科学辨别其优劣，施工过程中调整难度较大。基于 BIM 技术的施工场地布置运用信息模型表现施工现场，将现场的施工情况、周边环境及各种施工机械、运输道路等信息通过三维仿真形象地表现出来，并进行合理性、安全性和经济性评估，实现施工现场平面布置的合理、合规。

2. BIM 技术编制施工平面布置图

BIM 技术进行施工场地布置优化，编制施工平面布置图主要包括以下步骤：首先，根据项目的总平面图和地形数据，创建施工现场的三维场地模型，包括地形、道路、周边建筑等元素。其次，根据施工进度计划和施工任务的需求，确定施工现场需要布置的临时设施。最后，利用 BIM 软件的分析功能，对场地布置方案进行评估和优化。通过分析施工现场的交通流线，确保施工通道的畅通无阻，减少交通拥堵；通过分析材料运输路径，优化材料堆放区的位置，提高材料运输效率；通过分析施工现场的噪声、粉尘等环境因素，合理布置办公区和生活区，减少对施工人员的影响。利用 BIM 模型进行场地布置的可视化展示，与项目各方进行沟通和协调，确保场地布置方案的合理性和可行性。根据优化后的场地布置方案，生成施工场地布置图，为施工现场的布置提供指导。

1）广联达 BIM 施工现场平面布置软件

BIM 三维场地布置可选用的软件主要包括 AutoCAD 系列软件、鲁班、广联达 BIM 施工现场平面布置软件等。其中广联达 BIM 施工现场平面布置软件与 CAD、Revit 等软件具有良好的兼容性，被广泛应用于施工现场平面布置图的绘制中。该软件可参数化设计施工现场的围挡、大门及场区道路，可设计具有企业文化特征的 UI 展示，施工现场各种生产要素和主体结构，并自动监测现场 BIM 布置是否符合相关国家标准、规范，对不符合要求的条目软件会告知违反国家标准或规范的名称、条目，正确的规范内容及合理性建议。现场布置完成后，软件可设置 360°任意视角、任意路径的场地漫游，具有良好的交互性和体验性。

2）广联达 BIM 施工现场平面布置软件绘制施工平面布置图

（1）导入设计资料，识别拟建建筑。将设计资料导入软件并进行识别可得到拟建建筑物的三维信息模型。已有建筑往往显示为透明状，确定位置后可对总高度、占地情况等进行定义。

（2）设置围挡、施工大门、岗亭等临时设施。软件提供了围挡数据库，可对围挡类别、材质、标高等进行定义，还可以设置文化墙等，可视化显示施工单位基本信息和企业文化；设置大门和岗亭的属性信息，包括大门材质、立柱上下颜色、文字、标语等，岗亭的颜色、屋顶形式等。

（3）设置垂直运输设施。软件提供了塔式起重机、施工电梯等垂直运输设施，可对其服务的施工阶段、范围等参数进行设定。

（4）设置临时堆场、加工棚。软件提供的堆场主要包括脚手架堆场、模板堆场、钢筋堆场、型钢堆场、机电材料堆场、钢板墙堆场、砌块堆场、木材堆场、废弃物堆场、幕墙材料堆场、装饰材料堆场、周转材料堆场、碎石砾石堆场、砂堆、渣土堆场等，可对其面积、是否露天等参数进行设定；加工棚主要包括钢筋加工棚、木工加工棚等，加工棚可以和堆场一起布置。

（5）设置施工运输道路。软件可绘制施工运输道路并进行属性信息定义，如施工道路类型、材质、宽度、厚度等。

（6）其他设施。软件提供了施工水源、总降压变电站等设施和办公室、宿舍、仓库、厕所等临时建筑的定义和属性赋值，还可以设置旗杆、标牌、草坪、树林等环境元素。

6.3.7 BIM 技术编制技术经济指标

1. BIM 技术编制技术经济指标的优势

1）数据共享与协同。BIM 技术整合了工程项目的构件信息、时间、成本等信息，搭建了信息共享平台，建设单位、施工单位、设计单位、监理单位等参与方在同一平台上获取统一、准确的数据信息，避免了信息传递不畅、数据不一致等问题，有利于提高技术经济指标编制的效率和准确性。

2）计算结果可靠。BIM 技术具有信息数据统计与运算能力，可以自动计算工程量、工程进度、分析建设成本，减少人工计算失误。其数据来源统一且可根据施工活动实时更新，确保技术经济指标的准确性。

3）可视化与模拟性。BIM5D 技术不仅可以通过三维模型直观展示建筑项目，还可以进行多维度的模拟分析，如进度模拟、成本模拟等，预测项目的技术经济情况，为决策提供科学依据。

4）优化资源配置。BIM 技术可以全过程模拟分析工程项目的施工阶段，对不同阶段的施工场景和资源需求进行全面分析，减少因设计问题导致的工程变更，预测施工控制点，优化施工资源配置，降低工程建设成本。

2. BIM 技术编制技术经济指标

BIM 技术编制技术经济指标往往有三种方式：一是基于 BIM 技术的成本快速估算。它根据建筑物的结构形式、设计图纸、外观要求等因素进行快速估算。二是基于 BIM 技术的成本估算分析。它根据设计资料、建设要求、信息模型等因素进行细致分析，精确度比第一种方式更高。三是基于 BIM 技术的技术性质分析。它根据设计资料、施工技术资料、现场管理要求等进行分析，可准确预测各项施工活动及其费用，技术经济指标更加准确，施工管理更加科学。

软件自带建筑面积、建筑密度等技术指标的计算，用户还可根据项目情况对施工方案、建设成本、施工进度等技术指标进行计算，技术经济指标的编制流程如图 6.3-1 所示。

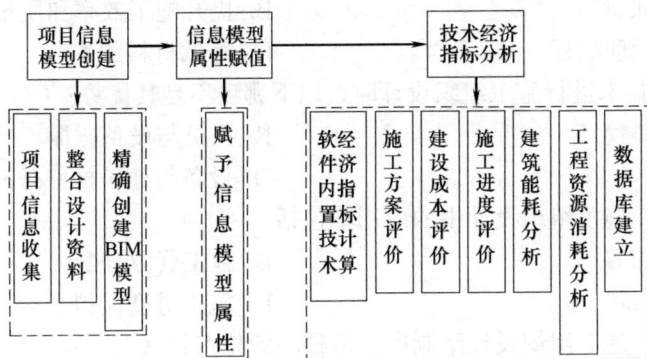

图 6.3-1　BIM 技术编制技术经济指标

6.4　本章思政教育元素

6.4.1　典型工程案例中形成科技强国理念

BIM 技术在我国土木工程领域的应用取得了长足的进步，助力了土木工程行业的健康、快速发展，催生了港珠澳大桥、北京大兴国际机场、国家体育场等重大项目。读者应从这些典型工程案例中树立浓郁的爱国主义与家国情怀，形成科技强国、科技报国的伟大理想。

6.4.2　培养精益求精、协同创新理念

BIM 技术能够实现工程项目全寿命周期管理，是土木工程行业数字化、智能化的关键，可进行深度设计、施工模拟、信息共享等。读者应培养科学思维和创新能力，主动发现并解决工程设计、施工、运维等重点建设阶段的问题，将绿色施工、智能施工等先进理念融入工程实践中，形成精益求精、协同创新的理念。

本 章 小 结

本章介绍了 BIM 技术在施工组织设计编制中的应用，该技术和 CAD 等绘图软件兼容，对设计资料进行碰撞检测，虚拟施工活动，对关键工序及施工重难点进行模拟，数字

化、可视化优势明显，能够克服传统施工组织设计编制方法中的信息资料不完整、现场条件无法准确预测等缺点，可有效提升施工组织设计编制质量，并对工程项目全寿命周期进行科学管理。通过本章的学习，应掌握 BIM 技术在我国的发展新成果，具备使用 Revit 构建信息模型，结合广联达 BIM 施工现场平面布置软件等进行施工组织设计编制能力。

习题及答案

一、单选题。

1. BIM 技术在施工组织设计中的主要作用是（　　）。

A. 提高设计质量　　　　　　　　　　B. 提升施工效率和质量

C. 优化项目管理流程　　　　　　　　D. 降低材料成本

2. 利用 BIM 技术进行施工组织设计时，以下哪项不是其优势？（　　）

A. 结构构件碰撞　　　　　　　　　　B. 人员与设备碰撞

C. 管线碰撞　　　　　　　　　　　　D. 设备与建筑构件碰撞

3. BIM 技术在施工组织设计中的应用不包括（　　）。

A. 施工场地布置　　　　　　　　　　B. 施工资源分配

C. 施工人员招聘　　　　　　　　　　D. 施工进度模拟

4. BIM 技术在施工组织设计编制中，最核心的特点是（　　）。

A. 可视化　　　　　　　　　　　　　B. 二维绘图

C. 手工计算　　　　　　　　　　　　D. 文字描述

5. 以下哪项不是 BIM 技术在施工组织设计中的应用内容？（　　）

A. 施工方案模拟　　　　　　　　　　B. 施工场地规划

C. 施工合同管理　　　　　　　　　　D. 施工进度控制

6. BIM 技术在施工组织设计中的应用可以有效减少（　　）。

A. 施工时间　　　　　　　　　　　　B. 施工成本

C. 施工风险　　　　　　　　　　　　D. 以上都是

7. 下列哪项不是 BIM 在施工组织设计资源管理中的应用？（　　）

A. 材料用量统计　　　　　　　　　　B. 劳动力分配模拟

C. 设备采购谈判　　　　　　　　　　D. 机械使用计划优化

8. BIM 技术在施工组织设计中的应用可以实现（　　）。

A. 施工过程的可视化　　　　　　　　B. 施工进度的动态调整

C. 施工资源的优化配置　　　　　　　D. 以上都是

9. 从概念设计到竣工设计，LOD 被定义为（　　）个等级。

A. 3　　　　　　　　　　　　　　　B. 2

C. 4　　　　　　　　　　　　　　　D. 5

10. BIM 施工组织设计的协同平台主要作用是（　　）。

A. 存储模型　　　　　　　　　　　　B. 实现多方信息共享与协作

C. 打印图纸　　　　　　　　　　　　D. 计算工程量

二、简答题。

1. 简述 BIM5D 技术的内涵。

2. 简述 BIM 技术在施工安全管理中的应用有哪些？

3. 简述如何利用 BIM 技术进行施工场地布置优化？

参考答案：

一、单选题。

1. B；2. B；3. C；4. A；5. C；6. D；7. C；8. D；9. D；10. B

二、简答题。

略。

参 考 文 献

[1] 陈蓓，陆永涛，李玲. 基于 BIM 技术的施工组织设计 [M]. 武汉：武汉理工大学出版社，2021.

[2] 李思康，李宁，冯亚娟. BIM 施工组织设计 [M]. 北京：化学工业出版社，2018.

[3] 刘立新，贺志刚，余景良. 建筑施工组织与管理 [M]. 哈尔滨：哈尔滨工程大学出版社，2021.

[4] 梁培新，王利文. 土木工程施工组织 [M]. 北京：中国建筑工业出版社，2022.

[5] 吴瑞，于文静，曲恒绪. BIM 施工组织设计 [M]. 北京：中国水利水电出版社，2019.

[6] 危道军. 建筑施工组织 [M]. 3 版. 北京：中国建筑工业出版社，2022.

[7] 胡瑛，盛黎. BIM 施工组织与管理 [M]. 北京：清华大学出版社，2022.

[8] 王利文. 土木工程施工组织与管理 [M]. 北京：中国建筑工业出版社，2021.

[9] 王珩玮. 基于 BIM 的建筑施工多源信息集成与施工管理关键技术 [D]. 北京：清华大学，2019.

[10] 朱溢镕，李宁，陈家志. BIM5D 协同项目管理 [M]. 北京：化学工业出版社，2022.

[11] 张玉莲，曹萍，焦远航，等. 设计 BIM 和施工 BIM 一体化模式设计与应用研究 [J/OL]. 西安理工大学学报，1-14.

[12] 张辉. Revit 建筑施工与虚拟建造 [M]. 北京：机械工业出版社，2021.

[13] 王慧萍，杨涛，王玉华. BIM5D 项目管理应用 [M]. 北京：清华大学出版社，2022.

[14] 住房和城乡建设部. 建筑施工组织设计规范：GB/T 50502—2009 [S]. 北京：中国建筑工业出版社，2009.

[15] 住房和城乡建设部. 建筑信息模型应用统一标准：GB/T 51212—2016 [S]. 北京：中国建筑工业出版社，2013.

[16] 住房和城乡建设部. 建筑信息模型施工应用标准：GB/T 51235—2017 [S]. 北京：中国建筑工业出版社，2013.

[17] 住房和城乡建设部. 建筑信息模型设计交付标准：GB/T 51301—2018 [S]. 北京：中国建筑工业出版社，2013.

[18] 住房和城乡建设部. 建筑信息模型存储标准：GB/T 51447—2021 [S]. 北京：中国建筑工业出版社，2013.

[19] 申金山. 智能建造概论 [M]. 北京：化学工业出版社，2024.

[20] 住房和城乡建设部. 建筑与市政工程绿色施工评价标准：GB/T 50640—2023 [S]. 北京：中国计划出版社，2023.

[21] 刘剑，李福勇，谢诚. 绿色建筑施工技术与管理研究 [M]. 长春：吉林科学技术出版社，2023.

[22] 张江波. BIM 应用案例集 [M]. 北京：化学工业出版社，2019.

[23] 祖庆芝，马康兵，王小漳，等. Revit 建模与"1＋X"（BIM）实战教程 [M]. 2 版. 北京：清华

大学出版社，2022.

[24] 温晓慧，张瑜. BIM5D 施工管理应用 [M]. 重庆：重庆大学出版社，2025.

[25] 范如君，朱俊乐. BIM5D 协同工程项目管理 [M]. 北京：北京理工大学出版社，2024.

[26] 李宁，熊燕，刘涛. BIM 施工组织设计与管理 [M]. 重庆：重庆大学出版社，2023.

[27] 住房和城乡建设部. 建设工程监理规范：GB/T 50319—2013 [S]. 北京：中国建筑工业出版社，2013.

本章知识在求职和工作中的应用

问题1：简述 BIM 技术编制施工组织设计的流程。

答案：首先，建立项目样板，样板文件中包含了项目的全局设置、族文件库、视图样板等内容。其次，进行场地建模，根据项目的总平面图和地形数据，创建施工现场的三维场地模型，包括地形、道路、周边建筑等元素。最后，进行建筑、结构、机电等专业的建模，形成信息模型。在模型创建完成后，进行碰撞检测与优化，通过专业的碰撞检测工具，查找各专业模型之间的冲突和碰撞点，并及时调整和优化设计。然后，进行施工方案模拟，利用 BIM 软件的动画和模拟功能，对施工过程进行模拟，包括施工顺序、施工工艺、施工设备的运行等，以优化施工方案。此外，还需要进行施工进度计划与 5D 模型，将施工进度计划与三维模型相结合，生成 5D 施工模型，直观展示施工进度和各阶段的施工状态。最后，进行施工组织设计文档的输出，包括施工平面布置图、施工进度计划表、施工方案说明等。

问题2：BIM 施工组织设计协同平台的功能有哪些？

答案：BIM 施工组织设计协同平台具有以下功能：一是信息共享，各参与方可以上传、下载和查看项目相关的 BIM 模型、图纸、文档等信息；二是协同编辑，支持多方同时对 BIM 模型和施工组织设计文档进行编辑和修改，实时更新信息；三是沟通交流，提供在线沟通渠道，方便各参与方针对施工组织设计中的问题进行讨论和协商；四是版本管理，记录模型和文档的修改历史，便于追溯和管理不同版本；五是任务分配与跟踪，明确各参与方的任务和责任，实时跟踪任务进度。

问题3：BIM 施工组织设计协同平台的功能有哪些？

答案：BIM 施工组织设计中的碰撞检查意义重大。一方面，能够在施工前发现建筑结构、管线等构件之间的空间冲突，避免施工过程中的拆改，减少返工，降低成本；另一方面，有助于优化设计方案和施工方案，提高施工质量和效率，保障施工进度按计划进行。此外，还能减少因碰撞问题导致的安全隐患，提升项目整体的安全性和可靠性。